RENCONTRES
489
Série *Études de philosophie*
14

Contre toute attente, autour de Gérard Bensussan

Contre toute attente,

autour de Gérard Bensussan

Suivi de Ostalgérie

Sous la direction d'Andrea Potestà

PARIS
CLASSIQUES GARNIER
2021

Andrea Potestà est professeur de philosophie à l'univesité catholique du Chili. Il est auteur de *La « pragmatica » di Kant*; *Voyage à Syracuse. La déception face à l'écriture de la vérité*; *El origen del sentido. Husserl, Heidegger, Derrida*; *Pensar el arte* et *El pensamiento del grito*.

ISBN 978-2-406-10794-1 (livre broché)
ISBN 978-2-406-10795-8 (livre relié)
ISSN 2103-5636

AVERTISSEMENT

Les 4 et 5 mars 2019, s'est tenu à Strasbourg, sous la direction d'András Schuller, un colloque autour de la pensée de Gérard Bensussan. Au cours de ces deux journées ont pu être reparcourus les chemins et les séquences de sa réflexion autour de Schelling, Levinas, Rosenzweig, Derrida, Proust, Hegel, Marx, Maïmonide. Les différentes interventions, retraçant ces parcours et ces voies, ont fait apparaître dans les interprétations qu'elles proposaient la centralité de l'attente et de l'histoire dans cette pensée, laquelle assume par ailleurs la difficile question de la traduction éthique et politique de l'espérance. Catherine Chalier, Orietta Ombrosi, Jean-Luc Nancy, Luc Fraisse, Jimmy Sudario Cabral, parmi d'autres, se sont attachés à exposer ce qui fait la singularité de la pensée de Gérard Bensussan et des questions ouvertes par et dans ses livres.

Le présent volume réunit un bon nombre de travaux et d'analyses présentés au cours de ces journées, auxquelles Gérard Bensussan a pris une part active en relançant sans cesse les questions posées, en y répondant, et en discutant les perspectives esquissées, les suggestions avancées. Il rassemble également d'autres textes rédigés expressément pour ce volume : ceux de François-David Sebbah, d'Alain David, d'Aïcha Liviana Messina, de Masato Goda. Il s'agit à chaque fois d'inédits qui s'ajoutent et s'ajointent aux discussions du colloque et attestent ainsi de la diversité des paroles inscrites dans le sillon de la pensée de Gérard Bensussan.

L'ensemble formé par ce volume constitue donc un vaste détour, où s'expose la plurivocité d'une pensée qui ne cesse d'inciser la réflexion contemporaine, tant au niveau des études de philosophie allemande et de philosophie politique, que dans la tradition de la pensée juive. En ce sens, *Contre toute attente* cherche à cerner l'urgence d'une question générale qui trouve dans la temporalité sa figure d'évidence : la contradiction et la tension entre des instants qui s'excluent dans le moment même où ils cherchent leur articulation. « Temps et contretemps rythment l'attente », peut-on lire dans *Le temps messianique* (Bensussan, 2001, p. 50). De ce constat procède une difficulté ouverte, partagée et constamment vive que tous les textes ici présentés discutent plus ou moins, chacun à sa façon : le problème de l'action impatiente qui se refuse à la passivité de l'attente et ne peut qu'infinitiser sa « faible force » en se nourrissant de l'espoir d'un avenir autre, spectral, mélancolique, « qui tente toujours de franchir l'abîme qui sépare l'historicité au sens strict et l'extra-historicité » (Bensussan, 2010, p. 71).

Aux différentes contributions qui composent ensemble l'enjeu et les motifs de *Contre toute attente*, s'ajoute en appendice un entretien de 2009, entre Gérard Bensussan, Aïcha Liviana Messina et moi-même. Ce texte, *Ostalgérie*, n'a jamais été publié et nous croyons qu'il offre un apport très consistant aux questions philosophiques posées avec constance par Gérard Bensussan, mais ici à la lumière de l'intensité de sa biographie, de ce que Proust nommait « la profondeur de l'individuel ». Le départ d'Algérie ainsi que le départ d'Allemagne de l'Est (l'« *Ost* ») s'entremêlent en disposant la pensée à sa confrontation avec la disparition des lieux, la mémoire et la politique du passé, passé qui n'est pas perdu à jamais, puisqu'il ne cesse de hanter le présent d'un non-lieu.

Nous espérons (c'est bien le cas de le dire) que les textes publiés ici permettront de poursuivre le partage d'une réflexion philosophique qui conçoit l'attente dans ses implications enfouies et ne voit plus l'espoir comme l'opposé du désespoir, mais le comprend au contraire comme une suscitation permanente du désespoir, provenant tout autant d'une illusion vitale que d'une force puissante et profonde. L'espoir inscrit ainsi, au cœur de la philosophie, l'exigence de s'ouvrir à l'insu et à l'imprévisible. L'attente se fait présente comme l'absent de l'avenir, en perforant toute forme linéaire de la temporalité.

Andrea POTESTÀ

PREMIÈRE PARTIE

CONTRE TOUTE ATTENTE

TEMPS, NOSTALGIE, ESPOIR, AUTOUR DE GÉRARD BENSUSSAN

G. B. UN BIO-PHILOSOPHÈME ÉTHICO-POLITIQUE

> Je ne sais pas ce que tu en penses, mais pour moi la philosophie a toujours été cela : une langue attenante à la fois à la science et à la littérature mais ne relevant ni de l'une ni de l'autre, une langue où enfin je pourrais dire au plus près, au plus intense, ce qui, dans le sujet que je suis, passe infiniment le sujet, tout sujet non-empirique qui ne lâcherait jamais l'empirique de ma condition d'exister.
> BENSUSSAN, COHEN-LEVINAS, 2010, p. 140.

> Tu touches au plus sensible, au plus « propre », à une sorte d'idiosyncrasie de la vie philosophique dont nous instruit souvent la façon que nous pouvons avoir, les uns et les autres, de tourner autour de tel concept, de travailler dans telle constellation, de se porter vers telle pensée. Je suis assuré en effet (mais comment en articuler jusqu'au bout la démonstration ou simplement la monstration efficace ?) que le moindre philosophème est l'artisan d'un biographème inavoué.
> *Ibid.*, p. 281.

On peut, avec Levinas, parler de « pensée-situation[1] ». Les « pensées-situations » tissent une vie avec ses moments, ses événements. Contournant,

1 Il y a des « pensées-situations », écrit Levinas à propos de Proust : « Proust a une notion de cette pensée [il s'agit de la pensée de la mort] par la maladie ou par le vieillissement

ou traversant sans m'y arrêter, l'immense réseau de questions, et l'immense corpus de textes, qui tournent autour des rapports entre philosophie et biographie, je voudrais comme éclairer les uns par les autres quelques « philosophèmes » et quelques « biographèmes » liés à Gérard Bensussan[2].

Ces philosophèmes, il m'a semblé qu'ils se tenaient au cœur de son « geste propre » en philosophie, pour autant qu'on désignera ainsi un « propre impropre » travaillé par tant d'autres, mais faisant la singularité incomparable d'une démarche, d'une voix, d'un ton : quiconque lit de la philosophie sait que l'on reconnaît une philosophe non pas à des thèmes, des arguments, des thèses, une « invention » de concepts – mais d'une manière quasi-corporelle, *comme* on reconnaît un pas dans l'escalier, le souffle et le rythme d'une voix, une manière de se tenir dans l'espace. La pensée habite son espace *comme* le corps habite l'espace : il en va d'un caractère charnel et d'un engagement, *quasiment* identiques.

Je vais donc tout d'abord présenter succinctement, comme sténographiquement, avec retenue, quelques « situations » de la vie de Gérard Bensussan – car il ne peut alors s'agir que d'« indiquer », que de « renvoyer à », ces épisodes de vie comme Gérard Bensussan les présente dans différents textes et, avec son autorisation, comme il aura pu les confier en quelques conversations.

L'enfance à Mascara, du judéo-maghrébin. Elle entre en résonance forte avec celle que décrit un autre judéo-magrébin en philosophie, Derrida, mais avec ses inflexions propres, sa singularité.

Le Juif, entre l'arbre et l'écorce : français du fait de la colonisation – et en un sens plus français que quiconque : elle est si fière de son fils, l'oncle de GB, devenu magistrat français, la grand-mère –, et pourtant encore si proche des maghrébins musulmans, par tant de gestes, d'habitus, la langue encore, le partage, malgré tout, d'un *Umwelt* ; et pourtant déjà si loin, depuis le décret Crémieux[3], depuis que, précisément, il est du point de vue des maghrébins musulmans le traître ayant épousé la cause du colonisateur, qu'il est devenu « français », lui qui reste pourtant toujours un autre dévalué – un « Juif » – pour les « Français » de

qui sont un accès positif {et approprié} à une notion et sans lequel nous ne pouvons avoir qu'un concept négatif » (Levinas, 2009b, p. 73).

2 Ce rapport entre le philosophème et le biographème, Gérard Bensussan en aura explicitement traité, en particulier à propos de Rosenzweig.

3 Par ce décret, les Juifs d'Algérie se voient attribué la nationalité française en 1870.

culture catholique, pour beaucoup d'entre eux du moins. Monde de co-existences communautaires au sens négatif d'existences séparées et, au mieux, « à côté » les unes des autres (à quelques « miracles » ordinaires près, de proximité vraie entre les uns et les autres, ou, plutôt, entre tel et tel). Juif d'Algérie – plus français que quiconque, moins français que quiconque – maghrébin parmi les maghrébins et avec les maghrébins, autre et traître déjà pour les maghrébins musulmans. Existence irréductible de ces catégories communautaires générales (les Juifs, les français, les musulmans, etc.) auxquelles on est assigné, et qui, pourtant, sont toujours injustes, trop larges, trahissant les singularités ondoyantes[4]. Et pour l'enfant, ce qu'on appelait alors les « événements » – la guerre d'Algérie –, et la confrontation à la violence : de par son « appartenance » à la communauté juive d'Algérie – à la communauté de ceux qui sont *devenus* français –, la violence, terrible, sauvage, qu'il aura à craindre et qu'il va voir éclater est d'abord celle du FLN[5], mais sera aussi, dans une moindre mesure, celle de l'OAS[6] (qui soupçonne quiconque veut quitter le pays de trahison – encore une fois). Et le déchirement de voir la violence la plus injustifiable au service d'une cause noble – qui, en plus, fait son malheur à soi, intimement. L'intimité est clivée : « je » suis l'aspiration à la libération des peuples, « je » suis la victime de ce que cette libération produit de plus violent, de plus injuste.

Puis la métropole : l'exil douloureux, une perte irréductible. Mais aussi, en même temps, le lieu de la liberté – des possibles – de la libération des assignations communautaires en ce qu'elles ont de mortifère. Très vite, à cette époque se fait sentir l'aspiration à une libération bien plus ample encore : une libération de toutes les colonisations, par rapport à la France elle-même comme État-Nation (la « métropole » aura libéré de l'espace fragmenté des communautés en Algérie, mais est encore bien trop étroite, en sa forme stato-nationale, pour l'Humanité). Cette libération

4 Dans *L'impatience des langues*, Gérard Bensussan décrit ce rapport à soi toujours déjà pris dans l'orbe communautaire dans la langue conceptuelle empruntée à Levinas de l'« être rivé-à » (Bensussan, 2010, p. 282-286). Il faudrait s'y arrêter plus longuement que je ne le fais ici.

5 Le Front de Libération Nationale, fondé en 1954, engage en Algérie une lutte de libération nationale, par tous les moyens dont les plus violents, contre l'empire colonial français, en vue de constituer un État algérien indépendant.

6 L'Organisation Armée Secrète est une organisation politico-militaire clandestine fondée en 1961 dont le but est de garder l'Algérie française par tous les moyens dont les plus violents.

universelle est aussi, est d'abord, la libération de la domination économique : elle est la cause communiste. Le jeune lycéen alors, devant son père, se revendique « algérien », du côté de l'émancipation. « Mai 68 », très jeune étudiant, Gérard Bensussan parmi les sans grades du mouvement, sera présent dès le début, dès le 22 mars, là où tout commence, à Nanterre. Il est actif, un parmi les militants de base – pas n'importe lesquels, les « stals[7] » disait-on. Et la participation – même peu, toujours trop – à la violence dans ce qu'elle a de sordide, d'absolument injuste et injustifiable. Devenir un hors-la-loi, prendre la fuite : ce sera, en tant que communiste français, l'Allemagne de l'Est, Berlin. L'apprentissage d'une autre langue, le devenir-soi d'une autre culture, l'exercice, déjà, de la traduction ; tout cela au sein d'une ville clivée, comme rendue étrangère à elle-même en elle-même. Vingt ans, l'amour, un fils déjà. Qu'il faut quitter précipitamment : le militant communiste français hors-la-loi en France, pour le régime de l'Allemagne de l'Est, qui est-il ? Non-dit, opacité, et, sans raison, l'interdiction de rester sur le territoire de la RDA – un peu plus tard, le « camarade Bensussan » sera bien reçu à nouveau, mais lui sait, sait la violence, le mensonge, l'injustice, de l'État totalitaire. Entre-temps, à son retour en France, parmi les amnistiés de 68 par le Général de Gaulle, il aura été longuement entendu par le contre-espionnage français. Entre l'arbre et l'écorce, toujours : juif, ou militant de gauche, peu importe.

Je m'arrête ici, dans ce rendu sténographique et elliptique, nécessairement elliptique. Cette situation-là, ce tissage de « situations » qui fait une vie, s'entend, se voit, me semble-t-il, dans quelques gestes de pensée, quelques philosophèmes de Gérard Bensussan. Bien sûr, je n'ai aucunement en tête quelque chose comme un déterminisme psychobiographique, ou socio-historique – ou les deux – de la pensée (qui, elle-même réduite à des causes de ce type ne serait plus grand-chose, sans doute plus de la pensée en tous les cas). Bien plutôt, si l'existence est à chaque fois mienne, il n'en reste pas moins qu'en chaque existence se jouent des situations qui sont, déjà, situations de pensée ; des situations « universalisables » au sens de « réeffectuables » par chacun. Pour dire au plus simple : l'« existence (humaine) » à chaque fois donnée en chaque

7 « Staliniens » : militants communistes ne s'éloignant pas de la ligne orthodoxe du Parti Communiste Français et soutenant de manière inconditionnelle la politique de l'URSS.

existence humaine. Et il arrive que ces situations vécues – *déjà* situations de pensées, déjà « situations pensantes », impulsant la pensée – soient philosophiques, soient philosophie : comme des *Gestalts* dynamiques, comme des matrices de gestes.

Impossible. C'est le mot qui m'arrive pour désigner la philosophie vécue et pratiquée par Gérard Bensussan – la philosophie face à l'impossible, dès lors elle-même impossible, et pour cette raison même, non pas empêchement ou extinction, mais relance indéfinie de sa propre exigence et de son propre mouvement.

Mais de quelle nature est l'impossible ? N'y a-t-il pas plusieurs facettes de l'impossible, ou plusieurs impossibles ? Sont-ils hétérogènes, co-habitants ?

À même la vie, deux figures de l'impossible (au moins) cohabitent.

L'impossibilité du propre et du pur, de la coïncidence à soi. Impossibilité tant de l'identité à soi, que des identités d'assignation collective : ne jamais pouvoir être, en toute quiétude et repos, ce « soi » *que je suis pourtant*, de ne jamais pouvoir coïncider avec aucune des identités collectives qui se proposent et s'imposent, et qui, elles-mêmes, se font mortifères dès lors qu'elles se posent et se fantasment comme « pures » et « excluantes » ; et pourtant, n'être soi que depuis les rapports ou liens insécables avec ces identités collectives. (On se souvient : Juif, Français, Algérien ou maghrébin…). Impossibilité constitutive, ouvrant cependant, ainsi et ainsi seulement, des possibles fragiles, douloureux parfois. Des possibles qui, cependant, déploient et délimitent ce que chacun d'entre nous est et peut devenir.

Ici, Gérard Bensussan pourrait reprendre à son compte, il le fait explicitement d'ailleurs, la phrase de Derrida si souvent commentée : « je n'ai qu'une seule langue et ce n'est pas la mienne ». Cette phrase, pour ma part, et en guise de boutade sans doute – mais pas uniquement – j'ai souvent eu le désir de la compléter par une autre : « je n'ai pas même une langue, mais c'est la seule que j'ai ». Je voudrais signifier par-là que cette langue impossible, toujours « impropre » – par exemple le français colonisateur – qui est pourtant « la seule que j'ai », ce qui revient à dire qu'en elle et par elle seulement se produit ce « soi » que je suis, aussi impropre et dépossédé ce dernier fût-il ; cette langue impossible et impropre donc, qui ainsi et ainsi seulement fait « idiome », singularité de qui je suis, ne peut jamais être qu'un balbutiement, échec à formuler intégralement. Surgissant de cet excès informulable (l'impropriété), ne formulant que depuis l'informulable, elle ne formule que l'informulable – c'est-à-dire que sous le coup de l'informulable et en sa direction –, de telle manière que si ce dernier risque sans cesse de la terrasser, il la relance cependant inlassablement, faisant sa fécondité même. Raison pour laquelle elle ne peut elle-même, ni ne doit, en retour, prétendre épuiser l'informulable (à force de formulations) : ce serait grande naïveté dans le rapport à l'impossible, et – si c'était *précisément* possible – ce serait une victoire à la Pyrrhus.

Qu'est-ce que parler sa langue en philosophie, sinon indéfiniment faire cette épreuve ?

Il me semble que cette situation-là est exemplairement philosophème, et même quelque chose comme « L'*Ur*philosophème » si je puis dire en un mixte de langues un peu monstrueux : philosophème matriciel ou matrice de tout philosophème. Un fil se présente alors qui ne demande qu'à être tiré : l'informulable n'est pas seulement le point de départ ou de surgissement de l'exigence de philosopher, il en est aussi – et ainsi – l'« impossible » « objet » (« impossible », au sens de toujours en excès, d'inépuisable) et le moteur secret – comme le désiré creuse le désir et ne le comble pas, et pourtant l'accomplit ainsi, écrit en substance Levinas.

Comment cet impossible, cet informulable, se profile-t-il et se rencontre-t-il, dans la vie, à même la vie ? De multiples manières, à n'en pas douter, mais en particulier *entre* éthique et politique.

Première figure du politique : vivre ensemble ? L'expérience du vivre ensemble initial est l'expérience de « l'à côté » comme « séparation » et « menace », ici essentiellement entre les « communautés » (juive, musulmane, catholique…) : les uns contre les autres, ou le « contre » disant le contact dit déjà l'opposition, l'agressivité sinon l'agression.

Seconde figure du politique : l'État. Deux figures se superposent alors : sans doute l'espace de la République française – *sur le sol de la métropole* – ouvre-t-il quelque chose comme un espace de « fraternité » avec les autres et de possibilités pour soi, un soi libéré de l'assignation à une place obligée dans le conflit larvé des communautés. Sans doute dans une moindre mesure, et de manière quelque peu différente, pour le Juif d'Algérie qui arrive en métropole – et au sein même de la terrible douleur de ce « rapatriement » qui est pour lui un exil radical – vaut toujours et encore le sentiment du Juif d'Europe de l'Est un siècle ou un demi-siècle auparavant résumé par l'adage « heureux comme Dieu en France » : liberté, égalité, fraternité, veulent dire quelque chose. La République française a ce sens et ouvre cet espace. Il n'en reste pas moins que la *même* République *est* l'État de la violence coloniale. Il n'en reste pas moins que l'idéal communiste qui s'affronte aux États coloniaux, produit alors le pire : l'État totalitaire. Pour ainsi dire à peine libéré de la violence de la co-existence comme agressivité (à peine) contenue, de cette violence-là, le soi impropre et impossible se trouve livré à la violence d'État : différence d'échelles, de focalisation – différences d'autres natures aussi sans doute – mais il s'agit toujours de figures de la violence comme clôture sur soi et exclusion. Violence subie, violence produite : contre la force de l'État, le militant reste tout contre, c'est-à-dire encore dans l'immanence de la violence qui ferme et se ferme. Flic ou militant violent, d'un certain point de vue la différence de l'un a l'autre est bien mince : partage de la violence, c'est-à-dire non-partage le plus radical.

Quelque chose comme une « paix » ne peut venir que comme l'ouverture même, la rupture, la sortie, l'excès non-résorbable, intotalisable – et toutes ces figures ne s'identifient certes pas, mais esquissent ou prolongent la même exigence. Le Politique et la politique se trouvent comme « pris » entre deux mauvais excès qui les trahissent déjà : entre, d'une part, le risque de se résorber déjà dans l'agressivité et la violence inter-communautaires dont ils ne parviennent pas à s'extraire, et, d'autre part, le risque d'être excédés par la clôture violente de l'État totalitaire, clôture de la rationalité efficiente qui gouverne et gère le stock humain, passant par pertes et profits la République de la coexistence – de la co-existence harmonieuse cette fois, la République fraternelle. Quelle sorte d'ouverture peut convenir ?

Quelle sorte d'ouverture ne sera pas retournée en une fermeture violente ? Quel excès pourra s'infinitiser comme excès et non pas se retourner en « mauvais excès », en fermeture, en nouvelle violence ? Pour aider à le désigner un mot semble s'imposer depuis la vie et le travail de Gérard Bensussan : messianisme.

> Le messianisme juif a souvent été pensé comme la matrice des philosophies de l'histoire où il se serait de quelque façon dilué, via le christianisme. Il y a là une difficulté qui n'est pas mince, pour une pensée du messianique qui

> croit pouvoir au contraire y discerner le contre-point efficace des philosophies de l'histoire. On a massivement considéré que le messianisme juif se tenait à la source d'une *Heilsgeschichte*, soit d'une histoire orientée selon la promesse du salut et de la rédemption, c'est-à-dire de la sécularisation, au sens de Karl Löwith. Le messianisme juif serait alors l'origine déterminée et le lieu de naissance de tous « ceux qui cherchent leur salut dans le processus », comme dit Nietzsche. Or que trouve-t-on le plus originellement dans le messianisme juif et qui me paraît très éloigné du « salut par le processus », qui bouscule l'hypothèse générale emportée par la sécularisation : un rapport à l'immémorial, un rapport à l'instantanéité et un rapport, strictement concomitant, à l'agir dans l'instant. Juste un étai, une référence : le Messie viendra, lit-on dans le Talmud, de façon aussi inattendue qu'un objet perdu qu'on retrouve inopinément ou qu'un scorpion qu'on découvre dans sa chaussure. (Bensussan, Cohen-Levinas, 2010, p. 53)

Le messianisme, de multiples façons au cœur du travail de Gérard Bensussan, est la figure qui s'impose, certes parmi tant d'autres, mais de manière exemplaire. Il n'est pas question ici de la commenter avec la précision pourtant requise. Je veux juste aujourd'hui en souligner deux aspects. 1) Imprévisible, imprédictible, immaîtrisable par avance, le « messie » fait événement comme « le scorpion dans la chaussure ». 2) Le « messianisme » dont il est question est « messianisme faible » – au sens de W. Benjamin. La parole messianique n'est pas promesse de la restauration du Royaume. Elle n'a pas le coupant péremptoire de l'annonce de la fin des temps et de l'instauration du Royaume de Dieu. Le messie ne mène pas des armées aux combats en assénant la promesse sans doute ni hésitation de l'accomplissement ultime. Le messie *fait* juste un peu, et dit : « on ne sait jamais[8] ». Mais c'est ainsi qu'il fait *vraiment*, en évitant de servir la violence, la violence où viennent se rejoindre la brutalité épidermique des *conatus* entre eux et la rationalité efficiente, déraisonnable, de l'État, dès lors que ce dernier prétend accomplir sans reste la substance des vies humaines. Il faut laisser résonner ce « on ne sait jamais » : parole minimale, peu assurée d'elle-même, de conviction retenue, du type « je ne promets rien » mais « ça ne coûte rien d'essayer », qui se révèle contenir en elle – du fait même de son

8 Voir Bensussan, Cohen-Levinas, 2010, p. 247 : « Le messianisme engage (je songe à une lettre fameuse de Rosenzweig ici, où il établit une différence entre des types d'instants, des types de temporalité, et où il dit de cette différence qu'elle est indifférenciable) quelque chose qui s'avancerait à pas de loup ou de colombe, et sans doute à reculons, avec pour devise "on ne sait jamais" ».

caractère minimal – la seule promesse qui soit véritablement promesse, livraison de soi incalculable à l'incalculable, au-delà de tous les coûts calculables : on ne sait *véritablement* jamais. Ce qui vient viendra en excès sur tous les savoirs, et alors « c'est aujourd'hui, demain » pour reprendre des mots de Levinas.

Comment ne pas être l'enfant pris dans l'agressivité épidermique, on oserait presque écrire « viscérale », toujours déjà là, qui circule entre les « Juifs », les « Arabes », les « catholiques » (ou « Français ») ? Comment ne pas adhérer à la violence politique militante au nom d'un idéal de libération face à une autre violence politique qui se donne comme légitime (celle de l'État français) ? Comment ne pas se retrouver mis à disposition par l'État totalitaire et déjà soupçonnable, comme toute subjectivité, toute intériorité tentant de se dérober à l'impératif de mise à disposition, ne peut manquer de l'être ? Comment tout cela… tout en *disant* et *faisant* – malgré tout et quand même ? Si la politique doit venir « après », pour le dire avec Levinas, comment *traduire* et *inscrire* l'ouverture non-résorbable, l'éthique comme événement messianique, là même où elle est précisément nécessaire et exigée, au cœur de cet autre qui la compromet inéluctablement (le et la politique) ? En se méfiant de la radicalité tranchante et péremptoire de la parole comme de l'action ; en faisant peu, en étant embarrassé par la lucidité inéluctable quant aux limites, aux travers, aux violences déjà peut-être, portés par ses propres mots, ses propres gestes – ce qui implique une retenue, peut-être dubitative, mais salutaire. Mais « bien peu » ne sera-ce pas toujours « trop peu » ? Ce messianisme « minimal », « déflationniste », ne se dissipe-t-il pas en fumée sur le grand théâtre de l'histoire du monde ? Non, le « peu », le suspens questionnant de son propre geste, ne contredit pas, malgré quelques apparences, la *pistis*, l'irréductibilité de la résolution, le courage peut-être. Et le « peu » n'interdit pas le « miracle » (si l'on entend par là l'incalculable survenue de l'incalculable) – au contraire : il se pourrait que ce ne soit qu'ainsi, qu'au cœur du « petit », de l'action modeste et jamais assurée de soi tout en étant irréductiblement convaincue, que puisse advenir la rupture non-résorbable, comme elle doit advenir, c'est-à-dire sans se retourner en son contraire, en la violence même[9]. Il m'est déjà

9 « Il y a de l'apotropaïque dans le messianisme (la faible force, la petite chance, la fragilité et le détournement, la possibilité infime). », écrit Gérard Bensussan dans *L'impatience des langues* (*ibid.*, p. 223). Tout le réseau sémantique du « faible » et du « petit », qui caractérise cette

arrivé de m'y arrêter, une figure, relevée dans les pages de Levinas, me semble exemplaire d'un tel messianisme : celle du « coiffeur » qui, au cœur de la débâcle, ne fuit pas, reste, et rase « gratis » les soldats en déroute. Une précision supplémentaire : en étant particulièrement attentif aujourd'hui à ce « suspens », à cet auto-questionnement accompagnant l'action pourtant non-calculée – invitation à négocier avec le réel pour ne pas lui faire violence tout en restant pourtant irréductiblement convaincue – je me demande si le messianisme minimal que je tente de cerner ne se caractérise pas par quelques attributs traditionnellement reconnus à une certaine idée du geste philosophique, geste toujours mal assuré en un sens, transi par l'impossibilité de se figer en une thèse décidée, mais opiniâtre et indéfiniment relancé : comme si ces traits du geste philosophique étaient jusqu'à un certain point reconnus au sein même de l'entrelacs des vies humaines, au point de « suture-rupture » éthico-politique ? Comme un *incognito* du philosophique dans le messianique ?

Pour conclure le parcours à peine esquissé dans ces lignes de ce bio-philosophème, je voudrais évoquer l'« amour », l'« amour » comme il vient dans la vie quand on « tombe amoureux ». Non pas tant « l'amour du prochain » ou l'« amour de l'humanité », l'« amour » déjà socialisé dirait Gérard Bensussan[10], que l'amour comme livraison inconditionnelle de soi à la singularité de l'autre – celui dont les romans d'amour nous entretiennent, le « grand amour » (s'il existe, ne serait-ce qu'à titre d'idéal). Je n'ouvre pas la question de savoir jusqu'à quel point, d'ailleurs, décrire quelque chose de cette sorte ne relève pas d'un cadre culturel (occidental peut-être). Je ne m'engage pas non plus dans le faisceau embrouillé de la plurivocité de la notion d'amour que je signale juste, comme en passant. Ainsi d'un certain point de vue l'amour n'est pas l'éthique (au sens de Levinas), et s'oppose même à elle : l'éthique n'est pas réservée aux visages de ceux que j'aime, au contraire tout visage, quel qu'il soit, me l'impose dès lors qu'il fait irruption. Et pourtant, d'un autre point de vue, on doit remarquer que Levinas finira par parler de manière pascalienne

idée précise du messianisme, ne condamne pas ce dernier à l'impuissance et l'inefficacité tout en le détournant pourtant absolument de son contraire, de la violence inéluctable du geste qui maîtrise, tranche ou accomplit, en parole comme en acte : souvent dans les temps sombres, le miracle minimal consiste à éviter le pire – et ce n'est pas rien.

10 Je m'appuie dans les lignes qui suivent sur trois textes de G. Bensussan : Bensussan, 2007b ; Bensussan 2016 ; Bensussan, 2017a.

d'« amour sans concupiscence » pour désigner le déploiement de la mise en question éthique du moi en dés-inter-essement... Gérard Bensussan ne méconnaît pas ces rapports compliqués entre éthique et amour – qui varient de l'opposition à la quasi-identité – mais l'emporte pour lui la structure commune à l'éthique et à l'amour qui, au sein même de leurs différences, leurs différences possiblement abyssales selon les points de vue, les fait être l'amour vraiment, l'éthique vraiment : le duo et l'asymétrie[11]. Duo où le caractère inconditionnel de la relation ne permet pas le partage qu'impliquerait déjà le tiers ou le trio ; asymétrie au sens où si l'amant ou l'amante demande sans doute l'amour de l'aimé ou de l'aimée, demande à être aimé ou aimée lui ou elle qui aime, il ou elle ne peut en rien l'exiger ; pas de contrat, de réciprocité ou d'interchangeabilité dans la relation d'amour. Raison pour laquelle l'amour et la justice sont étrangers l'un à l'autre. L'amour est souvent injuste (pour les autres qui sont « en dehors », mais au moins autant au sein de la relation même d'amour) – à vrai dire, il n'a que faire de la justice. Et fort heureusement, inversement, la justice n'est pas conditionnée par l'amour : bien souvent, elle s'atteste lorsque je m'oblige envers ceux que je n'aime pas ; lorsque je ne donne pas plus à celui que j'aime qu'à celui que je n'aime pas. Comme la mise en question par l'autre en laquelle consiste l'éthique, l'amour « précède » et « excède » – et cela le définit – l'ordre du tiers, de la symétrie, du comparable, de l'interchangeable ; l'ordre de la mesure et du partage. Comme l'éthique, l'amour précède et excède le Droit, le Politique, et la politique – il excède la justice même. C'est dire qu'il précède et excède le *logos* qui harmonise, qu'il précède et excède cette paix – qui n'est jamais que « paix armée », l'envers de la guerre qu'elle contient. Je ne tire pas plus ce fil qui emporterait en son déroulé tout le mouvement d'*Autrement qu'être ou au-delà de l'essence* de Levinas. On insistera cependant sur le point suivant : se porter au-delà du *legein* qui rassemble, c'est, du même mouvement, se porter au-delà de ce qu'il s'efforce de recueillir et rassembler – au-delà de l'être. À nouveau *comme* l'éthique (et je suspends l'élucidation du statut de ce « comme » qui dit à tout le moins l'analogie), l'amour tout à la fois suppose – et ouvre à – l'au-delà de l'être : ouverture sans « ré-enveloppement » possible en une fermeture supérieure. Et Gérard Bensussan a pu donner de très belles descriptions de la singularité incomparable de l'aimé ou de l'aimée en ce qu'il ou

11 « L'amour est bel et bien un "monothéisme" », écrit Bensussan (2016, p. 5).

elle ne peut être ce qu'il ou elle est – absolument incomparable – qu'à se tenir au-delà de l'être, au-delà du domaine des attributs et des qualités (qui permettent d'identifier et donc de comparer). Aussi faut-il – non sans quelque péril sans doute – « décaler » la description lévinassienne du Désir métaphysique en direction de l'amour : indéfiniment inidentifiable, infiniment « inépuisable », le désiré ou la désirée creuse et ne comble pas le désir – mais l'amour, alors, loin d'accuser le défaut et le manque « se nourrit de sa propre faim » (Levinas), « donne ce qu'il n'a pas » (Plotin).

Ainsi l'amour, *comme* l'éthique, *comme* le « messianisme » entendu à la manière dont il l'a été ici, est l'ouverture non-résorbable. Et la considération de ce de quoi il retourne, par contraste, dénonce la véritable nature de la justice déjà liée au Droit comme du et de la politique. La rupture authentique, le hiatus, se tient entre d'une part la chaîne éthique-messianique-amour et, d'autre part, la chaîne justice-droit-politique. C'est dire que même le meilleur des gouvernements pour les êtres humains, même le Droit et la justice, restent de l'être, restent de même étoffe que l'être en la loi qui est la sienne – celle de la totalité, de la totalisation, de la fermeture – violence et tyrannie. Et s'ils parviennent à ne pas se réduire à cette violence, s'ils réussissent à la contenir sinon la retourner ou l'inverser, ce n'est que pour autant qu'ils sont énigmatiquement spectralisés par l'ouverture à l'infini, à l'au-delà de l'être ; ou encore – pour prendre les choses par l'autre bout – parce qu'ils parviennent à traduire ou inscrire dans l'être ce qui excède pourtant infiniment ce dernier (et eux-mêmes avec lui).

Ainsi l'amour, celui dont nous parlons ici, l'amour qui lie les amoureux, est-il et doit-il être absolument hors « société », hors « société à plus de deux », hors « justice » et Politique, « avant » l'entrée du tiers (entrée qui aura pourtant en un autre sens toujours déjà eu lieu)[12]. Invisible et secret par essence il se dérobe au *legein* de l'être, à la lumière du Monde, à l'espace commun où nous allons sous les feux de la société. S'il advient qu'il soit capturé et mené pour ainsi dire de force en cette lumière, mis

12 Nous avons signalé que, rompant et excédant l'être et l'ordre du tiers, l'éthique comme mise en question de l'intéressement à soi du *conatus* devait bien pourtant pour ainsi dire spectraliser l'ordre de l'être pour en inverser le signe et la loi, pour que la justice et le Droit soient. Nous avons dit aussi que l'amour dont il est ici question est « comme » l'éthique – mais, sans aucun doute, n'est pas l'éthique. Lui aussi cependant ne peut qu'inéluctablement se compromettre avec l'être, et même le doit – puisque nous sommes. Il le doit pour que l'amour existe, pour qu'inversement l'existence puisse être amoureuse. Cela emporte bien des conséquences qui ne seront pas examinées ici.

au service de la lumière du monde de tous, alors le pire advient : l'amour transmué en passion politique veut faire passer l'injustice en laquelle il consiste en un sens tout entier pour la justice : il ira, par amour et comme amour, renverser les idoles, convertir de force, conquérir.

L'amour, comme l'éthique ou le messianique (en un « comme » qui reste à interroger) est rupture infinie, bon traumatisme qui creuse et nourrit ainsi, qui n'aliène que pour autant que plus profondément il libère. Il l'est pour autant qu'il reste le secret le plus précieux – qui ne doit pas apparaître dans le geste du monde (lui qui pourtant fait tant parler et écrire, lui qui ne fait tant parler et écrire que pour cette raison même).

N'est-ce pas ce que la vie aura appris ou toujours su ? L'enfant de Mascara n'aura-t-il pas senti ce que devient l'amour dès qu'il s'émancipe du duo invisible pour se répandre, en une protosocialisation, au sein des communautés, et, en inversant sa nature, entre elles ? Aimer les siens alors, n'est-ce pas déjà se méfier des autres, déjà les haïr peut-être ? L'étudiant parisien, le jeune traducteur berlinois, n'auront-ils pas très vite su la violence dont les États sont capables au nom de la fraternité ? Et quant à ce qu'aura appris de « l'amour révolutionnaire » le militant d'extrême gauche…

Du messianique, de l'éthique, il faut dire qu'ils rompent et excèdent l'ordre du tiers et doivent pourtant s'y compromettre pour le sauver de lui-même : « Politique malgré tout ! » écrit Gérard Bensussan (plutôt que « Politique après ! » avec Levinas). Mais l'amour ? L'amour lui aussi rompt et excède la lumière et le *logos* du monde – le monde toujours déjà monde des tiers et du Politique ; mais, pour ce qui le concerne, peut-être ne doit-il jamais s'y montrer[13]. Peut-être doit-il rester, lui, vie invisible, l'invisibilité même de la vie.

François-David SEBBAH
Université Paris Nanterre

13 Il faudrait sans doute confronter ce « biophilosophème » de l'amour à la manière dont cependant G. B., en commentant Rosenzweig, montre combien et comment il importe chez cet auteur de désenclaver l'amour du duo, pour en faire l'amour du prochain.

NOSTALGIE SATURNIENNE[1]

> S'agissant de la nostalgie, j'ai dit que je voulais rompre avec cela, mais je garde (et j'assume cette garde [...]) une nostalgie de la nostalgie.
> DERRIDA, *Les fins de l'homme*, p. 311.

Nous sommes habitués à classer les différentes philosophies de l'histoire selon leur caractère progressiste ou conservateur, en opposant la force révolutionnaire à toute posture *nostalgique*. De cette façon, on assume d'emblée toute référence à la nostalgie comme étant inversement proportionnelle à la poussée révolutionnaire de la pensée. Cette compréhension duale semble de la plus grande évidence et trouve certes son critère d'application envers la plupart des philosophies contemporaines : si l'on convoque la nostalgie, il est difficile de se départir de son résidu fétichiste, idolâtre du passé et, donc, d'une certaine manière, réactionnaire.

Or, ce principe dual (nostalgie *versus* révolution) ne marche pas du tout avec la pensée de Gérard Bensussan. Ce qui caractérise sa pensée est un déplacement des catégorie traditionnelles de la philosophie de l'histoire qui provoque une dissémination (dans la structure de la temporalité et dans la retombée politique que ce déplacement provoque) des oppositions classiques. Opposée tant à tout usage passif du passé qu'au progressisme actif des postures confiantes dans l'histoire ou dans la grâce, sa réflexion autour du messianisme le sauve de cette opposition duale. « Le messianisme le *sauve* », je viens de dire, mais non pas, bien évidemment, au sens du salut, du salut final, de la solution équilibrée et apaisante devant la complexité historique ou historiale, mais bien

1 Cet article fait partie du projet de recherche Fondecyt n. 1191135, financé par le Ministère de l'Éducation au Chili.

au sens que le messianisme de Gérard Bensussan viendrait *libérer de la règle*, de la succession du temps, de l'histoire orientée vers une fin – il viendrait donc libérer l'événement de toute contrainte chronologique, lui restituant son caractère exorbitant.

Ce qui m'intéresse ici, c'est d'interroger la question de la temporalité messianique de Gérard Bensussan en insistant en particulier sur la force ou la pression du passé dans le présent, au prisme de ce que Gérard Bensussan lui-même a appelé une « nostalgie saturnienne », en l'opposant par cet adjectif à toute autre forme de nostalgie pensée comme simple maque ou besoin de rétablir quelque chose du passé.

Il dit dans *Le temps messianique* :

> il y a une nostalgie purement réactive qui, du passé, ne regrette que la passéité, la quoddité [...]. Elle se fixe ainsi sur un temps défunt (Bensussan, 2001, p. 119).

Mais, rajoute-t-il, s'oppose à cela une autre nostalgie qui, dit le texte, n'abandonne pas le présent « au mirage de son avenir » (*ibid.*, p. 120), c'est-à-dire au prétendu retour du passé tel qu'il a été, mais qui est au contraire en elle-même « productive », comme le dit Goethe (1982, p. 308[2]), au sens qu'elle serait capable de transfigurer le présent vers l'avenir.

En cela il n'y a pas, ajoute Gérard Bensussan, de

> regret substantiel de ce que fut l'instant que le souvenir rapporte ou la patrie perdue qui persévère intérieurement en dépit de mon éloignement (Bensussan, 2001, p. 120).

La temporalité envisagée par la nostalgie saturnienne n'est pas alors tournée vers la « patrie perdue », le lieu exact que nous aurions laissé derrière nous – c'est bien cela la nostalgie d'un point de vue étymologique : la douleur de retourner chez soi, le « mal du pays » (*Heimweh*) –, mais au contraire il s'agit ici de la connexion avec quelque chose qui est désormais anonyme et impersonnel, non pas parce que ce « lieu perdu » serait en lui impersonnel, mais parce ma mémoration m'oblige à me faire moi-même anonyme, à *perdre* quelque chose au moment précis où on *trouve* le souvenir. On est alors loin de toute structure « odysséique » (du retour à Ithaca) qui est – on le sait bien par Levinas, Blanchot, Lacoue-Labarthe – un

2 Cité dans Bensussan, 2001, p. 120.

mouvement au risque constant de se transformer dans un récit économique : c'est le cas de la nostalgie pensée à partir d'un exil provisoire *en mal de* réappropriation, mais qui se sait *à même* de se sauver, de se réconcilier avec le pays.

La nostalgie saturnienne, au contraire, il est dit dans la suite du passage du *Temps messianique*, n'agit que comme « souci inquiet du présent » (*ibid.*, p. 121).

C'est ce point que je voudrais cerner : l'idée d'une nostalgie comme « souci du présent » qui l'inquiète et qui l'empêche de se tenir sur lui-même, de s'ajuster ou de se synchroniser, et finalement de s'approprier.

En effet, si la nostalgie ici évoquée ne répond pas aux progressismes utopiques et s'oppose à la fois à la force réactive de reconstruction du perdu, c'est parce qu'elle n'est pas tant une œuvre de rétention du passé ou de protention d'un idéal. Mais elle agit primairement sur le présent lui-même, en réalisant *le trouble ou la perte de l'expérience présente.* On ne réaffirme pas le perdu comme mesure alternative au présent, mais on brise *le présent lui-même* sans que l'on puisse le réunifier pleinement.

En ce sens, il y aurait « nostalgie saturnienne » quand on se trouve dans la situation assez paradoxale où le présent ne tient plus dans l'unité minimale organisée de l'expérience telle que Kant l'avait pensée et devient en lui-même principe de contradiction. Si avec Kant celui qui dit « présent » ou « expérience », dit synthèse, unification d'une multiplicité informe de données brutes en une unité minimale de sens, au contraire le « présent saturnien », appelons-le comme-ça provisoirement (mais je vais revenir bientôt sur ce terme), ce serait la dislocation ou la disruption de l'unité de la présence, son éclatement vertigineux – vertigineux dans la mesure où, plus il cherche à se saisir ou ressaisir, moins il se retrouve unifié, voire moins il peut se décrire selon n'importe quelle consécution temporaire.

Mais le fait de ce présent disjoint, *out of joint*, impensable selon la succession temporelle, ne veut pas dire non plus que le présent puisse être capable de se vivre dans son atomisation : il n'est en mesure ni de se référer au temps en général qui semble se fracturer et se scinder hors de toute continuité, ni à soi-même puisque le présent reçoit une détermination inaliénable de ce passé qui lui échappe.

Le présent saturnien, c'est-à-dire l'irruption de la nostalgie saturnienne dans le présent, indique un temps qui ne *vient* pas, mais qui *survient*, en explosant au contact de la conscience réceptrice sur la modalité du fantôme ou du spectre. Tel que le spectre de la « hantologie » derridienne[3] (celui qui « *hante l'Europe* », selon Marx), ce survenant est l'*inscription de la disparition*, la résistance qui ne permet au présent ni de *se faire* à partir du passé, ni de *se défaire* de celui-ci.

Je cite de nouveau *Le temps messianique* : la nostalgie « productive » vient

> rappeler au présent qu'il est en dette d'une tache empêchée jusqu'à lui et qui a à éternellement revenir (Bensussan, 2001, p. 148).

Or, c'est cette dette éternelle du temps envers lui-même ce qui empêche de penser selon l'opposition d'un principe conservateur ou réactionnaire, simplement tourné vers le passé, et d'une posture authentiquement révolutionnaire et capable de faire transiter autrement le temps. Il s'agit bien là au contraire de penser la nostalgie à partir d'une contamination beaucoup moins décidable, une discordance entre deux intensités du passé dans le présent, deux forces qui s'entremêlent : l'une parfaitement tranchante et oublieuse, pleinement révolutionnaire, acharnée à rompre avec ses racines afin de se perdre sans retenue (mais qui finit par se définir à partir de ces racines perdues, se maintenant en cela, malgré elle, dépendante du passé) ; l'autre force, plus patiente et fidèle, qui cherche à comprendre le passé, et à voir le futur au prisme du passé (mais qui ne sait s'ouvrir à ce qui vient qu'en fonction d'une succession temporelle, en étant alors incapable de se libérer du temps comme schème et de se rapporter à l'événement). Ces deux forces en tension (la *mémoire involontaire* d'un passé qui nous persécute et duquel on ne peut pas – et on ne veut pas – se libérer et l'oubli *impossible mais nécessaire* à toute rupture historique) vont avec, se donnent à la fois, alors même qu'ils semblent être incompossibles, impossibles à la fois.

Tel est bien Saturne : le dieu des opposés vu par Warburg ou, dans les mots de Benjamin, « l'astre à la révolution la plus lente, la planète des détours et retards » (Benjamin, 1990, p. 337). Mais encore plus

3 Voir Derrida, 1993, p. 31.

fortement : Saturne est *retard irréparable* sur les choses passés, *contradiction indépassable* sur les choses présentes, *ombre inéclairable* sur les choses à venir. C'est-à-dire, *impasse dans le passage* ou même *impasse du passage*, « structure de dépossession », comme Gérard Bensussan l'appelle dans *Être heureux ?* (Bensussan, 2019a, p. 25), indice ultime du glissement du temps, du glisser de toute prise sur lui, du détour, de l'attente, du retardement constitutif du temps.

Le propre de la nostalgie saturnienne c'est alors qu'elle structure la présence de la perte (et non pas du désir de restaurer) ; qu'elle compénètre d'oubli la mémoire[4], car elle ne se réduit jamais à simple répétition du passé ; qu'elle ouvre l'histoire en tant que lieu d'une séparation fatale entre un passé à jamais imprésentable et un présent défini par sa disparition. Présent et passé, dit Bensussan dans *Marx, le sortant*,

> s'entrechoquent dans l'instant où le présent se saisit lui-même comme transi par le passé (Bensussan, 2007a, p. 125).

Or, cette nostalgie, la nostalgie en général, est, si l'on veut, *un spectre*, comme on l'a dit. Mais aussi il vaut la peine de préciser en quel sens elle n'est pas qu'un spectre, surtout si nous nous référons à la « spectrologie » derridienne.

D'un côté, bien évidemment, on n'est pas loin ici de ce que Derrida a nommé la *logique du supplément*, la dynamique de ce qui réprime l'écriture tout en s'y référant implicitement. Je cite une formule assez classique de *La voix et le phénomène* :

> La structure étrange du supplément apparaît ici : une possibilité produit à retardement ce à quoi elle est dite s'ajouter (Derrida, 1967b, p. 99).

Ça peut se lire dans les termes de ce que l'on a déjà dit : la nostalgie saturnienne *produit* à retardement le passé duquel elle dit dépendre.

La logique ici présente est naturellement bien connue : chez Derrida on a, d'un côté, l'écriture qui semble s'ajouter à la parole vive et originaire comme son double ou sa reproduction dérivée, mais, de l'autre, on s'aperçoit que c'est cette écriture réprimée, tenue à distance, cela qui maintient dans l'espace et dans le temps la présence vive d'une

4 Voir Bensussan, 2006b.

telle origine. Il y va donc chez Derrida (c'est peut-être une manière de comprendre en général la déconstruction) d'un nouveau rapport entre histoire et écriture, défini essentiellement (si on peut encore parler d'essence) par ce « retardement » constitutif, par un écart qui cherche constamment à combler la distance mais qui, précisément à mesure de cette recherche, s'éloigne fatalement de l'origine. D'où la nécessité pour Derrida de penser l'écriture elle-même, au sens large d'un système de traces, comme l'enjeu d'un *refoulement historique*, comme processus sans fin ni repos de déstabilisation de toute valeur ultime.

Or, selon la même double dérivation de présent et passé, d'origine et séquelle, le spectre est chez Derrida l'héritage inassumable qui pourtant inquiète l'héritier, c'est le revenant qui retourne sans cesse, le réprimé qui cherche sans fin une répétition, une revivification dans le présent et qui pourtant en se montrant se révèle comme un mort, comme ce qui ne peut plus vivre ; c'est le refoulé qui revient sous la forme d'un fantôme qui tourmente, qui se présente en regrets et angoisses qui attaquent la conscience, en appelant à la justice qui ne peut en aucun cas être satisfaite car le passé est tout simplement passé.

Il s'agit là, évidemment, de la même nécessité qu'on a vu dans la nostalgie saturnienne pour élaborer une temporalité diachronique et pour ouvrir à la responsabilité du temps.

Mais, chez Derrida, la réaffirmation de la dette du passé qui nous hante implique immédiatement l'avenir qui transcende le présent, implique l'émergence du nouveau, la réponse immédiate et partielle qui ouvre la présence à son autre, c'est-à-dire, qui expose à la responsabilité d'excéder ce qui est et de laisser émerger des nouvelles formes du sens. En ce sens, face à l'insaisissabilité de l'inconditionnel (de la justice), il existe et il doit exister chez Derrida une conditionnalité de droit qui constitue, pour le dire vite et dans les mots de *Force de loi*, l'expérience de l'aporie. Ou bien, dit par la voix de Levinas, « le visage *entre* dans notre monde à partir d'une sphère absolument étrangère » (Levinas, 1972, p. 52). Depuis un lieu tout autre, le visage fait alors irruption dans l'ordre du monde, dans l'identité du moi, du même, en le bouleversant, le renversant, lui demandant de répondre. Il n'y aurait plus de sens, écrit Derrida dans *La grammatologie*,

> sans une rétention dans l'unité minimale de l'expérience temporelle, sans une trace retenant l'autre comme autre dans le même (Derrida, 1967a, p. 92).

Or, même s'il ne semble s'agir que d'une nuance ou d'un problème seulement terminologique[5], Gérard Bensussan me semble prendre distance de cette « rétention » dans une « unité minimale » du temps. Il dit dans l'article « La politique et le temps » :

> la détermination derridienne du messianique [...] implique immédiatement les effets dans une promesse de justice qui aurait à s'inscrire dans une imminence, dans « l'urgence la plus concrète, la plus révolutionnaire aussi ». Le messianique serait ainsi le strict équivalent d'un « réalisme de l'immédiat » et l'antonyme de l'utopie ou de l'utopique. Ce point me paraît très contestable (Bensussan, 2005, p. 2).

Il y aurait un risque dans la hantologie derridienne, le risque d'immédiatisme ou qu'un décisionisme prenne la relève de l'indécidable. Le risque que l'on finisse par se précipiter, non pas, bien sûr, à accomplir la promesse de justice, mais du moins à vouloir institutionnaliser des instances de droit qui prétendent pondérer l'impondérable, tandis qu'il faut assumer « l'impossible ou l'incompossible des temps » (*ibid.*), comme le dit Bensussan, c'est-à-dire le hiatus infini qui empêche au temps d'être conforme avec sa promesse.

Il me semble qu'ici Gérard Bensussan veut, non pas critiquer Derrida ou créer une véritable alternative, mais insister, *avec* mais aussi *au-delà* de Derrida, sur le fait que l'attente messianique ne peut pas simplement *attendre l'attendable* (ce qui peut être attendu), mais qu'il faut penser l'attente jusqu'au bout comme un « sans bout », c'est-à-dire, « sans visé d'attendu », comme le dit Levinas, et comme le dit surtout Bensussan par les mots de Levinas[6]. Mais alors, s'il n'y a vraiment pas « visé d'attendu », il n'y a pas de négociation avec la présence (qui reste divisée à jamais), pas d'immédiateté qui ne soit immédiatement fracturée et suspendue.

Gérard Bensussan revient sur cette différente emphase de l'impossible dans l'entretien avec Danielle Cohen Levinas : en dépit de sa dette avec Derrida, il dit,

> je crois que les cheminements qui ensuite se tracent ne sont pas les mêmes, sans être opposés ou hétérogènes ou strictement bifurquants. Enfin, il me semble qu'il y aurait sans doute quelques différences sensibles (Bensussan, Cohen-Levinas, 2010, p. 316).

5 C'est l'avis de Silvia Geraci (2015, p. 98).
6 Voir David, 2004, p. 111-116.

Voici la « différence sensible » qui m'a semblé décisive : la nostalgie saturnienne répond, certes, à la structure de la spectralité, à l'émergence d'un fantôme qui inquiète le présent en le divisant, comme chez Derrida. Mais le propre de la nostalgie est qu'elle est une disposition qui ne s'accorde à aucune effectivité, qui ne se traduit en aucun effet visible, qu'elle maintient celui qui la prouve en suspens et sans issu.

C'est peut-être en vue de préciser cette nuance que se dirige la (très belle et énigmatique) dernière page de *L'impatience des langues*, l'entretien avec Danielle Cohen-Levinas. On y lit ceci :

> [Je songe à] quelque chose comme une attente, mélancolique, messianique-mélancolique, pour le tout proche, l'indéterminable, le quasi-immédiat, l'instant qui vient. Une impatience à bien y réfléchir [...]. L'impatience mélancolique [...] ne fait qu'exacerber son indécidable renouvellement, elle exige ce que je ne saurais décider, moi, ce dont il n'y a pas lieu pour moi de décider, qui est requis et improbable à la fois. [...] Au fond, on ne « décide » que pour les choses lointaines, dans l'illusion du programme et de l'emprise. Plus l'objet de la décision s'approche de l'instant du trancher [...], plus la décision fait place à un s'en-remettre à la tension insigne du temps et à l'espérer d'une détention (*ibid.*, p. 318).

C'est-à-dire : la décision, à bien y regarder, ne vient pas, elle ne peut pas venir comme telle, elle n'a pas lieu dans la présence ; elle ne vient que « pour les choses lointaines », c'est-à-dire qu'elle ne vient pas vraiment trancher, dé-cider, dans l'immédiat, voir toute de suite. Elle ne s'immédiatise pas. L'instant immédiat de la décision n'est qu'une projection idéalisée, utopique, car le présent est toujours déjà habité par la *tension de l'indécidable* qui empêche que ce soit moi pour de vrai celui qui prend la décision, car dans le présent je suis toujours pris dans une rémission infinie. La décision ne se prend, encore une fois, que différée, et l'instant présent reste indéfiniment divisé, fracturé, tendu vers sa catastrophe et vers sa promesse à la fois).

Ainsi, si Bensussan critique ouvertement (et à raison) la lecture que donne Agamben[7] du messianisme derridien qui serait dans les mots d'Agamben une sorte de « mauvais infini » qui suspendrait infiniment tout accomplissement, c'est, tout au contraire, l'orientation opposée qui semble émerger de la lecture de Gérard Bensussan de Derrida : il y voit le risque, pour ainsi dire, d'un « mauvais fini » qui perdrait la

7 Voir Bensussan, 2005, p. 3.

force tensionnante de l'impatience mélancolique. Dans *Être heureux ?* on lit :

> Quoi que je fasse, je ne parviendrai jamais au cœur de l'altérité – sinon elle ne serait plus l'altérité (Bensussan, 2019a, p. 29).

L'argument n'est pas absent de la pensée de Derrida, bien entendu. Mais c'est ici question d'une différence d'accent. Chez Derrida aussi, évidemment, la tension du « viens ! » ne se résout jamais, et tout possible ne tient que sur la base (qui n'en est pas une) de l'impossible. Et pourtant il s'agit quand même dans l'argument de Gérard Bensussan d'insister sur le retour nostalgique comme une dimension qui ne peut se renfermer ou se dépasser : on est pris dans un *Zwichenraum*, un écart suspendu, une *syncope*, dirait peut-être Jean-Luc Nancy, qui témoigne du fait qu'il n'y a ni la priorité illusoire de la venue du nouveau, ni un passé répété, mais l'abîme devant les infinies relations entre le réel et le possible. « L'événement se met ainsi dans l'attente immédiate de lui-même », lit-on encore dans *Être heureux ?* (*ibid.*), ce qui me semble tout à fait éclairant : l'événement ne peut qu'être divisé, en attente de lui-même, schizophrène et pour cela irruptif ; son être n'est jamais un, au sens d'*un seul*, mais d'emblée engage au différemment temporel.

Ceci seulement permet enfin, comme le dit Gérard Bensussan, de « [faire] le vide là où le plein du monde empêch[e] tout événement d'advenir » (Bensussan, 2009, p. 37). Si l'on veut penser l'événement messianique, il faut faire ce vide, l'éprouver, le porter en soi – et la « nostalgie saturnienne » n'est peut-être pas autre chose que cet effort de porter en soi la dépossession.

Andrea POTESTÀ
Pontificia Universidad Católica
de Chile, Santiago du Chili

L'IMPATIENTE PATIENCE DU TEMPS

Une adresse à Gérard Bensussan

> Le temps rend possible l'impossible attente où s'affirme la pression de l'absence de temps.
> BLANCHOT, 1962, p. 75-76.

> Le temps est une attente sans visée d'attendu.
> LEVINAS, 1991b, p. 32.

C'est dans l'impatience du temps, dans la pression de ses demandes et ses requêtes, de plus en plus impérieuses et coercitives, que la patience du temps me tente aujourd'hui. C'est dans l'impatience du temps, de ces temps-ci en particulier, si vertigineux, si pressés, accélérés et peut-être faux, que ce titre m'est venu comme une adresse destinée à Gérard Bensussan. Aujourd'hui, c'est-à-dire, ici et maintenant pour lui. À lui donc. Ici et maintenant pour évoquer le temps, la question du temps qui l'a tant saisi et dont il nous a tant instruits. Peut-être, cette patience du temps explicitée dans mon titre me tente aussi pour faire résonner un autre titre, son titre à lui, celui de *L'impatience des langues* (Bensussan, Cohen-Levinas, 2010) où il se livre à l'impossible et à un certain aveu, où le temps est décrit comme le commencement (*ibid.*, p. 24), où, plutôt, inversement, le commencement est comme le temps : « le commencement, c'est le temps, écrit-il, c'est une manière de déterminer très radicalement le temps » (*ibid.*, p. 39), mais aussi, dit-il encore, « c'est la différence, tout ensemble la venue de la promesse et la pro-jection qui la destitue de toute tenue et venue. C'est la promesse qui est promise. C'est le temps lui-même qui est structuré comme promesse, si on entend le terme comme il convient, comme un langage de promission » (*ibid.*, p. 33). Commencement et promesse seraient donc les premiers attributs du temps. Nous le verrons.

Maintenant c'est le temps du commencement. Et juste avant le temps, avant tout argumentation et analyse à ce sujet, il est temps de commencer par dire ma dette à Gérard Bensussan. Non seulement la dette pour ses lectures décisives des philosophes qui ont également marqué mon parcours intellectuel, non seulement pour ses lectures de F. Rosenzweig, W. Benjamin, E. Levinas, J. Derrida, certes, de H. Arendt et T. Adorno peut-être, et sans doute d'autres encore, bien que moins décisifs dans le croisement de notre amitié philosophique ; non seulement ma dette pour ses questionnements intempestifs sur la philosophie juive dans son livre *Qu'est-ce que la philosophie juive ?* (Bensussan, 2003), c'est-à-dire pour les allers et retours entre Shem et Yafet que là il pratique, comparables aux allers et retours entre Aix-en-Provence et Paris que nous avons également partagés, bien qu'à distance de temps et que j'ai poursuivis dans une impossible substitution à lui dans l'enseignement ; ma dette va/s'adresse surtout à la force spéculative de ses pensées, qui toujours m'ont fascinée et capturée car elles se meuvent entre « la patience du concept » – c'est son expression – et en même temps « l'impatience de la venue » (*ibid.*, p. 31), voire de l'événement. En effet, si je peux le dire dans ces termes et comme simple supposition, pour Gérard Bensussan il ne s'agit jamais uniquement, unilatéralement, académiquement de décortiquer des concepts avec patience, compétence, savoir et connaissances, comme le font tant d'académiciens dans la routine de leur métier, mais sa touche singulière consiste à les nourrir toujours de l'impatience et même du risque de la venue, de l'événement, de la venue de l'événement. À la rigueur conceptuelle et à l'audace spéculative s'associe toujours, entre les lignes de ses livres comme entre les passages de ses discours, l'imprévu de l'événement, qui n'est pas tant celui de la parole qui survient nouvelle et intempestive dans l'écriture ou dans la communication verbale, que quelque chose d'insaisissable, hors de l'ordre de l'ouverture consciente ou inconsciente à l'autre dans la disponibilité bienveillante de la parole (écrite ou verbale), quelque chose qui très singulièrement arrive, lui arrive presque, qui le porte vers ce qui n'était pas cherché, attendu, saisi… C'est difficile de préciser ce que je lis dans cette *dimension événementielle* du style philosophique de Bensussan : peut-être un contre-temps du temps ? L'inattendu, le risque et l'imprévisible de la vie ? « Le coup de couteau du réel » (Bensussan, 2017b), selon un titre de son article dédié à Proust et à Schelling ? Ou bien, s'agit-il de « l'imprévisible étrangeté de la fin », selon les mots de Blanchot ? (Blanchot, 1971, p. 327) Ou, bien encore, d'une certaine précipitation de la venue du Messie qui s'ancre dans le discours philosophique en train de se faire ?

Difficile déchiffrement, difficile saisie que sont les miens, mais je les relie soudainement, peut-être maladroitement, à ce que Blanchot disait de Bataille dans ce texte sur l'amitié qu'il faudrait relire entièrement s'agissant, là comme ici, d'amitié. Je cite Blanchot : « ce mouvement imprévisible et toujours caché dans son imminence infinie ne vient pas de ce que le terme ne saurait être donné à l'avance, mais de ce qu'il ne constitue jamais un événement qui arrive, même quand il survient, jamais une réalité capable d'être saisie : insaisissable et maintenant jusqu'au bout dans l'insaisissable [de] celui qui est destiné. C'est cet imprévisible qui parle quand il parle, c'est cela qui [...] dérobe et réserve sa pensée, l'écarte et la libère de toute mainmise, celle du dehors comme celle du dedans » (*ibid.*, p. 327). Dès lors, de l'imprévisible et de l'insaisissable s'installent dans et guettent la pensée aussi patiente et savante, fortement spéculative et théorique du philosophe et de l'ami autour duquel nous écrivons aujourd'hui. Mais peut-être que ce que j'entends encore là est du même genre que ce que lui-même nous dit de toute pensée messianique, qu'elle soit de matrice juive ou communiste révolutionnaire, qui s'ancrerait, se forgerait précisément sur le binôme, sur le conflit entre, d'une part, la patience, celle du concept, la « patience de la nécessité » (Bensussan, Cohen-Levinas, 2010, p. 31), mais aussi celle de l'histoire, attentive aux médiations, aux étapes processuelles, aux enchaînement de causes et d'effets et, de l'autre, l'imminence, l'urgence, « l'impatience de la venue » et de la fin. Comme si cette pensée même était toujours déjà contaminée – et il serait intéressant de voir comment cette contamination s'est faite et s'est produite –, par les thèmes les plus décisifs et préférés ou que moi-même je lui attribue comme tels (à savoir, ici le temps, le messianisme, en conjonction avec ceux de l'éthique et du politique). Bref, comme si, dans son style même et non seulement dans ces récurrences et occurrences, sa pensée était déjà habitée par ce binôme, par ce conflit ou plus simplement par cette dialectique entre la patience et l'impatience qui traverse, porte toute pensée messianique.

Or, j'interromps cette hypothèse de lecture à peine commencée et je reviens en arrière. Pour deux raisons je m'arrête dans mon indiscrétion interprétative née et portée par la dette. Premièrement, à cause de l'amitié, à cause de ce « rapport sans dépendance, sans épisode » (Blanchot, 1971, p. 328), qui passe aussi par la reconnaissance d'une certaine étrangeté, exigeant qu'on ne parle pas de l'ami et demandant de lui parler directement et s'adressant à lui. C'est-à-dire qu'à cause de l'amitié même il est extrêmement difficile et gênant, pour ne pas dire insupportable, de faire de l'ami un thème de conversation ou un sujet de conférences ou d'articles. Ici la discrétion s'impose, s'impose à moi, m'impose une halte, par la règle de l'amitié qui dicte de renoncer de parler et même de connaître celui ou celle à qui nous lie quelque chose d'essentiel et qui, même dans la plus grande familiarité, demande une « distance infinie », une « séparation fondamentale à partir de laquelle ce qui sépare devient rapport » (*ibid.*, p. 328). Pour le dire encore avec Blanchot, « la discrétion n'est pas dans le simple refus de faire état de confidences [...], mais elle est l'intervalle, le pur intervalle qui, de moi à cet autrui qui est un ami, mesure tout ce qu'il y a entre nous, l'interruption d'être qui n'autorise jamais à disposer de lui, ni de mon savoir de lui (fût-il pour le louer) et qui, loin d'empêcher toute communication, nous rapporte l'un à l'autre dans la différence et parfois le silence de la parole » (*ibid.*, p. 329). Je n'arriverais pas cependant jusque-là, jusqu'au silence, car il s'agit aujourd'hui de prendre la parole, mais je fais un pas en arrière, en direction de cet intervalle, de cette discrétion ou « distance infinie » exigées par l'amitié, et j'abandonne l'interprétation à peine esquissée du style philosophique de Gérard Bensussan, ainsi que les formulations sur celui-ci et s'exprimant dans le « comme si... ». Toutefois, pour cette même raison – la distance infinie requise par l'amitié – je n'abandonnerai pas, malgré tout, dans l'usage de cette adresse, dans cette même écriture, la troisième personne du singulier et bien que la seconde, fût-elle singulière ou plurielle, serait plus de mise. Donc ni *tu* – de la proximité amicale – ni *vous* – de l'éloignement respectueux de l'amitié, car dans notre situation il serait anachronique –, je garderai l'*il* et bien qu'il ne soit pas tout à fait adéquat à suggérer en même temps la différence qui nous sépare et l'essentiel qui nous unit.

Deuxièmement, à cause du temps. Je fais un pas en arrière et je reviens au temps car, dans son impatiente patience, il m'attend depuis le début de ce propos et malgré tout mon désir de le penser en le différant. Le temps, dans son impatience même, me demande maintenant de la patience, dans l'effort du déchiffrement, et en premier lieu, dans la compréhension du temps qui en est donnée dans le livre *Le Temps messianique* (Bensussan, 2001). Ici, l'auteur se dédie à une lecture décisive du temps, mais non pas du temps qui aurait « ses lettres de noblesse philosophique » (*ibid.*, p. 7) ; au contraire, il s'engage dans une opération singulière, dans un dépassement ou déplacement (*ibid.*, p. 11) des frontières entre le temps historique des philosophies de l'histoire, d'une part, et le temps subjectif, la temporalité vécue, la conscience intime des philosophies de la vie, de l'autre. En outre, et en parallèle, ce travail de dépassement des frontières n'est pas uniquement conduit à l'intérieur du discours philosophique *strictu sensu*, mais il est également réservé et continûment transféré à deux traditions de pensée qui n'auraient rien en commun. En effet, selon ses propres termes, « penser le temps messianique, c'est travailler à l'élaboration conceptuelle d'une connexion entre un dispositif très anciennement mis en place par la philosophie et une tradition qui lui est en son fond étrangère, celle du messianisme juif » (*ibid.*). Le passage de l'une à l'autre, de la philosophie à la tradition du messianisme juif, passage ici spécifiquement relatif au concept de temps, demande et suppose de l'infidélité à l'une et l'autre tradition, mais pareillement il implique un « inquiètement réciproque » (*ibid.*) qui est et devient fortement fécond. D'ailleurs, dit-il, on ne peut pas se passer de cette mixité parce que nous sommes, selon les mots de Paul Ricœur de *La mémoire, l'histoire et l'oubli*, « les enfants bâtards de la mémoire juive et de l'historiographie sécularisée du XIXe siècle » (Ricœur, 2000, p. 522). Il faut donc réfléchir aux formes de cette « bâtardise » qui s'articulent entre sécularisation et réinvention messianique : voilà le but et le point central où le discours de Bensussan veut s'inscrire grâce à ce livre. Mais il y un moment essentiel, plus convaincant, plus décisif encore que la monstration d'une certaine mouvance ou fluence (Bensussan, 2001, p. 13) entre les deux pôles de ce discours (la philosophie et la tradition juive) ainsi qu'entre les deux pôles de notre culture, à savoir la mixité entre la sécularisation des philosophies de l'histoire, avec leurs concepts d'un temps téléologique, d'un côté et, de l'autre, le messianisme propre à la tradition juive, soutenu par l'idée d'un temps eschatologique. Il me semble que le point de faîte ou de tension maximale ou d'« image dialectique », pour emprunter le mot à Benjamin, de ce livre autour du temps messianique et concernant son intention la plus intime, est de réinventer une « pensée de l'événement », de repenser cette « épreuve mille fois recommencée » (*ibid.*, p. 8), c'est-à-dire de songer à nouveau, grâce précisément à cette bâtardise et sur l'ancrage bousculant entre ces deux pôles, le « temps interruptif » se concentrant et s'ouvrant sur l'instantanéité de l'instant. « Temps interruptif » puisque c'est grâce à la verticalité interruptive de l'instant que l'horizontalité de la « longueur du temps » est interrompue. Une pensée de l'événement bâtie sur un temps interrompu et interrompant, dont le démontage de toute linéarité et continuité est confié à l'instant précisément : « l'instant – écrit-il dans un très beau passage – est le temps lui-même ou tout au moins quelque chose du temps, et quelque chose qui bat en son cœur, comme un guet qui ne saurait jamais ce qu'il guette. Il endure sans relâche, sans différemment consenti, dans l'élan parfois ou le désespoir souvent, un interminable affût » (*ibid.*). Le « temps interruptif » serait alors celui où l'instant advient et s'impose comme un « interminable affût ». Cette expression contient, il me semble, un moment essentiel de la spéculation de Gérard Bensussan sur le temps. Et, il n'est pas surprenant de trouver évoqués en stricte connexion à cela les noms de Franz Rosenzweig et de Walter Benjamin, dans la lignée desquels il entre en constellation, puisque ceux-ci ont opéré une vraie « déformalisation du temps », selon une belle formulation de Levinas (cité dans Bensussan, 2009, p. 55), se référant à de Rosenzweig, dont le centre gravitationnel est donc l'instant. En effet, pour l'un comme pour l'autre, l'instant peut signifier « "l'origine de l'avenir", le commencement dans l'absoluité d'une naissance, l'accident avant le principe, la simultanéité irréductible au successif, la discontinuité de ce qui s'actualise selon une sommation inattendue » (Bensussan, 2001, p. 10), et on pourrait continuer.

Mais peut-être il vaut la peine de s'arrêter sur cette instantanéité de l'instant chez Rosenzweig et Benjamin, avant de revenir à l'impatiente patience du temps telle que l'envisage Bensussan. On sait que Benjamin applique la déformalisation du temps à l'analyse du temps historique, en montrant que le passé, le présent et l'avenir ne sont point des segments successifs de la ligne droite du « temps homogène et vide », mais qu'ils représentent un même moment de la conscience historique : pour que le temps apparaisse comme historique au sens benjaminien, il faut que son déroulement continu soit interrompu. Cette interruption du temps est une découverte essentielle de l'affinité élective entre le présent, le passé et son avenir, s'installant justement dans l'instant. En d'autres termes, la révolution opérée par Benjamin consiste à avoir transposé l'expérience du temps vécu de la sphère personnelle à la sphère historique : c'est dans l'instant du présent historique que confluent la mémoire des générations passées et en même temps la nouveauté radicale de l'avenir. Mais ici l'avenir n'est pas un avenir tout neuf conjuguable simplement au futur, mais il est aussi un avenir pour le passé, en tant que possible accomplissement de l'inachevé et de l'inaccompli de ce passé même et qui suppose, grammaticalement, un futur antérieur. Le présent historique, tel que l'envisage Benjamin, implique alors, grâce précisément à la force interruptive de l'instant du *Jetz-zeit*, un tropisme vers le passé et vers l'avenir, y compris l'avenir du passé qui attend d'être récupéré et ainsi d'être sauvé. Selon les thèses *Sur le concept d'histoire* (Benjamin, 2013) « l'image vraie du passé passe en un éclair. On ne peut pas retenir le passé que dans une image qui surgit et s'évanouit pour toujours à l'instant même où elle s'offre à la connaissance. [...] Car c'est une image irrécupérable du passé qui risque de s'évanouir avec chaque présent qui n'est pas reconnu comme visé par elle » (*ibid.*, p. 430). Ou selon une autre formulation très célèbre, mais toujours décisive : « l'historien matérialiste ne saurait renoncer au concept d'un présent qui n'est point passage, mais arrêt et blocage du temps » (*ibid.*, p. 440). Ce présent immobile, qui ne passe et ne s'écoule pas, qui interrompt et déchire, qui est dans un équilibre sans équilibre comme un tremplin, permet alors le surgissement, toujours imprévu, d'un numéro incalculable de possibilités nouvelles pour le passé ainsi que pour l'avenir car, selon la formulation benjaminienne, dans « le présent, comme *Jetz-zeit* (à-présent) » « se sont fichés des éclats du temps messianique », et « chaque seconde est [était] la porte étroite par laquelle pouvait [peut] entrer le Messie » (*ibid.*, p. 443). Or, si Benjamin pousse sa déformalisation du temps jusqu'à transformer « les contenus du temps personnellement expérenciés en catégorie du temps historique » (Bensussan, 2009, p. 57), Rosenzweig procède d'une manière similaire dans l'*Étoile de la Rédemption*, non tant par rapport à l'histoire qu'à l'éternité. Il y a entre ces deux philosophes, entre ces « deux constellations » (*ibid.*, p. 55), un déjà vu ou un déjà lu, comme nous le rappelle Bensussan dans un chapitre de son

Dans la forme du monde (Bensussan, 2009) sur Rosenzweig, c'est-à-dire qu'il y a une proximité de motifs, comme dans la broderie, un mélange « des espèces d'arabesques sinusoïdales, des écarts ponctués d'intersections autour d'un unique espace qui forme un thème non-homogène » (*ibid.*, p. 55) : celui du temps justement, celui des éclats ou éclairs de l'instant plus précisément. On pourrait même dire que la déformalisation du temps qui s'installe dans l'instabilité féconde et subversive de l'instant, dans l'arrêt du maintenant dans le flux continu, vise l'histoire dans la perspective benjaminienne tandis qu'elle vise le temps des horloges selon la rosenzweighienne. Comme si la créativité/fécondité implicite et sommeillante dans l'instant, se produisait, pour l'un, dans le déchirement/l'éclatement de l'immobilité du flux historique (voire de l'*autrefois* et de l'*ainsi de suite*) et dans la naissance d'une certaine synchronisation entre passé, présent et avenir, tandis que pour l'autre, pour Rosenzweig, la rupture se produirait dans le flux du temps homogène, à partir duquel, grâce à la liturgie et à la prière (Rosenzweig, 2003, p. 275 et 345), l'éternité peut advenir. Dans les deux pensées donc, les couples conceptuels histoire/temps (Benjamin) et temps/éternité (Rosenzweig) agissent de la même façon et elles sont secouées ou éprouvées par la force interruptive, incitative et subversive de l'instant. On connaît la fameuse lettre de Rosenzweig du 5 février 1927 à Oppenheim, où il distingue « l'aujourd'hui qui n'est pas une passerelle vers l'avenir » de « l'aujourd'hui qui est un tremplin vers l'éternité » (Rosenzweig, 1979, p. 345). Pareillement, on peut relire dans cette direction, un passage important de l'*Étoile* où Rosenzweig écrit : « l'éternité est précisément cela : entre l'instant présent et l'accomplissement, nul délai n'a plus droit à trouver place : au contraire dès aujourd'hui on peut appréhender tout l'avenir » (Rosenzweig, 2003, p. 458). La transformation de l'éternité en un maintenant, dans un aujourd'hui qui ne passe pas mais qui est éternel car interrompu, est compréhensible aussi grâce au concept d'« heure » dont nous parle Rosenzweig et qui est liée à la force de la prière : « l'in-stant dévoile du neuf à l'œil chaque fois qu'il s'ouvre. Le neuf que nous cherchons est nécessairement un *nunc-stans*, et par conséquent, ce n'est pas un instant qui s'évanouit, mais un instant "arrêté". Un tel maintenant arrêté, on l'appelle, à la différence de l'instant, une heure. Parque qu'elle est déjà arrêtée, l'heure peut contenir déjà en elle-même la diversité du vieux et du neuf, la richesse des instants, sa fin peut à nouveau déboucher sur son commencement » (*ibid.*, p. 406). Et on pourrait continuer avec les citations de l'*Étoile de la rédemption* qui se focalisent sur la force, la promesse de l'instant, du maintenant, de l'heure, dans toutes leurs nuances, force en tous cas capable de suspendre et interrompre le temps, dans la finalité spécifique de faire advenir le Royaume. D'autre part, on pourrait songer aux symétries de perspective entre Rosenzweig et Benjamin quant à la conception du progrès, par exemple, ou au spéculaire de leurs modèles théologico-politiques que Bensussan distingue comme une « politique du théologique », chez Rosenzweig, car pour lui « le judaïsme devient le paradigme de la non-politicité » (Bensussan, 2009, p. 58) et une « théologie du politique » chez Benjamin en tant que « complémentarisation » entre théologique et matérialisme historique. Mais l'analyse de tout cela, où très patiemment et aisément, avec plaisir même, baigne la pensée de Bensussan, me conduirait trop loin de la patience du temps par laquelle j'ai commencé. Je reviens donc en arrière, encore une fois, car l'avancement de mon discours ne se fait pas ici, évidemment et au-delà de mes intentions, sans un nouvel arrêt et un nouveau recul. Avancer par arrêt et reculer c'est d'ailleurs une méthode très benjaminienne… J'assume donc ce troisième arrêt, je recule, je reviens en arrière, mais pour conclure cette fois, avec l'impatience du lecteur peut-être.

En effet, pourquoi s'attarder sur l'interruption du temps ou sur le temps interruptif si l'attention de mon adresse à Gerard Bensussan est tournée vers la « patience du temps » ? Qu'est-ce que celle-ci a à voir avec le temps interruptif dont je viens d'esquisser les contours ? Qu'ont en commun, dans le sens d'un commun conceptuel, l'interruption et la patience du temps ?

L'attente… Oui, l'attente, celle de l'instant peut-être. Pour Benjamin, en effet, entre le passé et le présent de l'histoire, comme entre les générations passées et la nôtre, il y aurait « un rendez-vous tacite », car, écrit-il sublimement, « nous avons été attendus sur la terre » (Benjamin, 2013, p. 429). Et c'est justement cette attente – la leur, la nôtre –, qui fait, qui instruit, qui dicte « la faible force messianique » ; c'est cette attente, qui dans le langage benjaminien devient même une « prétention » du passé sur le présent, et plus précisément de l'instant du passé sur l'instant du présent qui entrent en conjonction, c'est cette attente même qui établit la connexion conceptuelle entre l'interruption et la patience du temps. Car l'attente surgit/émerge dans l'interruption de l'instant, certes, mais elle est déjà là, dans un préalable du temps peut-être, elle sommeille déjà dans sa patience – et si ce préalable du temps était déjà sa patience ? D'autre part, c'est l'attente qui, dans les pages de l'*Étoile de la Rédemption*, donne le rythme et le nom de la Rédemption, surtout dans sa dimension communautaire, quand elle est vécue collectivement et s'explicite dans la question toujours renouvelée « l'invité viendra-t-il ? ». Mais, encore plus poignante, c'est l'idée de Rosenzweig que cet instant, cet instant-*Augenblick* est lourd d'attente. Cet instant-ci, celui qui se différencie de l'instant du temps physique ou de l'instant « ontologisé » (Bensussan, 2009, p. 269), comme de celui de toute continuité fluide, est un instant qui, lui, attend et est porteur d'indétermination. D'où son ouverture et sa promesse. Il est comme si l'instant témoignait de cette attente même en lui, ne visant aucun fin déterminée, aucun projet en particulier. Et c'est précisément dans ce sens, c'est-à-dire dans le sens d'une attente sans visée ni fin déterminée que l'inconditionnalité de la promesse de l'instant serait ainsi garantie. Bref, on pourrait dire que l'instant est cette attente même qui, dans son inconditionnalité et dans sa patience peut-être garantit la nouveauté – le commencement – de l'événement et de la promesse qu'il porte.

De la même manière, je lis, je touche presque, cette même « broderie » qu'ont en commun Benjamin et Rosenzweig, quand je suis sur les pages de Bensussan sur le temps messianique, j'entends quelque chose comme « une attente messianique-mélancolique », selon ses mots, (Bensussan, Cohen-Levinas, 2010, p. 318) : la sienne, certes, mais peut-être celle-ci se confond avec l'attente de l'instant lui-même qui donne matière à sa réflexion. Je veux dire que ce rapport thématique entre temps interruptif et patience du temps qui me tente depuis le début et se concentrant sur l'attente, comme je viens à peine de l'envisager, je le retrouve en acte, en œuvre dans certains de ses écrits. Dans un paragraphe sur l'attente et la patience que je découvre avec surprise dans *Temps messianique* – avec surprise car mon propos ainsi que mon titre viennent avant cette découverte – il écrit ceci : « puisque je ne peux jamais viser ce qui est attendu dans ses contenus propres et que par ailleurs ce jamais fait la durée même du temps, l'insaisissable impliqué par ce jamais qui dure emporte la patience. La temporalité du temps lui-même est cette patience de l'insaisissable » (Bensussan, 2001, p. 96).

Mais s'agit-il ici d'un temps déjà interrompu ou d'un temps continu qui dure dans la continuité de son flux et de sa durée ? Pas clair. Et qui est ce « je » qui ne peut « jamais viser ce qui est attendu » ? Celui de l'auteur, celui d'un sujet rhétorique ou bien celui qui donnerait voix à l'instant même ? Plus loin Bensussan explique : « l'endurance de cette attente est patience du temps et impatience de l'instant. [...] Il y a donc une attente qui sait qu'elle attend ce qui ne peut pas être à la mesure d'une pensée ou d'un sens pleinement possédable et qui espère contre toute attente. Cette endurance de la démesure, qui espère contre soi, c'est l'impatiente patience du temps, sa messianité » (*ibid.*). Ici l'attente, dans sa résistance à attendre, croise la patience du temps et l'impatience de l'instant. Dans l'endurance de la démesure, de l'insaisissable, du non-envisageable propre à l'attente, la patience de l'un – le temps – et l'impatience de l'autre – l'instant – se fixerait la messianité même du temps. Et puis, je lis à la fin de *L'Impatience des langues*, un passage qui résonne de la même manière, mais peut être différemment : « la patience endure l'attente d'un avenir pensable. Je dirai même que cette patience n'est rien d'autre que cette pensée de l'avenir. La pensée pense dans la patience. L'impatience mélancolique qui espère à sa façon pour le tout proche ou le tout-venant n'a guère d'assurance. [...] Elle ne fait qu'exacerber son indecidable renouvellement, elle exige ce que je ne saurais décider, moi, ce dont il n'y a pas lieu pour moi de décider, qui est requis et improbable à la fois. Là se noue cette intensité temporelle inouïe [...]. Là, tout de suite, ça arrive, ça va arriver, et l'événement se met ainsi dans l'attente immédiate de lui-même » (Bensussan, Cohen-Levinas, 2010, p. 318-319).

C'est là donc, autour de cette idée (toute rosenzweighienne) de l'*impatiente patience du temps*, et autour de son noyau le plus vif – l'attente – que je voudrais enfin entendre et attendre ta parole, Gérard, – cette fois dans le *tu* –, ta parole sollicitée par mon adresse, dans cet instant même, pour *attendre* ainsi, avec toi et grâce à de tes pensées, ce qui va arriver.

Orietta OMBROSI
Universitá La Sapienza, Roma

PENSER SELON LE GREC, PENSER SELON L'HÉBREU

Dans son livre *Qu'est-ce que la philosophie juive ?*, Gérard Bensussan analyse trois séquences privilégiées de ladite philosophie : grecque avec Philon d'Alexandrie ; arabo-médiévale avec Maïmonide ; puis allemande moderne avec Mendelssohn, Cohen, Rosenzweig et Levinas. Il donne ainsi toute son importance à la langue dans laquelle cette philosophie est écrite et étudiée, grecque avec Philon, arabe avec Maïmonide, allemande avec Mendelssohn, Cohen et Rosenzweig, mais aussi française avec Levinas. Évoquer des séquences ne serait toutefois pas un simple choix méthodologique fait par Gérard Bensussan afin de mieux mettre en évidence quelques grands noms de la philosophie juive, il s'agirait d'une nécessité car l'histoire de la philosophie juive serait selon lui discontinue. « C'est, dit-il, une histoire criblée de trous » (Bensussan, 2003, p. 17). D'une part la deuxième séquence ne devrait rien à la première et la troisième très peu aux deux précédentes ; d'autre part cette philosophie disparaîtrait pendant de longues périodes. Durant celles-ci, ce qu'on appelle massivement la pensée juive puisqu'elle englobe aussi bien les écrits talmudiques, midrachiques, cabalistes, hassidiques etc. prendrait le relais ou encore occuperait « la place de la philosophie » (*ibid.*, p. 17-18). Ces écrits dits de « pensée juive », pour les différencier de ceux qui se veulent philosophiques, font intégralement partie de ce que le judaïsme appelle la Torah orale – Torah qui est sur la bouche, *Torah chébéalpé* – indissociable de la Torah écrite. Ils exigent quant à eux la connaissance de l'hébreu et de l'araméen pour être écrits, transmis et lus. Ils renouvellent le pouvoir de sens des versets et interdisent aux esprits de rester fixés à la lettre.

À l'exception de Philon qui semble-t-il ignorait l'hébreu, les philosophes cités par Gérard Bensussan se sont tous nourris, à des degrés divers, à cette pensée juive ou à cette Torah orale, c'est-à-dire aux multiples déploiements de sens rendus possibles par l'interrogation de la lettre hébraïque. La frontière entre la pensée et la philosophie juive est, à mon avis, très poreuse. On peut certes soutenir, par exemple, que la philosophie juive requiert la mise en œuvre d'une rationalité à visée universelle, ou encore qu'elle ne cite jamais un verset comme un argument d'autorité mais qu'elle se laisse enseigner par lui afin ensuite de réfléchir de façon argumentée, voire qu'elle préfère les concepts aux images, mais le lien qu'elle entretient avec cette pensée est toujours là. Elle ne cesse donc pas d'étudier ce qui se passe dans les « trous » que repère Gérard Bensussan. Et il s'y passe beaucoup de choses, en particulier l'avènement d'une pensée qui n'est pas uniquement tributaire des remous du temps, ce qui permet d'ailleurs de juger ceux-ci. Une pensée y prend son élan qui s'élabore dans et par des discussions et des enseignements oraux, mais aussi dans et par des milliers de livres tous désireux de faire vivre la lettre hébraïque afin de pouvoir en vivre. La grande différence entre la philosophie qui fait fi de tout qualificatif afin, prétend-elle, de mieux veiller sur l'universalité, et la philosophie qualifiée de juive est, sur ce point, que seule cette dernière (ou presque) a quelque curiosité pour ces enseignements et ces livres.

Les philosophes en effet, sauf rarissimes exceptions (Spinoza, Schelling) ignorent l'hébreu biblique et ils méconnaissent davantage encore la littérature nommée pensée juive écrite en hébreu ou en araméen, cela sans que l'on puisse repérer en elle ces périodes de grands « trous » comme dans la philosophie juive. Quand les philosophes s'intéressent à la Bible, c'est à sa traduction en grec, à la Septante, comme le rappelle Gérard Bensussan, et à la théologie chrétienne élaborée à partir des Pères de l'Église grecs et latins qu'ils le font. À ce propos Levinas écrit ceci : « Les Écritures saintes lues et commentées, en Occident, ont-elles incliné l'écriture grecque des philosophes ou ne se sont-elles unies à elles que tératologiquement ? Philosopher, est-ce déchiffrer dans un palimpseste une écriture enfouie ? » (Levinas, 1972, p. 108).

Je voudrais maintenant, en suivant certaines pages de deux livres de Gérard Bensussan, *Qu'est-ce que la philosophie juive ?* et *Dans la forme du monde*, me demander ce que signifie penser selon le grec et penser selon l'hébreu.

L'ILLIMITÉ DU SENS SELON L'UNE ET L'AUTRE LANGUE.

Dans les deux livres à l'instant mentionnés, Gérard Bensussan se réfère à l'épisode de la Genèse au cours duquel Noé s'étant enivré et dénudé, il est regardé par son fils Cham qui avertit ses frères Sem et Japhet. Ceux-ci s'empressent de recouvrir Noé sans le regarder. À son réveil, Noé maudit Canaan, fils de Cham, bénit le Dieu de Sem et appelle la bénédiction sur Japhet : « Sois béni l'Éternel, divinité de Sem ! [...] Que Dieu agrandisse Japhet ! Qu'il réside dans les tentes de Sem ; et que Canaan soit leur esclave » (Gn 9, 27). Selon le Talmud (*T. Babli, Meguilla*, 9b), on peut entendre par là que les mots de Japhet seront dans les tentes de Sem. Japhet étant considéré comme l'ancêtre des Grecs, on pourrait donc dire que sa philosophie sera abritée dans les tentes hébraïques, celles de son frère Sem, l'ancêtre des Hébreux. Quant au troisième frère, son sort le rejette à l'extérieur de cette complicité, mais aussi de cette rivalité, entre le grec et l'hébreu. Ce qui ne veut pas dire, au contraire, qu'il soit meilleur.

Pour grecs qu'ils soient, les mots étrangers de Japhet sont d'abord ceux des juifs eux-mêmes puisque ce sont eux qui ont traduit la Torah en grec. La Septante est une œuvre juive même si elle fut surtout appropriée par les Chrétiens qui la considèrent comme une révélation de même statut que la Torah. Ce qui les a autorisés généralement à ignorer superbement l'hébreu. Si ce passage du Talmud prescrit précisément de mettre cette traduction à l'abri dans les tentes de Sem, c'est pourtant afin que les possibilités de sens ouvertes par le grec ne prennent pas leur indépendance au point d'ignorer avec morgue que dans les tentes de Sem d'autres possibilités de sens continuent de se déployer à partir de l'hébreu. On sait que cette mise en garde ne fut pas écoutée par les Chrétiens qui jugèrent que le grec leur permettait d'élaborer une théologie insoumise aux interprétations des sages juifs, rebelle envers eux et sûre de sa supériorité. Le « véritable Israël » (*Verus Israel*), à savoir Israël selon l'esprit, ne se disait-il pas en grec ? Les tentes de Sem furent donc délaissées, méprisées et souvent maltraitées.

Le midrach (*Midrach Rabba*, 36.8) qui admet que les paroles de la Torah soient dites « dans la langue de Japhet et dans les tentes de Sem » donnerait, selon Gérard Bensussan, une légitimité à « la transvaluation de la figure en concept et de la transformation du concept sous l'effet de la figure » (Bensussan, 2003, p. 15). C'est-à-dire qu'il rendrait compte du travail de la philosophie juive. Levinas l'exprimerait ainsi : « Énoncer en grec » c'est-à-dire dans la langue claire et précise du concept, « des principes que la Grèce ignorait » (Levinas, 1982b, p. 233-234). Je note toutefois que Levinas ne parle pas de « figures » que le concept relèverait (à la manière hégélienne), mais de « principes ». Malgré sa grandeur, la Grèce ignorerait certains principes ! Malgré la nécessité où il se trouve de déplacer sans cesse ses tentes, et parfois même de s'en voir dépouillé, Sem connaîtrait ces principes qui manquent à la première ! Or ce serait précisément la tentation récurrente d'une philosophie qui ne reconnaît *que* l'héritage grec, c'est-à-dire d'une philosophie qui refuse de faire le moindre séjour dans les tentes de Sem, non seulement d'ignorer ces principes mais de nier leur existence. Il n'y aurait aucun bon principe à chercher dans les tentes de Sem, ou pour le dire autrement, en utilisant une image biblique, le tri entre le bon grain et l'ivraie (Math. 13, 24-30) aurait déjà été fait par le christianisme, en faveur exclusive de lui-même. Dès lors l'idée même d'une philosophie juive serait absurde.

Les philosophes juifs sont précisément ceux qui récusent ce verdict, ils aiment le grec, la langue de Japhet, mais ils aiment aussi s'attarder dans les grandes tentes de Sem pour écouter et étudier ce qui s'y dit depuis si longtemps déjà. Continuement, sans les interruptions subies par la philosophie juive. Dans la Bible, même Balaam, prophète des nations rétribué par le roi Balak pour maudire ces tentes, n'y était pas parvenu[1]. Ce qui, pour notre propos, signifie qu'il avait échoué à vouer à la stérilité et à la mort les paroles qui s'échangent dans ces tentes, paroles que l'on peut entendre si l'on prête l'oreille à l'hébreu, si l'on ne se soumet pas corps et âme à l'hégémonie d'une autre langue. Les philosophes juifs s'y risquent donc, mais ils cherchent aussi à traduire dans le langage conceptuel de la philosophie le bon grain qu'ils trouvent dans ces tentes, et cela même quand elles sont devenues des lieux plus ou moins en marge du monde intellectuel dominant une époque et méprisant pour eux. On sait qu'un « bon grain » est pour celui qui le plante une promesse de vie, promesse fragile car soumise aux aléas du climat (sécheresse, vents violents etc.), aux soins qu'on aura pour lui alors

---

1 Voir Nb, 24, 5 : « Quelles sont belles (*tovou*) tes tentes, ô Jacob ! Tes demeures, ô Israël ».

même qu'on ne le perçoit pas à l'œil nu, à la patience qu'on mettra pour attendre qu'il vienne à terme. C'est à mon sens la tâche que s'assignent, selon des modalités diverses, les philosophes juifs analysés par Gérard Bensussan. Ils aiment se ressourcer aux textes écrits en hébreu, ou en araméen, et étudiés avec force discussions dans les tentes de Sem, car ils savent qu'ils portent une promesse de fécondité pour la pensée, pour la parole et pour les actes. Mais ils savent aussi qu'il faut beaucoup de patience pour mettre le langage rebelle à l'abstraction qu'ils écoutent dans les tentes de Sem à l'épreuve d'une conceptualité qui fait fi des singularités et à celle d'une rigueur logique propre à la philosophie. Ils savent aussi que l'épreuve du silence de la pensée philosophique est un obstacle à la parole qui s'échange dans ces tentes, comme le remarque très justement Rosenzweig dans *La pensée nouvelle* en opposant la pensée logique à la pensée grammaticale, la pensée pour tous, soit encore la pensée pour personne, et la parole adressée à quelqu'un. Dans les tentes de Sem, on parle en effet, et on parle à quelqu'un qui, comme le dit Rosenzweig, a « des oreilles, comme tout le monde, mais aussi une bouche » (Rosenzweig, 1982, p. 53) qui s'empresse d'interroger ce qui vient d'être dit.

Corrélativement, toutefois, les philosophes juifs introduisent un ferment d'inquiétude et de sagesse nouvelles dans les paroles qui s'échangent sous les tentes de Sem en s'efforçant de faire grandir les significations de la lettre hébraïque. Que le langage de la Torah soit celui des hommes, selon l'opinion talmudique retenue par Maïmonide, c'est-à-dire qu'il soit un langage anthropomorphique et anthropopathique susceptible de retenir l'attention des non philosophes, ou qu'il ne le soit pas, il convient en tout cas de l'interroger pour en faire grandir le pouvoir de sens et pour l'exprimer avec clarté. Autrement, il se refermerait sur une lettre desséchée, paralysant toute audace et tout désir, pour vouer à la soumission et à l'ennui. Or, comme celles des différents philosophes étudiés par Gérard Bensussan, les questions posées peuvent être élaborées dans le langage de Japhet, à partir d'une rationalité ouverte sur les textes juifs. Cela laissera d'ailleurs des traces jusque dans cette fameuse « pensée juive » censée de rang très inférieur à la philosophie et que tant de philosophes méconnaissent, parfois avec arrogance. Beaucoup d'écrits de Cabale et du hassidisme portent ainsi les traces des questions et de l'argumentation propres à la philosophie néo-platonicienne. Ces traces ne sont ni explicites ni revendiquées – elles sont même oubliées ou méconnues – car ces penseurs en infléchissent la portée philosophique. Ils élaborent en effet leurs propres interprétations à partir des versets de la Torah et d'autres textes de la tradition juive, ils introduisent des modalités de réflexion différentes de celles de la rationalité argumentative (pensée par association, par analogie etc.). Mais l'important pour mon propos reste ceci : cela n'atteste-t-il pas que pendant ces longues périodes « trouées », pendant ces siècles sans philosophie juive tels que les perçoit Gérard Bensussan, la philosophie a continué d'œuvrer autrement, silencieusement, par ses traces au sein de la pensée juive ? Par ces traces donc, cette philosophie fut alors tout entière mise au service de Sem qui, avec une certaine ingratitude due à son ignorance de sa présence souterraine, a ensuite pu déployer ladite « pensée juive » sur des chemins inconnus de cette philosophie. Chemins que cette dernière aurait probablement répudiés d'ailleurs. En effet, grâce à son goût immodéré pour l'étude de la Torah, la pensée juive a aussi résisté à l'exclusivité des modèles de sens proposés par cette philosophie, néo-platonicienne en l'occurrence. En particulier lorsqu'il s'agit de subordonner l'éthique à la nostalgie pour l'Un, et même si cette nostalgie anime de nombreux textes juifs, en particulier hassidiques.

L'HÉBREU SUR LE QUI-VIVE

Rester sur le qui-vive pour la langue hébraïque me semble signifier que cette langue soit capable de continuer à se faire aimer, comme le dit Gérard Bensussan à propos des pensées de Rosenzweig et de Derrida (Bensussan, 2009, p. 53). J'entends par là qu'elle puisse attirer à elle ceux et celles qui découvrent, grâce à elle, comment mieux penser certes, mais aussi comment mieux vivre avec les autres et, pour certains encore, comment se tenir en proximité d'un Dieu bien énigmatique, d'un Dieu souvent retiré jusqu'à l'Absence comme le dit Levinas. Toutefois, pour que cette langue reste sur le qui-vive, elle doit aussi nouer un lien indéfectible avec le « reste » d'Israël, ce reste qu'après les prophètes, Rosenzweig nomme aussi « un peuple dans le peuple » (*ibid.*, p. 79).

Si « le judaïsme se conserve par soustractions, à travers un processus de rétrécissement, par la formation incessante de nouveaux restes », comme l'écrit Rosenzweig (*ibid.*, p. 79-80), c'est aussi parce que les tentes de Sem subissent des malheurs profonds dans l'histoire. Malheurs qui sont le fait propre de leurs habitants et malheurs que causent les peuples acharnés à les vilipender, à les détruire et à les exterminer pour prendre leur place, pour prendre toute la place, pour faire place nette. Rosenzweig ne s'attarde pas tant sur les causes de ces malheurs qu'il ne cherche à transmettre ce qui continue de se passer encore dans ces tentes qui, comme on le sait, ont été si souvent transportées d'un lieu à un autre, d'un siècle à un autre, avant de revenir à Sion. Ce que Rosenzweig considérait avec une certaine suspicion.

Le reste, tel qu'il le décrit dans *L'Étoile de la Rédemption*, ne se désintéresse pas de sa responsabilité pour le monde, contrairement à l'interprétation d'Hannah Arendt analysée par Gérard Bensussan (*ibid.*, p. 80), qui voit dans le retrait qui le caractérise une forme d'acosmie répréhensible pour son absence d'engagement politique. Le reste porte bel et bien une responsabilité irrécusable pour ce monde mais il ne la décline ni ne l'éprouve de façon directement militante, estime Rosenzweig qui n'en voyait pas moins dans les juifs de son temps qui s'engageaient dans les mouvements bundistes, socialistes ou encore sionistes, « les meilleurs » fils de ce reste, pour leur générosité et leur ardeur à combattre misère et injustice. Pourtant il leur opposait les « plus forts » des fils de ce reste, à savoir ceux et celles qui continuaient de veiller – corps et âmes – sur le feu de la tradition[2] et dont la responsabilité passait par une position d'extériorité, ou encore d'éternité, et plus exactement encore, comme l'écrit Gérard Bensussan, d'éternisation, c'est-à-dire de « mouvement rédimant à l'œuvre dans le monde » (*ibid.*, p. 84).

Ce mouvement que décrit longuement Rosenzweig dans *L'Étoile de la Rédemption*, va de pair avec une vie en consonance avec des rites qui scandent le temps autrement que comme un processus historique car ils se renouvellent à partir d'un ancrage dans l'éternité. Cet ancrage permet de ne pas se perdre dans une histoire qui mobilise les intelligences et l'énergie des êtres humains pour réaliser la Raison, la société sans classe ou encore le futur grand Reich, et tant de causes douteuses qui

2 Voir préface de Rosenzweig à sa traduction des poèmes de Jehuda Halevi pour les deux types de fils.

privent de la capacité de résister à ce qui entraîne irrésistiblement vers le pire. Un tel ancrage dans l'éternité n'a rien de statique car vivre selon le rythme de rites qui célèbrent l'immémorial de la création (Chabbat) ou la contemporanéité avec la sortie de l'esclavage (Pessah) par exemple, exigent aussi un renouvellement (*hidouch*) de la personne qui les célèbre et du sens de ce qu'elle fait et dit alors. C'est cela qui permet de prendre du recul vis-à-vis du temps historique et de le juger, plutôt que se laisser entraîner par lui en arguant de son caractère impérieux.

Or, selon Rosenzweig, même s'il existe différentes langues juives (yiddish, judéo-espagnol, judéo-arabe etc.), c'est l'hébreu qui commande « l'appropriation liturgique de l'éternité anticipée » (*ibid.*, p. 49) et qui, à ce titre, est la langue du peuple juif. C'est aussi pourquoi cette langue-là ne pourrait devenir une langue de la quotidienneté sans périls pour elle et pour ce sur quoi elle veille. Gérard Bensussan explique que, selon Franz Rosenzweig, ce serait une langue non parlée, un reste elle aussi, mais un reste vivant malgré la traversée des langues-hôtes. Elle serait, dit-il, la seule « langue écriture » dont il serait dangereux de vouloir faire une langue quotidienne, comme les sionistes, et singulièrement, Eliezer Ben Yehouda (1858-1922), en avaient le projet. On sait que Scholem lui-même dans une célèbre lettre adressée à Rosenzweig en 1926, peu de temps après son arrivée en Palestine, l'avait mis en garde contre la sécularisation de l'hébreu qui conduirait selon lui vers « un avenir vide » (*ibid.*, p. 51), un avenir privé de sa dimension « prophétique et messianique ».

Est-il exact toutefois de dire, avec Gérard Bensussan, que ce que redoute Scholem dans cette lettre corrobore l'inquiétude de Rosenzweig à propos d'une langue qui s'identifierait trop à sa réalité immédiatement empirique (*ibid.*) ? J'en suis moins certaine. Même si Rosenzweig dit craindre en effet que l'hébreu moderne se coupe de son passé, il encourage aussi les juifs à faire de la langue sainte une langue vivante, c'est-à-dire une langue où on se sent chez soi. Il rapporte que, dans son institut, l'étudiant ne doit pas être initié à une grammaire morte quand il étudie l'hébreu, mais qu'il doit apprendre l'usage actuel de la langue et découvrir la langue sainte comme une langue vivante[3]. Citant des œuvres écrites en hébreu au cours des siècles, il explique aussi que cette langue est toujours restée vivante et qu'elle le restera. Il parle

3 Voir Rosenzweig, 1965, p. 32 et Rosenzweig, 2003a, p. 231.

même d'une « sainteté mondaine » de l'hébreu[4]. Il ne considère certes pas le mouvement sioniste comme un mouvement messianique mais, dans une lettre au rabbin libéral Benno Jacob[5], il reconnaît être ému à la pensée qu'à Tel Aviv les boutiques ferment durant le Chabbat et il admire l'éducation donnée aux enfants, en précisant que l'hébreu qui leur est enseigné ne peut être coupé du passé, même quand il est parlé par des jeunes enfants. C'était bien là d'ailleurs le projet d'Eliezer Ben Yehouda qui, par un travail acharné, en proie à maintes hostilités de la part d'une orthodoxie redoutable, a rendu possible le renouveau de la langue hébraïque.

Lorsque Aharon Appelfeld, tout jeune rescapé de la Choah, arrive en terre d'Israël il est initié à l'hébreu moderne et un peu plus tard il découvre des livres classiques du hassidisme. Il écrit alors ceci à propos de ces derniers : « Les livres étaient écrits en hébreu, mais ce n'était pas l'hébreu de la *Alyat Hanoar*. Le "travail" (*avoda*) était le service divin, la "*hashgaha*" n'était pas la surveillance mais la Providence divine, le "*bitahon*" n'était pas la sécurité des implantations, mais la foi dans le Nom. Ce n'était pas les mots qui avaient un sens différent, mais les phrases aussi. La phrase semblait être jouée sur une autre musique, comme un mélange de yiddish et d'hébreu, avec ici ou là un mot slave » (Appelfeld, 1999, p. 139-140).

Mais les deux hébreux sont-ils voués à s'ignorer ou à être dissociés ? Lire dans sa langue originale un écrivain comme Aharon Appelfeld c'est découvrir qu'ils peuvent se prendre d'amitié l'un pour l'autre. Ils annoncent l'un et l'autre le choix de la vie : celui de la vie concrète en Israël, vie à tendance pragmatique, audacieuse et forte ; mais aussi celui d'une vie plus secrète, plus nostalgique, plus encline à chercher Celui que nous ne trouvons pas souvent. Je pense que Rosenzweig aurait été sensible à cette amitié là, au cœur de l'hébreu lui-même.

4 Voir Glatzer, 1976, p. 266-267.
5 Voir *ibid.*, p. 357.

L'INCONNAISSABILITÉ ET L'AMOUR

Je terminerai en réfléchissant, très brièvement pour respecter le temps qui m'est imparti, au thème de l'inconnaissabilité et de l'amour de Dieu qui, de façon récurrente, hante la philosophie juive à chacune de ses étapes. Je mentionnerai exclusivement la première, avec Philon, et la toute dernière, avec Levinas, sans pouvoir en approfondir les richesses. Le philosophe d'Alexandrie cite en effet les passages bibliques où Dieu demande à Moïse de monter vers Lui, en lui disant qu'Il lui parlera « au plus épais d'un nuage (*béav anan*) » (Ex 19, 16) ; ou encore ceux où le prophète s'approche de « la brume (*arafel*) où était Dieu » (Ex 20, 18). Loin donc de se tenir dans une transcendance abyssale et absolue, la trace du Dieu invisible et inconnaissable, du Dieu dont n'existe aucune idée adéquate, contrairement à ce que pensera Spinoza, ne serait pas absolument perdue. Si on disposait d'une idée claire à Son propos, si on Le comprenait, pourrait-on d'ailleurs Le servir, comme le demande le Rabbi de Kotzk[6] ? Mais si nulle trace de Lui ne « clignotait » encore (Levinas), pourrait-on L'aimer et Lui répondre ?

Pour se tenir en proximité de ce Dieu qui n'est pas pour lui un pur principe philosophique, Philon estime que cela exige un amour au-delà du savoir. Gérard Bensussan écrit en effet que cette entrée dans la nuée passe par une « une sortie de soi (*ektasis*), l'âme étant expulsée d'elle-même pour laisser place au *pneuma* divin, par une sortie hors du monde intelligible, *éros* surpassant *epistêmê* » (Bensussan, 2003, p. 37). Seul Moïse serait toutefois capable d'entrer dans le nuage obscur car son amour excèderait sa connaissance, même Josué, son fidèle successeur, resterait sur le seuil. Dans sa lecture allégorique de la Bible, Philon relie les départs, les déplacements et les installations de tous les personnages bibliques et des Hébreux dans leur ensemble à des étapes suivies par l'âme. Le sens obvie de la narration biblique se voit donc élevé à un sens spirituel qui l'excède, non sans risque de la priver de sa concrétude. Comme si la lecture de la Torah par le prisme de la philosophie grecque permettait peu à peu de congédier cette concrétude,

6 Voir Chalier, 2018, p. 69 : « Je ne servirai pas un Dieu que ma petite intelligence pourrait comprendre ».

soit encore comme l'affirme Paul de Tarse, de donner congé à la lettre pour ne garder que l'esprit. C'est là, me semble-t-il, une question qui peut être posée à cette philosophie juive : que fait-elle de la lettre dans sa lecture allégorique ? Une fois trouvée l'idée qu'enseigne la lettre, que fait-elle de cette dernière ?

Dès lors aussi, la lecture philosophique de Philon toute tendue vers la connaissance de Dieu, ne risque-t-elle pas de subordonner l'enseignement éthique de la Torah à cet amour de Dieu, amour au-delà du savoir donc ? Pourtant l'amour du prochain (Lv 19, 18), l'amour de la veuve, de l'orphelin et de l'étranger, amour demandé 36 fois dans la Torah, en est indissociable. Philon affirme certes que Dieu peut être connu par ses œuvres, ou encore par ses traces dans la création, ce qui implique de les y chercher plutôt que de s'en détourner, mais l'amour (*éros*) de Dieu ne prend-il pas l'ascendant sur celui des créatures, toujours immédiatement moins aimables et moins désirables que Lui ? Ce qui explique d'ailleurs que l'amour prescrit pour elles ne prenne pas source dans *éros* mais dans une parole qui enjoint de veiller sur leurs vies fragiles.

Une autre redoutable difficulté surgit alors. Gérard Bensussan fait allusion au retrait de Dieu nécessaire à la création (Bensussan, 2003, p. 55), et cela afin de penser Son inconnaissabilité. On ne pourrait saisir Dieu dans l'essence de son être car Il se serait contracté en Lui-même comme l'exprimera la Cabbale lurianique. Pour Philon en tout cas, comme pour Maïmonide plus tard, seules ses voies seraient connaissables. Cependant n'advient-il pas souvent qu'elles aussi soient submergées par une obscurité envahissante ? Dieu ne semble-t-Il pas alors Se retirer dans un abîme très profond, voire disparaître dans une impuissance et un mutisme si radicaux, que Son nom ne signifie plus rien pour beaucoup de personnes, même pour celles qui ne Lui étaient pourtant pas hostiles de prime abord ? Quand la justice et l'amour de ce Dieu pour Ses créatures, Ses voies donc, ont perdu toute signification – Dieu ne sauve pas Ses créatures en détresse, Il laisse les méchants anéantir Son peuple – si notre amour pour Lui persiste, il est décidément alors en effet au-delà du savoir, mais d'une façon beaucoup plus tragique que le pensait Philon puisque même Ses voies sont insignifiantes.

Est-ce là le risque d'athéisme que le Créateur doit courir pour que ses créatures Le cherchent sans avoir besoin de Lui ? C'est ce que pense

Levinas[7] qui ne perçoit aucune trace de Dieu dans la création ou dans l'histoire mais qui, depuis une subjectivité exposée à l'altérité avant tout choix de sa part, entend Son injonction : « Tu ne tueras pas » dans le visage d'autrui. Ce qui atteste l'emprise sur le soi humain d'un amour irréductible aux élans d'*éros*, d'un amour responsabilité pour la fragilité des créatures sans lequel l'amour de Dieu perd toute signification. Comme chez Philon, dans la philosophie de Levinas aussi on peut parler d'un amour au-delà du savoir, mais cet amour n'est pas pour lui celui dont parle le premier. Levinas l'entend comme une responsabilité infinie, comme un don d'attention à autrui sans aucun retour sur soi-même. Il lui arrive de nommer *agapè* ou *hesed* cet amour. C'est là le tremblement de la trace de Dieu, au plus secret du psychisme humain quand autrui lui fait face. Autrui, dans la nudité de son visage, « ouvre sur l'infini et m'oblige à penser plus que je ne peux penser » (Bensussan, 2003, p. 200).

Cet amour-là ne prend pas source dans la nostalgie de Dieu. Même quand il est mu par elle, c'est-à-dire quand le désir du suprême Désirable, ou du Bien au-delà de l'être et du savoir, donne son élan à cet amour, il se trouve détourné de son but car Dieu, l'Infini, « est Bien en un sens éminent très précis que voici : Il ne me comble pas de biens, mais m'astreint à la bonté, meilleure que les biens à recevoir » (Levinas, 1982a, p. 114[8]).

Catherine CHALIER
Université Paris Ouest Nanterre
La Défense

---

7 Voir Levinas 1976a, p. 31 : « C'est une grande gloire pour Dieu que d'avoir créé un être capable de le chercher ou de l'entendre de loin, à partir de la séparation, à partir de l'athéisme ».

8 Levinas cite en note Rosenzweig qui, en effet, décrit le même mouvement de l'amour dans *L'Étoile de la Rédemption*.

GÉRARD BENSUSSAN, L'INTRODUCTION DU JUDAÏSME DANS LA PHILOSOPHIE

Dire que le judaïsme est un thème majeur de la pensée de Gérard Bensussan est au regard de son œuvre considérable un simple constat : *Questions juives* ; *Qu'est-ce que la philosophie juive ?* ; *La philosophie allemande dans la pensée juive* ; *Études sur le temps messianique* ; *Le temps messianique* : voici quelques titres, auxquels il faut joindre les nombreuses études, conférences et articles sur Rosenzweig, Marx, Schelling, Heidegger, Levinas, qui tous, directement ou non, en appellent au judaïsme, interrogeant ce que Bensussan lui-même nomme « philosophie juive ». Comment entendre cette dernière expression ? En son temps Yvon Belaval avait pu la récuser, brutalement, notant qu'une philosophie ne saurait être « juive » que dans la mesure où elle ne serait plus « philosophie ». Et Levinas de son côté l'avait refusée énergiquement : « mais vous faites de moi un penseur juif » avait-il protesté. À quoi Lyotard avait répondu : « en effet c'est ce que je fais de vous, et je dois vous dire que j'y tiens » (Levinas, Lyotard, 1988, p. 79). Néanmoins Levinas, dans ce même échange, avait persisté dans sa protestation, refusant l'assimilation de sa pensée à un fait culturel : « J'obéis à la Bible, mais je m'accorde avec elle. Je ne suis pas pour cela un penseur spécialement juif. Je suis un penseur tout court » (*ibid.*, p. 83). « Penseur tout court », cela signifie« penseur à part entière », qui ne saurait être enfermé dans un régionalisme, ou comme pouvait parfois le dire Levinas, dans un folklore – mot prononcé à propos des religions elles-mêmes : le « folklore des religions » (mot violent, par-delà l'apparente bienveillance de son énonciation, mais qui s'explique peut-être par le fait que c'est de cette folklorisation de son œuvre que Levinas eut à souffrir de la part d'une certaine université qui s'économisait la difficulté et la radicalité des questions qu'il posait en les confinant dans les oripeaux du judaïsme).

Écarter le folklore pourtant ne signifie pas renoncer au judaïsme. Levinas l'avait dit également, en protestant contre l'univocité du rapport à Heidegger dans le parisianisme des années 60 : « les versets bibliques [...] n'ont-ils pas droit à la citation au moins égal à celui dont bénéficient Hölderlin et Trakl ? » (Levinas, 1972, p. 108)

Cette question qui veut, sans sortir de la philosophie ni consentir au culturalisme, faire droit au judaïsme, pourrait également être celle de Bensussan, lequel demeure, avec les atouts de sa connaissance exceptionnelle de la tradition juive, avant tout philosophe – et en cela très proche du défi posé par la question de Levinas, récusant ainsi à la fois le régionalisme – le « particularisme » écrit-il – et la généralité abstraite :

> Rien ne va moins de soi en effet que la « philosophie juive ». Toute détermination nationale d'un corpus philosophique pose d'importants problèmes. Pourtant nous sommes disposés à mieux accepter que la philosophie soit grecque, allemande ou anglo-saxonne que « juive ». Pourquoi ? Parce que la philosophie juive est soumise à une question préalable à celle de la qualification nationale, plus radicale, plus insidieuse : est-elle seulement une philosophie, ou bien une pensée religieuse affublée des oripeaux du concept ? Le qualificatif « juive » de cette philosophie ne désignerait pas seulement une particularité de quelque façon « générale », une particularité comme toutes les particularités, mais le signe d'une hétéronomie, d'une soumission à l'autorité d'un dogme qui barrerait toute possibilité d'accès à l'universalité et à la liberté de la pensée (Bensussan, 2003, p. 12).

Il s'agit donc de montrer comment « juif » constitue par rapport à la « généralité » de la philosophie, non pas l'intrusion par effraction d'un dogme particulier mais la tonalité singulière et légitime d'une question adressée à la philosophie, « congruente » dit encore Bensussan à la philosophie, mais représentant par rapport à elle quelque chose comme une exigence supplémentaire. Exigence qui s'impose au « philosophe juif » – « juif » du fait de cette exigence supplémentaire :

> [...] le philosophe juif est transi par le mouvement constatif d'une double impossibilité, ou d'une double détermination négative. Il lui est impossible de ne pas philosopher après les Grecs [...] il lui est tout aussi impossible de philosopher après la donation sinaïtique de la Loi comme si cet événement n'importait pas à la pensée. Cette double impossibilité n'invalide pas le questionnement de la philosophie juive, elle y contraint au contraire [...] Dans cet entre-deux son travail de pensée propre se dispose à la façon d'une traduction (*ibid.*, p. 14).

Traduction qui est, ne peut être, comme Bensussan le dira à propos de Schelling, qu'une traduction *de l'absolu* – l'absolu en grec, livré dans l'idiome grec, mais aussi l'idiome grec prenant la connotation inouïe de l'absolu. Ce que Levinas avait énoncé en 1970 de la manière suivante en une double question :

> Les Écritures saintes, lues et commentées en Occident, ont-elles incliné l'écriture grecque des philosophes ou ne se sont-elles unies à elles que tératologiquement. Philosopher, est-ce déchiffrer dans un palimpseste une écriture enfouie ? (Levinas, 1972, p. 108)

Incliner l'écriture grecque des philosophes, n'est-ce pas justement y faire résonner l'absolu ? Pourtant quel philosophe n'y prétendrait pas, ne prétendrait pas à l'absolu, au sens même où il aspire à la vérité, sans convoquer pour autant le judaïsme ? Bien au contraire si on peut dire : comme particularisme, comme particularisme qui *s'entête* même dans sa particularité, le judaïsme n'est-il pas pour beaucoup, et exemplairement pour Hegel, hors d'état d'énoncer quoi que ce soit de l'absolu. À moins de convenir que ce qui se dit alors se dit tout autrement, ne se dit pas par concepts mais tout autrement que conceptuellement, « par figures » précise Bensussan :

> on peut en effet considérer que « l'hébreu » articule une pensée par figures, c'est-à-dire des éléments transcendants, extérieurs, projetés sur l'unité cohésive interne immanente de la philosophie (Bensussan, 2003, p. 12).

La traduction est alors celle qui met en continuité la langue des figures et celle des concepts. Pourtant la référence à « la langue des figures », à l'hébreu, n'est-elle pas elle-même à prendre *au figuré.* « Hébreu » est ici mis entre guillemets par Bensussan, au moment même où il s'y réfère. Ou, si on veut, on peut évoquer – on ne peut pas ne pas évoquer – Pascal, célébrant lui également la pensée « par figures » – « *tout arrivait en figures* » (Pascal, 2000, p. 200) – événement qui, certes était pour Pascal également imputé aux Juifs mais sous la condition de prendre ceux-ci comme témoins, et ainsi preuves de la vérité des Évangiles.

La langue des figures, la traduction de « l'hébreu », sa configuration dans la langue des concepts, est dans *Qu'est-ce que la philosophie juive ?* représentée par les trois « segments », le segment grec, le segment arabe et le segment allemand, et pour la modernité, à quoi s'attache plus spécifiquement Bensussan, par le segment allemand. Pourquoi l'allemand ? Une phrase – de la conclusion de *La philosophie allemande dans la pensée juive* – offre une perspective de réponse : « *on aura compris que philosophie* allemande *est un quasi pléonasme* » (Bensussan, 1997, p. 196)[1]. La philosophie est donc allemande comme les nuages sont les nuages du ciel. Mais pourquoi ? De Baumgarten à Fichte, de l'idéalisme et du romantisme allemands à Heidegger, l'Allemagne est devenue progressivement après le traité de Westphalie le nom moderne de la Grèce, et cela pas seulement en fonction de son histoire politique et culturelle mais pour des considérations proprement philosophiques, la question *was heisst deutsch ?* venant infléchir, avec ses ambiguïtés (que veut dire allemand, qu'est-ce qu'on appelle allemand, à quoi nous appelle l'allemand…) toutes les questions de la philosophie, faisant sortir la détermination grecque puis européenne de celle-ci de sa logique interne pour l'ouvrir à une gravité destinale. Mais l'inflexion allemande laisse résonner en elle, comme son double insolite d'autres accents, ceux de la question juive : de Mendelssohn, portant dans la modernité de la pensée allemande le flambeau de l'Ancien Testament et de son commentaire maïmonidien – « *Mi Moché ad Moché lo kam ki Moché* », « *de Moïse à Moïse nul ne se leva qui fut comme Moïse* » (Bensussan, 2003, p. 133) – à la Haskala, à Hermann Cohen, et par ailleurs à la singulière et extraordinaire œuvre de Franz Rosenzweig, puis à celle de Levinas. Ces accents autres parce qu'ils ne sont pas eux-mêmes culturels (« *le judaïsme*, rappelle Bensussan en citant Rosenzweig, *n'est pas une culture*[2] ») « *inclinent* », pour reprendre le mot de Levinas « *l'écriture grecque des philosophes* », sans déployer pour autant de supposés thèmes juifs – y en a-t-il d'ailleurs, tout thème se laissant thématiser à l'aune de procédures et de concepts qui sont ceux-là mêmes de la raison. Ce qui est alors en jeu est une façon subtile de questionner, de déplacer

---

1 Il faut quand même rétablir le contexte de cette phrase, sur quoi cet article tente de s'exprimer, et donner la citation en entier : « On aura compris que la philosophie *allemande* est un quasi pléonasme ; que la rigueur et la complexité programmatique du travail lévinassien empêchaient qu'elle fût barrée de son écriture philosophique ; que cette non-biffure ne signifie ni plénière présence ni platitude d'un rapport ; qu'à l'inverse enfin les trous du texte renvoient à une autre présence – celle de l'abomination. »

2 *Das Judentum ist keine Kultur*, mentionné à la fin de sa conférence *La règle du jeu* dans le colloque Heidegger et les Juifs (Bensussan, 2015a, p. 107).

les concepts, de les engager munis de guillemets invisibles, comme si toute parole forte était en quelque façon une manière de citer le texte saint – conservé dans sa sainteté, explique Levinas par le fait même que la parole est forte[3] La sainteté passe ainsi dans la langue philosophique, dans la philosophie elle-même, se confondant avec elle.

Qu'il en soit ainsi a comme conséquence que le « judaïsme » n'est pas seulement celui des « Juifs ». À cet égard deux noms, connotant ce judaïsme des non-Juifs, interviennent dans l'œuvre de Bensussan de manière exemplaire et emblématique, celui de Kant et celui de Schelling.

Kant déjà, et sur ce point Bensussan s'inscrit dans une tradition du commentaire qui souligne la proximité de la loi kantienne avec la loi juive. La première partie de *La philosophie allemande dans la pensée juive* s'intitule ainsi, significativement, « Le kantisme dans la pensée juive » : sont convoqués alors, en illustration Salomon Maïmon et Lazarus Bendavid. Mais ne peut-on avancer que les autres figures venant concrétiser les deuxième (« L'idéalisme allemand dans la pensée juive ») et troisième parties (« Figures de la philosophie contemporaine dans la pensée juive ») pourraient aussi bien, les unes comme les autres, sans impertinence, être rapportées à Kant ? Néanmoins nous sommes à ce niveau encore dans un ouvrage d'histoire de la philosophie où chaque partie correspond à des classifications reçues, et répondant aussi aux exigences de la chronologie – d'autant plus que les chapitres inscrits dans les différentes parties ne sont pas rédigés par Bensussan lui-même mais par des spécialistes des auteurs présentés. Pourtant, dans un livre récent, *Les deux morales* (Vrin, 2019b), il en va différemment et Bensussan engage une *Auseinandersetzung* prolongée avec Kant : comme si l'intention affichée de satisfaire, dans la perspective de la

3 Voir Levinas, 1988, p. 33 : le critère de la sainteté du texte est qu'il « salit les mains », qu'il ne subsiste pas dans sa pureté, et ne peut être abordé qu'avec des gants, c'est-à-dire dans la richesse et la multiplicité des commentaires. Par ailleurs, dans « Poésie et résurrection. Note sur Agnon », dans Levinas, 1976b, Levinas évoque la *melitsa*, pratique des commentateurs de la tradition, qu'il impute également à Agnon, selon quoi « la phrase usait de tours bibliques et tirait un effet rhétorique de ce recours que nuls guillemets ne devaient signaler au lecteur averti [...]. Référence à l'écriture biblique ou rabbinique, reproduction de la formule souveraine en une variante ou un écho, et voici que le mot, sans imiter aucun modèle, signifie et dans le contexte du propos où il s'énonce, et, en contrepoint, selon les Écritures, pointé vers un passé irreprésentable. Modalité énigmatique d'une langue ressuscitée commençant dans sa propre trace ! » (p. 17).

problématique du livre, au passage obligé par Kant quand il s'agit de morale – c'est-à-dire à la classique morale kantienne – pour en arriver ensuite à autre chose, à Derrida, à Rosenzweig, à Nietzsche... – se heurtait à une difficulté imprévue, comme si, presque à son corps défendant, Bensussan faisait ce constat que quoi qu'il en soit, on n'en finit jamais avec Kant. Comme si également cette persistance inattendue portait en elle-même un élément qui entre les deux morales échappait au kantisme : « le kantisme a les mains pures, mais il n'a pas de mains » (Peguy, 1957, p. 331, cité en Bensussan, 2019b, p. 105) – et pourtant n'y échappait pas, car le renvoi à l'empirisme des faits est immédiatement récusable[4], ce qui connote l'« extraordinaire résistance » du « dispositif kantien[5] ». Et, sans que la référence au judaïsme ne soit explicitement mentionnée, plus d'une fois le rapprochement est suggéré, ne serait-ce que par la comparaison récurrente avec le geste lévinassien[6].

Schelling : Schelling, certainement parce qu'il est l'un des grands inspirateurs de la pensée de Rosenzweig, mais aussi Schelling parce que, au plus près, biographiquement et intellectuellement de Hegel, il est celui qui s'est essayé le plus formidablement à « *sortir du système à reculons, par la porte même par laquelle Hegel pense qu'on y entre* » (Levinas, 1976a, p. 357[7]) Dans *Les Âges du monde. Une traduction de l'Absolu* Bensussan, centrant son commentaire sur l'œuvre sans doute la plus difficile, la

4 Voir, par exemple, Bensussan 2019b, p. 105.

5 Voir *ibid.*, p. 49 : « Les analyses de Rosenzweig ou de Derrida, lecteurs de Kant sur l'amour, sur l'amitié, n'invalident pas cependant me semble-t-il, le dispositif kantien extraordinairement résistant ».

6 Voir *ibid.*, p. 103 : « Que fait Kant, sinon *dégriser* toute certitude morale de soi » (je souligne). Voir aussi *ibid.*, p. 104 : « Il y a dans le philosopher kantien une surenchère ou une emphase de type lévinassien », et *ibid.*, p. 140 : « Kant et Levinas auront eu le mérite de penser cette question... ».

7 Je voudrais citer l'intégralité de cette dernière phrase de l'article de Levinas « Hegel et les Juifs » qui, me semble-t-il, se juxtapose magistralement au projet philosophique de Bensussan : « À moins que, devant les évidentes divagations auxquelles, au nom de ses schémas sublimes, se livre celui qui est probablement le plus grand penseur de tous les temps, on ne se demande si le langage n'a pas un autre secret que celui que lui apporte la tradition grecque – et une autre source de sens ; si les prétendues "représentations" – soi-disant "non pensées" – de la Bible ne comportent pas plus de possibles que la philosophie qui les rationalise, mais ne saurait les mettre en congé ; si le sens ne tient pas aux Écritures qui le renouvellent ; si la pensée absolue est capable d'englober Moïse et les prophètes ; c'est-à-dire s'il ne convient pas de sortir du système à reculons par la porte même par laquelle Hegel pense qu'on y entre ».

moins aboutie, mais la plus récurrente de Schelling, explicite les termes déconcertants de la confrontation à Hegel. Déconcertants parce que d'abord empreints d'une apparente maladresse :

> Après avoir indiqué la structure interne de l'esprit, c'est-à-dire après avoir plus ou moins décalqué la dialectique hégélienne et fait suivre à ce décalque le cheminement des puissances, il explique avec beaucoup de maladresses et d'obscurité que l'esprit qu'il nomme parfait (der vollkommene Geist) n'est pas la troisième figure, l'Absolu achevé, car il dépasse toutes les espèces de l'être, même la plus haute. En d'autres termes il ne se confondrait nullement avec la synthèse dialectique mais nommerait au contraire une transcendance sans concept. (Bensussan, 2015b, p. 183).

« Une transcendance sans concept » : qu'est-ce à dire ? Comment faire apparaître la transcendance, ou quoi que ce soit, autrement que par concepts ? La réponse est celle de la narrativité :

> L'enjeu méthodologique et épistémologique des *Âges* est de parvenir à une « objectivité quant à la forme », c'est-à-dire d'inventer un mode d'exposition philosophique adéquat à son objet ou à sa matière, à savoir le « récit » la narration. La philosophie narrative en esquisse au moins le programme. Elle devra être à même de raconter la vie de l'absolu. La narrativité comme « forme » pourrait seule raconter et restituer la dynamique du *Wesen*, lui donner son relief philosophique singulier et en ressaisir la liaison avec la vie de l'absolu qui est en nous, comme le dit souvent Schelling (*ibid.*, p. 14).

Kant et Schelling, donc : deux tentatives de sortir[8] du cadre conceptuel, mais du coup deux façons de faire l'hypothèse d'une extériorité foncière, donnant prise alors au soupçon de quitter justement le terrain de la rationalité philosophique.

Ce soupçon a été formulé notamment en 1991 dans un livre-pamphlet de Dominique Janicaud, *Le tournant théologique de la phénoménologie française* (Janicaud, 2009). Ce pamphlet, talentueux et injuste porte sur ce qui est présenté comme un certain tournant de la phénoménologie

8 Il y aurait certainement lieu d'insister ici sur le registre de la « sortie », qui est davantage pour Bensussan qu'une métaphore, une expression (qui trouve un écho chez Marx, comme cela est développé dans *Marx le sortant*) de la déconstruction. Ainsi encore dans *Les Âges du monde* : « Le défi schellingien consiste [...] à empoigner cette question de la "sortie", foncièrement tributaire d'ailleurs de celle du commencement, à affronter le problème de l'extra-idéalité, d'une effectivité radicalement hétérogène à la rationalité et aux déterminations quidditatives » (*ibid.*, p. 168).

française incarné par Levinas, Michel Henry et Jean-Luc Marion. Ce n'est pas le lieu ici de restituer et de commenter l'argumentation de Janicaud, ni les termes trop violents de son livre. Je voudrais cependant, dans la continuité de ce que j'essaie maintenant de mettre en perspective, insister sur deux considérations : 1) d'une part souligner le succès, important au moment de sa parution, de ce qui n'était quand même qu'un écrit d'humeur. Succès qu'à tort ou à raison (et je m'approche ici de mon propos) j'interprète comme l'expression d'un ressentiment non avoué contre des valeurs établies, et principalement contre Levinas – Henry et Marion n'étant en quelque sorte que des corollaires de la « démonstration » de Janicaud : ce qui peut être dit (légitimement ?) de Henry ou Marion, ne doit-il pas l'être de Levinas, dont le projet ressemble à celui des deux premiers ? Ce projet, aux yeux de Janicaud, se résume ainsi : la volonté d'orienter la phénoménologie vers un Dehors du concept, geste déclaré « théologique », c'est-à-dire philosophiquement – et en l'occurrence phénoménologiquement – illégitime, car abandonnant les fondamentaux de la phénoménologie, la description et la constitution. Le livre de Janicaud aurait donc dit enfin tout haut ce que beaucoup pensaient tout bas, laissant éclater dans la communauté philosophique un formidable soulagement. 2) Mais d'autre part la focalisation de la critique sur Levinas, avec des arguments dont la violence et même la méchanceté sont flagrantes (sans décider ici de leur pertinence[9]) et constituent l'attrait étrange du livre de Janicaud, doit être questionnée d'une autre façon encore : parce que Levinas, d'une manière implicite est pour la philosophie un événement incongru, la présence non réductible à un trait culturel, en cela non reconnaissable et néanmoins reconnue, du judaïsme.

Non reconnaissable et néanmoins reconnue : insistons. N'est-il ainsi pas insolite – alors même qu'il cite avec faveur l'article de Derrida,

---

9 En illustration, quelques citations, que je ne commente pas : « Le lecteur confronté au tranchant de l'absolu, se retrouve dans la position d'un catéchumène qui n'a plus d'autre choix que de se pénétrer des paroles saintes et des dogmes altiers [...]. La philosophie doit-elle ainsi se laisser intimider ? N'est-elle qu'incantation, initiation ? » (*ibid.*, p. 54). « Levinas récuse ce qu'il appelle la "logique formelle" : serait-ce la logique tout court dans le maniement de concepts-clés... » (*ibid.*, p. 69). « Ou bien ces mots ont un sens, ou bien ils n'en ont aucun [...]. Force est alors de nous rabattre sur la seconde hypothèse : ces mots ne signifient rien, tout comme la caresse "ne se saisit de rien", une caresse qui ne vise même pas une personne. Mais ce propos vise-t-il encore un auteur ? Évanescence généralisée » (*ibid.*, p. 72).

« Violence et métaphysique » (Derrida, 1964, p. 117-228[10]), retenu pour ce qu'il contient de critique du geste de Levinas – que Janicaud n'évoque jamais le judaïsme, parvenant même dans tout son livre à ne pas en prononcer le mot, alors que celui-ci était pourtant au centre de l'essai de Derrida[11]. Comment entendre cet évitement ? Est-il l'affirmation, informulée, parce qu'allant de soi, que le judaïsme n'est pas en cause et que le convoquer serait mal venu, hors débat, hors sujet, pour ne pas dire obsessionnel ? Mais réciproquement n'est-il pas également obsessionnel de considérer que chez Levinas, au moment où l'on prétendrait décider de ce qui est en jeu dans son œuvre, le judaïsme serait hors sujet ? Qu'on me permette de citer ici un propos auquel je me suis souvent référé, de Blanchot, dans une lettre écrite sans doute en 1968 à Levinas, concluant « l'absence d'antisémitisme ne suffit nullement ». Affirmation paradoxale, dont je ne saurais, indépendamment du contexte dans lequel elle a été formulée[12], surestimer la portée.

Cette affirmation me semble projeter une singulière lueur sur la seconde partie de la question de Levinas : « … *ou ne se sont-elles unies à elles que tératologiquement ?* » Cette hypothèse du tératologique ne correspond-elle pas à celle d'un antisémitisme foncier, présent, à suivre à nouveau Blanchot, jusque dans son absence, avec une singulière insistance – ou une singulière universalité – par-delà la pathologie des sentiments, par-delà l'idéologie[13] dont pourraient se réclamer les « antisémites ». Et la

10 Voici notamment ce que Janicaud retient de l'article : « Dans un essai aussi précis que subtil, "Violence et métaphysique", Jacques Derrida est allé au cœur de ces difficulté : "[…] Levinas se résout donc à trahir son intention dans son discours philosophique." Trahir son intention : l'expression suit à la trace cet excès de l'intention sur l'intentionnalité et même sur tout discours… » (Janicaud, 2009, p. 74).

11 Pris entre cette question initiale : « mais l'autre du Grec sera-ce le non-Grec ? » (Derrida, 1964, p. 122) ; et cette question terminale : « Sommes-nous des Grecs, sommes-nous des Juifs, etc. » (*ibid.*, p. 227).

12 Levinas, 1977, p. 48. Blanchot y fait état de sa rupture avec ses amis « gauchistes » à propos de la question d'Israël : « chez aucun d'entre eux il n'y a d'antisémitisme, fût-il latent, et même aucune idée de ce qu'est et a été l'antisémitisme […]. C'est comme si Israël était mis en péril par l'ignorance – oui, une ignorance peut-être innocente mais dès lors lourdement responsable et privée d'innocence – mis en péril par ceux qui veulent exterminer le Juif parce que Juif, et par ceux qui ignorent absolument ce que c'est qu'être Juif ; l'antisémitisme aurait donc désormais pour alliés ceux qui sont comme privés d'antisémitisme. N'est-ce pas un retournement étrange et qui prouve que l'absence d'antisémitisme ne suffit nullement ».

13 Ne faut-il pas relever ici le peu d'intérêt qu'a suscité auprès des philosophes la passion antisémite. Il n'y a ainsi aucune entrée « antisémitisme » dans *L'Histoire des Idéologies* de Châtelet et Mairet (1978)

nécessité de maintenir ouverte jusque dans son inexistence la question de l'antisémitisme n'est-elle pas, pour déroutante qu'elle soit, exactement symétrique de celle de la référence « juive » déclarée en son principe incompatible avec la pensée[14] ?

Bensussan réagit fortement, après le coup de tonnerre des *Cahiers noirs* qui révèlent ce que les lecteurs de Heidegger – et tout philosophe contemporain est d'une certaine manière lecteur de Heidegger[15] – ne voulaient pas voir : son antisémitisme. C'est avec cet antisémitisme que dans trois conférences différentes[16] mais très proches les unes des autres – comme pour affirmer avec obstination un propos qui ne parvient que difficilement à s'imposer dans le débat –, Bensussan commence : l'antisémitisme de Heidegger ne fait aucun doute. Non seulement celui qui s'exprime dans quelques phrases des quelque 2000 pages des volumes 94, 95, 96, et 97 des *Cahiers*, mais celui qui est implicite tout au long de l'œuvre, dans des tournures particulières que Bensussan nomme, en une formule qui m'impressionne beaucoup, des « antisémitismes » – au sens donc où on parle de gallicismes, où Flaubert parle de « normandismes ». Ainsi propose-t-il pour exemple la lettre du 25 juin 1933, dans laquelle Heidegger donne son avis sur la nomination du néo-kantien Hönigswald (Heidegger, 2000, p. 152) à l'université de Munich (lettre se concluant par le « *Heil Hitler* » d'usage) qui certes ne contient pas une seule fois le mot « juif » mais où tous les marqueurs d'un antisémitisme presque caricatural sont à reconnaître : « *un esprit fort*[17], *particulièrement dangereux* », une « *dialectique qui tourne*

14 Cette formule, par exemple, de Pascal David, à laquelle se refuse de souscrire Bensussan : « Il n'y a pas, il ne saurait y avoir de pensée antisémite » (David, Pascal, 2015, cité dans Bensussan, 2018).

15 Voir, par exemple, Levinas, 1991a, p. 33 : « Je pense malgré ces réserves, qu'un homme qui au XXe siècle entreprend de philosopher, ne peut pas ne pas avoir traversé la philosophie de Heidegger, même pour en sortir. Cette pensée est un grand événement de notre siècle ». « Ces réserves » renvoient évidemment à l'engagement nazi.

16 « Heidegger entre antisémitisme, philosophie et pensée » (Bensussan, 2018) ; « Heidegger : l'introduction de la philosophie dans le nazisme » (Bensussan, 2015a) ; et « "Les deux mon capitaine" Heidegger nazi, Heidegger philosophe et vice-versa » (Bensussan, 2008a).

17 Bensussan traduit ici ainsi *Scharfsinn*. L'expression était présente également dans le *Discours du rectorat* : « *Denn Geist ist weder leerer Scharfsinn...* » (Heidegger, 2000, p. 112), où également elle aurait pu être déchiffrée comme un marqueur antisémite – ce qui n'a pas été le cas, par exemple dans l'édition TER, 1982 (avant donc l'édition séparée allemande de Hermann Heidegger, qui est de 1983) et la traduction de Granel

à vide », l'absence « *d'enracinement dans le sang et le sol* » etc., autant de traits qui font aux yeux de Heidegger de la nomination de Hönigswald un « *scandale* ».

Il faut peut-être s'arrêter sur cette réaction de Bensussan. Elle va au-delà du ressentiment éprouvé vis-à-vis d'un être admiré qui a déçu sur l'essentiel. Un tel ressentiment a été fréquemment celui de la communauté philosophique, en particulier en France[18]. Pourtant le plus souvent on y est ramené au cas particulier de l'homme Heidegger, anecdotisant ainsi une question à laquelle au contraire Bensussan confère une portée très générale. Cela non seulement parce que par-delà les quelques séquences où l'hostilité au judaïsme est explicite elle est également implicite, présente dans d'incontestables antisémitismes ; mais encore parce que loin de s'opposer à une pensée qu'il invaliderait dans sa signification de pensée, l'antisémitisme coïncide avec ce que la pensée porte au plus intime d'elle-même. La « machination », la *Machenschaft* est ainsi l'effet ou le stade ultime de la métaphysique. L'américanisme, le bolchevisme, le christianisme, en sont des modalités, mais le judaïsme également : l'hypothèse que retient Bensussan est que le judaïsme n'est pas une modalité parmi d'autres de la *Machenschaft* et du nihilisme qui l'accompagne, mais en constitue la modalité privilégiée – ou si l'on préfère (ce que Bensussan lui-même ne dit pas mais que me semble-t-il on peut ajouter, en prolongeant sa pensée) que bolchevisme, américanisme, christianisme sont en quelque sorte « juifs », ou *verjudet*, judaïsés, ou mieux : enjuivés.

---

qui propose (p. 13) « car l'esprit ce n'est ni la sagacité vide, ni le jeu gratuit de la plaisanterie, ni le travail d'analyse illimité de l'entendement, ni même la raison du monde, mais l'esprit est l'être-résolu à l'essence de l'être ». De l'usage qu'il fait du *Discours du rectorat*, Granel s'est expliqué dans « Pourquoi avons-nous publié cela ? » (Granel 1982) : la question retenue (p. 104) est celle-ci : « comment Heidegger a-t-il bien pu se tromper comme il l'a fait ». Il ne me semble pas qu'aucun de ceux qui aujourd'hui considèrent la pensée de Heidegger comme incontournable n'ait depuis trouvé des mots pour aller au-delà de cette hypothèse d'une « erreur » de Heidegger : à l'exception de Bensussan.

18 Il s'est exprimé de plusieurs manières d'ailleurs – je ne donne pas de noms propres : soit directement et violemment, avec pour certains la décision de cesser de considérer Heidegger comme un philosophe ; ou au contraire pour d'autres contre ceux qui mettaient en avant l'antisémitisme de Heidegger, en niant violemment cet antisémitisme, dont la responsabilité en fin de compte aurait incombé à ceux qui en avaient été, ou s'en déclarent encore les victimes ; ou en le passant par profits et pertes (en quelque sorte : « oui, il a été antisémite, c'est un acquis – maintenant passons aux choses sérieuses, revenons à la pensée, au travail universitaire, dans lequel la question de l'antisémitisme est incongrue et n'a aucune place »).

Ainsi décrite, il faut dire la pensée de Heidegger tout à la fois (« les deux mon capitaine ») forte et antisémite – mais est-elle forte par le tour où elle est antisémite ? Ou bien si l'on voulait considérer que l'antisémitisme est la part faible de la pensée, ne séparerait-on pas à nouveau pensée et antisémitisme ? Il faut donc consentir à dire que la pensée est forte *en étant* antisémite : mais qu'est-ce que ça veut dire ?

La question se pose d'autant plus que si l'attaque de Heidegger contre la métaphysique est une attaque contre les Juifs, l'hostilité au judaïsme est également propre à la métaphysique, avec des arguments qui cependant semblent directement opposés à ceux de Heidegger, le cas exemplaire étant celui de Hegel : alors que Heidegger, observe Bensussan, fait des Juifs de subtils dialecticiens, Hegel, avec des sentiments anti-juifs peut-être encore plus prononcés, leur dénie la capacité à la dialectique. Pourtant peu importe l'argumentaire, en l'occurrence seule compte la conclusion : dialecticiens ou non, les Juifs sont incapables d'amour, vivant séparés ils n'ont accès qu'à une seule communauté, la leur. Si donc l'enjeu de la pensée consiste à surmonter la séparation, on pourrait voir en Heidegger celui qui rectifie ce qui chez Hegel est resté inabouti faute d'avoir compris que le sens de la dialectique ne peut être restitué qu'à partir de la prise en considération de la question de l'être : c'est à l'être et non à l'étant ni par la médiation, qui reste chez Hegel, quoi qu'il en soit des enjeux ontologiques, celle de l'étant, que nous sommes liés. Mais peu importe les errements de l'ontothéologie, la pensée forte a le même enjeu et partant un ennemi identique, il s'agit seulement de surmonter la séparation dont le judaïsme est l'emblème.

De là cette hypothèse que lisant Bensussan je formule au moment d'interrompre cet article : ne faut-il pas donner ici à la remarque de Blanchot toute sa généralité : *l'absence d'antisémitisme ne suffit pas*. Autrement dit, entre les antisémitismes, où l'antisémitisme se manifeste dans une forme explicite ou cryptée, de Hegel à Heidegger – c'est-à-dire chez ceux qui intitulent le discours philosophique comme tel, et qui définissent pour toute pensée possible les termes de son expression – et l'absence d'antisémitisme, ne faudrait-il pas reconnaître une continuité ? Ne faudrait-il pas admettre, même pour des pensées ayant le moins à voir avec le judaïsme, la nécessité d'une question parallèle à l'invisible inclinaison de leur écriture grecque, et faute de pouvoir, dans la rectitude de leur tracé, déceler cette inclinaison, la reconnaître au moins en faisant droit au pressentiment du tératologique[19], celui d'un antisémitisme qui est alors la manière dont le judaïsme – en deçà de ses formes religieuses ou culturelles – s'introduit dans la philosophie, en dépit d'elle, comme son supplément ?

Alain DAVID
Ancien Directeur de programmes au
Collège international de philosophie

19 Dans la conférence de Vienne, Husserl conclut en évoquant « *das Unwesen der gegenwärtigen Krise* », « le caractère monstrueux de la crise présente ». Au début de ce même texte il fait du pressentiment (*Vorahnung*) « dans tous les domaines un indicateur affectif ». Quant à Levinas il situe sa vie et son œuvre, entre le « pressentiment et le souvenir de l'horreur nazie » (Levinas, 1976a, p. 434) : les rétentions et protentions de Husserl, certes, mais allant bien « au-delà » et configurant au cœur du présent la possibilité de l'Impossibilité génocidaire : enjeu lié au fait de penser, et concernant l'humanité de tous ceux, dit la dédicace d'*Autrement qu'être*, « de toutes confessions et de toutes nations, victimes de la même haine de l'autre homme, du même antisémitisme » (Levinas, 1990a, p. 5).

LA VÉRITÉ DE L'AMOUR[1]

À considérer l'œuvre de Gérard Bensussan dans son ensemble, on pourrait distinguer trois grandes étapes dans sa pensée : la politique, l'éthique, l'amour. Depuis quelques années en effet, les publications de Gérard Bensussan tournent de plus en plus autour de l'amour, que ce soit à travers des lectures de Schelling, de Rosenzweig, ou de Levinas. Mais il n'y a guère de sens à distinguer ainsi la pensée en « grandes étapes », pas plus qu'il n'est juste de catégoriser un mouvement de pensée qui sera toujours plus ample que sa circonscription thématique. S'il y a une œuvre, c'est sans doute qu'il y a quelque chose comme une « prédestination », quelque chose qui précède le commencement, quelque chose qui nous embarque et impulse suffisamment fort pour qu'on y rencontre des vents adverses et que l'on doive à chaque fois se ressaisir, dans une direction et dans une autre. Par-là, s'il y a une œuvre, il doit y avoir toujours déjà de l'amour, si l'amour désigne, comme l'écrit Levinas dans *Totalité et Infini* : « le mouvement par lequel l'être recherche ce à quoi il se lia avant même d'avoir pris l'initiative de la recherche » (Levinas, 1990b, p. 285). Je ne veux pas dire que l'amour est le sens enfin révélé d'une œuvre, ce par quoi on en comprend finalement le sens, mais plutôt qu'il est la force qui en supporte les aléas, ou plutôt, celle qui prédestine à les accueillir et par laquelle on reconnaîtra alors l'œuvre plutôt à ses ruptures, à une façon de revenir toujours sur ses pas sans jamais y trouver « le même », à sa façon de se chercher toujours à nouveau une langue, faute, justement, de disposer de son sens. Après le Marx lu au côté de Labica, *Marx le sortant* aura eu cette fraîcheur d'un Marx qu'il fallait relire non pour sortir de Marx, en finir, mais pour faire sortir Marx de lui-même, et découvrir ainsi ce qu'il peut y avoir d'infini dans une lecture. De la même façon, ce qu'on distingue parfois

1 Cet article fait partie du projet de recherche Fondecyt n. 11090366, financé par le Ministère de l'Éducation au Chili.

trop simplement comme un saut de la politique à l'éthique dans l'œuvre de Gérard Bensussan, n'aura été qu'une façon de libérer la politique de son trop plein de sens, de mettre en question son autonomie afin de la porter au-delà d'elle-même, de la destiner à plus qu'à ses possibilités finies. Pour Gérard Bensussan, l'éthique est une intrigue de la politique ; elle ne lui est pas irréductible pour s'en séparer, mais pour la déranger, la désarranger (en ce sens, elle la porte au-delà du compromis ou de la négociation) sans pour autant qu'elle en vienne à se confondre avec elle. En cela, comme écrit Gérard Bensussan, l'amour est un « lien détotalisant » (Bensussan, 2008b, p. 99 note), un lien qui délie, et délivre l'œuvre de ce qui, trop rigidement, pourrait la circonscrire à un sens unique, à une interrogation qui vaudrait pour elle-même et se donnerait comme centre totalisant.

Assumer que l'œuvre de Gérard Bensussan est faite de ruptures détotalisantes plutôt que de nouvelles articulations qui viseraient à achever un édifice de pensée nous permet de lire ces trois « stades » – la politique, l'éthique et l'amour – comme des intrigues où une même interrogation (ou peut-être plus simplement une même passion) se reprend pour en quelque sorte mieux se déprendre. Ainsi, si par exemple, le « Levinas politique » de Gérard Bensussan met bien en évidence cette façon dont l'éthique intrigue la politique afin de faire celle-ci le lieu d'une traductibilité jamais sans reste de l'éthique[2], le lieu où passe l'au-delà du

2 Loin en effet de confiner la pensée éthique de Levinas dans une indicibilité à jamais pure de toute inscription politique, de toute action, Gérard Bensussan cherche plutôt à penser le politique selon le schème d'une double injonction (d'un *double bind*) où il faudrait « faire traduction de l'intraductible ». Dès lors, l'éthique ne s'oppose pas à la politique comme l'attente espérantielle à l'action ou l'indicibilité au langage. Inspirée par l'éthique, la politique est conçue comme « paradigme traductif » où l'impossibilité d'être fidèle à l'originale devient aussi source d'inventivité et où l'écart entre le « Dire » et le « dit » n'est plus tant signe d'un manque, d'une impossibilité de s'égaler à l'exigence éthique d'où résulterait un renoncement à l'action ou à la parole que la nécessité de trahir toujours cet écart dans les formes inventives de la traduction – ou de la politique. Lu dans ce sens, le « politique après ! » de Levinas ne désignerait pas le fait que la politique peut attendre mais au contraire « l'implacable urgence de la politique » où son aspect second (politique *après*) ne relèverait pas d'une subordination mais d'une constante réinvention – là où manque l'originale, le principe ou la loi qui permettrait d'égaler le politique à un sens ou à une fin. À ce sujet, voir Bensussan, 2008b, p. 49 : « *Faire traduction de l'intraductible* – telle pourrait être du coup la devise de toute politique plus ou moins instruite, tout ensemble, de sa nécessaire déceptivité et de son implacable urgence. Déception emportée par toute traduction, insuffisante, manquée, appauvrissante et aplatissante, soit par l'indispensable trahison que traducteurs et politiques se voit régulièrement imputer ».

politique, le lieu où une langue se dit dans l'autre sans se refermer sur elle-même et sans lequel l'éthique serait inaudible, voire terrifiante, ainsi donc, on pourrait penser que l'amour décrit une nouvelle intrigue dans la pensée de Gérard Bensussan. L'amour serait ce qui viendrait déranger, à son tour, l'éthique. Mais comment penser cette intrigue ? L'éthique – l'éthique au sens de Levinas, c'est-à-dire *l'intrigue de l'infini* – n'est-elle pas *l'intrigue des intrigues* ? Comment l'amour pourrait-il déranger cela qui dérange irréductiblement, sans jamais se laisser démêler ? Qu'est-ce qui pourrait porter l'éthique au-delà d'elle-même quand l'éthique porte en elle le mouvement de l'infinition ? Et à quelle langue l'amour pourrait-il promettre l'éthique, quand la langue de l'éthique, son Dire, est celle (toujours dans les mots de Levinas) « du souffle le plus long dans l'inspiration sans point d'arrêt et dans l'expiration, sans retour » (Bensussan, 1990a, p. 278-279) ?

J'aimerais circonscrire ma réflexion à ce qu'on pourrait repérer comme les deux thèses qui portent la réflexion de Gérard Bensussan sur l'amour (et l'ensemble de mon analyse portera plus précisément sur la lecture que fait Gérard Bensussan de l'œuvre de Levinas). La première concerne le rapport entre l'amour et l'éthique ; la seconde le rapport entre philosophie et amour. Gérard Bensussan soutient l'idée qu'il y aurait une homologie structurale (et non une semblance d'affect) entre l'éthique et l'amour. Cette homologie structurale pourrait aussi bien se dire en termes de « déstructuration ». En effet, si on s'en tient au geste ici repris de Levinas, le duo éthique, le face-à-face, constitue une rupture de la totalité. Or, pour Gérard Bensussan, l'autre aimé, aimé d'amour (mais il précisera aussi, dans les mots de Levinas, qu'il ne s'agit pas de « je ne sais quel amour ») est aussi cet unique qui me fait face dans son visage : « L'amour est *le trope de l'unicité* de l'unique, *et* de l'unique comme élu *et* de l'unique comme aimé, *et* de l'unique comme requis *et* de l'unique comme absolument autre. Il en caractérise la signifiance la plus intime. L'amour lie et délie le même et l'autre dans une "relation" au "surplus mystérieux de l'aimé" » (Bensussan, 2011, p. 29). L'homologie structurale qu'il y aurait entre l'amour et l'éthique tiendrait donc au fait qu'ils constituent des modes de la détotalisation. Pour le dire dans les mots de Duras, l'amour vient d'« une faille soudaine dans la logique de l'univers » (Duras, 1982, p. 52). Cette homologie permet à Gérard Bensussan d'entamer une relecture du *philein* de la philo-sophie : cette seconde, la philosophie, serait toujours déjà sous-tendue par un amour qui la précède. À plus d'une reprise en effet, et déjà dans *Éthique et expérience. Levinas politique*, Gérard Bensussan affirme qu'« il y a philosophie parce que la sagesse aimée est toujours déjà amour » (Bensussan, 2008b, p. 99 note). En d'autres termes, si la philo-sophie est amour de la sagesse, celui-là (l'amour) remonterait à un plus ancien qu'elle, à un immémorial qui en porte le mouvement, et porte alors la philosophie au-delà d'elle-même. Si la philosophie est amour de la vérité, la vérité de la philosophie se tiendrait plutôt dans la vérité de l'amour. La philosophie serait comme précédée par ce qui en porte la vérité ; elle n'aurait ni le premier, ni le dernier mot sur elle. Par-là, Gérard Bensussan entend donc bien montrer qu'une réflexion sur le *philein* de la philosophie est indissociable d'une réflexion sur l'amour, et, s'il y a *des* amours, Gérard Bensussan présuppose pourtant qu'il y en a *un* dont il faut « ressaisir le mouvement d'excession temporelle qui les embrasse et les délie [tous] » (Bensussan, 2011, p. 38).

On pressent bien que c'est cette homologie structurale entre l'éthique et l'amour qui implique de revenir sur ce qui porte le mouvement du philosopher. Ce mouvement, Levinas le décrit souvent en suivant le fil d'une remontée : « philosopher, c'est remonter en deçà de la liberté, découvrir l'investiture qui libère la liberté de l'arbitraire » (Levinas, 1990b, p. 83). Par-là, contrairement à ce que décrivait Platon dans le *Phédon*, la pensée n'est pas le mouvement d'une âme qui se meut *elle-même*. C'est bien plutôt un débordement qui anime l'âme ou la pensée. Penser en effet, c'est penser plus que « soi » ; c'est aller au-delà des limites du « même » ; c'est le mouvement d'aller au-delà de « soi-*même* ». En ce sens, il y a une passivité essentielle par quoi quelque chose comme de la pensée arrive. Bien que Levinas n'emploie pas encore dans *Totalité et Infini* le terme de « passivité », c'est en revanche le mouvement d'un Désir distinct du besoin qui lui permettra de décrire « l'œuvre de l'intellect » dans son « aspiration à l'extériorité » (*ibid.*, p. 80). Distinct du besoin qui naît de la répétition d'un manque intérieur, le Désir « naît à partir de son objet » ; il est une « aspiration que le Désirable anime » (*ibid.*, p. 56) et constitue par-là la seule ouverture non subjective vers l'extériorité. C'est l'extériorité absolue du Désirable, son « épiphanie à distance » (*ibid.*, p. 54) qui anime la recherche de la vérité, celle-ci, précise Levinas, se déployant dans « l'apparition des formes » (*ibid.*). Le Désir précède ainsi toujours la possibilité effective du penser. Penser nous arrive, comme l'autre (Autrui) nous arrive, nous précède. Si penser c'est penser plus que « soi » (et plus qu'à soi !), la pensée vient de ce qui ouvre irréductiblement le soi ; elle relève d'une hétéro-affection qui précède le pouvoir être d'un sujet. En suivant cette piste, on peut dire alors que la pensée arrive comme Désir. Son *philein* est cette fissure dans le moi que produit son « objet » en le débordant. L'amour de la sagesse ne se laisse pas décrire comme le mouvement d'un sujet vers son objet, mais, pour reprendre une formule de *Totalité et Infini*, comme « traumatisme de l'étonnement » (*ibid.*, p. 71) : comme une mise en question du sujet, de ses pouvoirs, plutôt que comme le pouvoir de poser des questions.

Éthique et amour partageraient le mouvement d'un débordement, d'une façon de désirer qui n'est pas manque ou besoin, mais l'ouverture qui se produit par ce qui arrive comme excès et qui presse au-delà de soi. Si l'éthique est, selon Levinas, mise en question du soi, l'amour est cette passion, ce pâtir, ce mouvement qui remonte à un en deçà du soi et porte au-delà du soi. Comme le dit si bien Gérard Bensussan dans « Mouvement, immémorial, amour » : « ce n'est pas parce qu'il y a une pensée qu'il y a de l'existence positive, c'est parce qu'il y a l'ados immémorial d'un avant toute pensée qu'une pensée en vient à penser autre chose que soi » (Bensussan, 2007b, p. 299). Mais par-là, cet amour qui précéderait l'amour de la vérité en arrivant comme cette passion qui porte au-delà de soi se donne à la fois comme l'in-condition de la philosophie, comme son ouverture immémoriale et comme une intrigue, comme ce qui la noue irréductiblement à autre chose qu'à elle-même. En effet, si la vérité de la philosophie, comme écrit Gérard Bensussan dans « Levinas et l'exercice de la philosophie », c'est la « pure commensurabilité de l'effectivité et de sa pensée » (Bensussan, 2006a, p. 260), cet amour qui disjoint la pensée du pensable intrigue la philosophie du mouvement immémorial de son ouverture, et en relance sans fin l'exigence. Parce que la pensée est ce qui nous arrive comme débordement, comme amour, la vérité de la philosophie ne se suffit plus elle-même. La vérité ne peut se dire *seulement* comme « corrélation, coïncidence du constituant et du constitué, recueillement et rangement d'une pensée qui penserait toujours le monde à sa mesure, selon l'accord et l'unité du savoir dans la vérité » (*ibid.*). L'amour, cet immémorial par quoi la pensée arrive, fissure cet accord, distend mais aussi conteste cette pure présence à soi de la vérité. En ce sens, l'amour n'est pas non plus le perpétuel inachèvement de la philosophie qui l'éloigne indéfiniment de la vérité, mais bien ce qui la pousse à aller au-delà de ses limites et, en un sens, à aller au-delà de la seule manifestation de la vérité. L'amour, comme écrit Gérard Bensussan cette fois-ci dans le sillage de Schelling, « presse vers l'avenir » (*ibid.*, p. 302). Son « mouvement d'excession » pro-met la vérité en plusieurs temps. Excédant la présence à soi d'une vérité coïncidant avec elle-même, ce toujours déjà-là de l'amour force la vérité à sortir de son immobilité, de celle où elle se trouverait depuis toujours en se présupposant elle-même, et que l'auto-mouvement de la pensée chercherait à retrouver selon un mouvement nostalgique ; comme de celle qui coïnciderait avec l'auto-détermination de la pensée, et qui, telle la joie, s'annulerait dans le mouvement de son autodéploiement : « car c'est seulement grâce à l'amour que le passé est abandonné. La nostalgie, elle, s'accroche au passé, elle est quête de l'unité première et manque d'amour actif. La joie est dans le présent : le temps dérange l'une et l'autre, la nostalgie comme la joie, il n'est l'allié que de l'amour » (Schelling, 1992, p. 104 ; cité in Bensussan, 2007b, p. 302).

On pourrait dire, au risque de figer ce mouvement, que de Marx à Levinas, Gérard Bensussan se tient à chaque fois à l'exigence de penser une sortie. Avec *Marx le sortant*, il était effectivement question de penser la problématique *sortie de la philosophie*, c'est-à-dire la sortie du formalisme de la vérité. Avec Levinas, il ne s'agit pas tant de sortir de la philosophie que de l'entre-écarter, c'est-à-dire d'excéder son formalisme en « desserrant l'emprise de l'être ». C'est en effet *à même la philosophie* qu'il faut « affronter l'exil, loin de ce dont traite le concept » (*ibid.*, p. 299). Si l'éthique désigne l'intrigue de « l'Autre dans le Même », l'amour délie la philosophie de son formalisme, de sa forme auto-liante, et d'une vérité qui s'effectue dans son auto-présentation, ou dans ce que Gérard Bensussan appelle encore sa « véritologie ». Si « penser c'est affronter l'exil, loin de ce dont traite le concept », cet exil n'est pas une sortie de la philosophie, mais la philosophie amenée à sortir d'elle-même, éprouvée par le mouvement de son excession temporelle : par l'amour.

Ici, l'amour en tant que « mouvement d'excession temporel » constituerait, contrairement à ce que j'avançais précédemment, plutôt l'intrigue de la philosophie que celle de l'éthique. L'amour serait l'intrigue d'une temporalité toujours excédée, jamais pacifiée ou unifiée. L'enjeu, comme je viens de le suggérer, est celui de penser la pensée comme mouvement de sortie sans retour, sans toutefois sortir de la philosophie. Cependant, jusqu'où on peut soutenir cette « homologie structurale » entre l'amour et l'éthique, tout en faisant l'économie de leur dissemblance d'affect ? Pensés comme lien détotalisant, comme ce qui « presse vers l'avenir », qu'est-ce qui fait vraiment la différence entre l'amour et l'éthique ? Cette différence d'affect, n'affecte-elle pas la philosophie elle-même ?

Afin d'ébaucher une réponse à cette question, je m'en tiendrai à deux pistes qui pourraient nous amener à considérer ce rapport entre philosophie et amour autrement. L'une tient à la question de la différence d'affect entre l'amour et l'éthique, et à la façon dont l'éthique pourrait être intrigué par l'amour ; l'autre aux allusions que fait Gérard Bensussan, parfois directement en rapport avec Levinas, d'autres simplement en marges de ses écrits, à Proust.

Si l'on s'en tient strictement à la lecture de *Totalité et Infini*, on remarque que ce sont les descriptions de l'*eros*, de la caresse, de la tendresse, de la volupté, puis de la fécondité et de la paternité qui commandent les ultérieures descriptions de la temporalité et de la subjectivité. Ces dernières différeront selon que l'on se trouve « face au visage » (dans le rapport éthique) ou « au-delà du visage » (dans le rapport érotique). Dans *Totalité et Infini*, l'éthique est mise en question de soi, conscience de mon injustice. En revanche, l'amour, celui qui se profile à travers les descriptions de l'*eros*, de la phénoménologie de la caresse, puis de la fécondité et de la filialité, nous fait passer de la « conscience de mon injustice » à une temporalité du pardon[3]. Il ne s'agit pas cependant de lire dans l'amour une positivité qui manquerait à l'éthique. La différence entre l'amour et l'éthique se dit en effet en termes d'équivoque, où l'une, l'amour, présuppose l'autre, l'éthique, tout en se disant « en deçà » et « au-delà » d'elle.

Levinas décrit d'abord l'amour en termes d'équivoques où apparaît la simultanéité du besoin et du désir, c'est-à-dire où Autrui est *à la fois*

3 La dernière section de *Totalité et Infini*, « Au-delà du visage », se termine en effet par la description du pardon en tant que « constituant le temps lui-même » (Levinas, 1990b, p. 316).

objet de jouissance *et* (ce qui constitue l'*équivoque* de l'amour) respecté[4]. Dans le rapport érotique, la transcendance d'Autrui ne disparaît pas mais conduit d'elle-même à une certaine « complaisance » (celle de la jouissance), sans cependant s'y réduire. Si l'amour « ne se réduit pas à cette foncière immanence » (Levinas, 1990b, p. 285), il est cependant toujours un jeu avec la transcendance, un jeu qui, précisément, porte « au-delà du visage ». Le secret auquel oblige le visage, sa hauteur, est profané dans « l'indécence de la nudité » (*ibid.*). L'amour, tel que décrit dans ces pages de *Totalité et Infini*, ne se tient donc pas *tout entier* dans la distance infinie qui me sépare d'Autrui, mais sur la « tangence de l'avouable et de l'inavouable » (*ibid.*), et il n'est pas tout entier *pour autrui* mais passe comme la « simultanéité de la concupiscence et de la transcendance » (*ibid.*). Ces descriptions de l'*eros* présupposent la transcendance : ce que Levinas appelle l'irrespect, la profanation ou le mouvement qui porte au-delà du visage, présuppose toujours le respect, la transcendance du visage. Mais c'est précisément parce que l'*eros* présuppose la transcendance, et en ce sens l'éthique, qu'il en constitue une nouvelle intrigue. Il n'est donc pas ici deux discours différents, l'un concernant l'éthique et l'autre l'amour.

Cependant, si la différence entre l'amour et l'éthique demeure équivoque, si même, une phénoménologie de l'*eros* doit s'en tenir à cette équivoque, celle-ci n'équivaut pas à un discours brouillé où des genres se mélangent. La différence entre l'éthique (qui se passe dans la dimension du « face-à-face ») et l'érotique (« au-delà du visage ») se laisse plutôt entendre comme une différence entre la parole et le renoncement à la parole. En effet, Levinas insiste sur le fait que la dimension charnelle de l'*eros* se passe de paroles. La caresse, note Levinas dans ses carnets n'est pas loquace (Levinas, 2009b, p. 186). Si dans le face-à-face éthique, le visage porte au-delà du visible et instaure ce que Levinas appelle Discours (c'est-à-dire une façon de « porter secours à sa parole »), la volupté, qui porte au-delà du visage, profane, mais ne révèle cependant aucune lumière, n'abouche avec aucun sens. *L'au-delà du visage porte au-delà du discours.* Profanant le visage, la volupté ne découvre rien et se

4 Voir *ibid.*, p. 285 : « L'amour reste un rapport avec autrui, virant en besoin ; et ce besoin présuppose l'extériorité totale, transcendante de l'autre, de l'aimé [...] cette simultanéité du besoin et du désir, de la concupiscence et de la transcendance, tangence de l'avouable et de l'inavouable, constitue l'originalité de l'érotique qui, dans ce sens, est l'*équivoque* par excellence ».

trouve emportée dans un mouvement sans terme ; elle se tient dans un « pas encore », dans la « non-signifiance du lascif qui dissimule encore son silence » (Levinas, 1990b, p. 291). Ce que la volupté profane, le visage, ne découvre aucun sens caché mais se tient au bord du non-sens : « équivoque qui dit moins que rien, déjà rire et raillerie » (*ibid.*). Si le visage déjà se refusait au sens, mais par-là inaugurait le mouvement de son infinition, la profanation par l'*eros*, la volupté, touche en revanche le *refus du sens* : « Le visage de l'aimée *n'exprime* pas le secret que l'*Eros* profane – il cesse d'exprimer, ou, si l'on préfère, il n'exprime que ce refus d'exprimer, que cette fin du discours et de la décence, cette interruption brusque de l'ordre des présences » (*ibid.*). Ainsi, conclue Levinas, « la volupté est une expérience pure, expérience qui ne se coule en aucun concept, qui demeure aveuglément expérience » (*ibid.*).

Il y aurait évidemment beaucoup à dire de ces pages de Levinas, et notamment de ce qu'il appelle dans les *Carnets de captivité* la « signification corporelle du temps » (Levinas, 2009b, p. 186). Celle-ci décrit diverses modalités de « l'infini du temps[5] », c'est-à-dire, non pas d'une éternité immuable et muette, mais de la façon dont la continuité temporelle se trouve interrompue et réinvestie, transformant par là tout destin anonyme en histoires plurielles[6]. Le thème de l'infini du temps ne s'abstrait pas de la finitude mais répond à la question de savoir si le destin ultime de la subjectivité est le silence de la mort, ou si au contraire le temps de *l'eros* (ou la « signification corporelle du temps ») ne constitue pas un « triomphe » de la vie, ou plutôt de l'infini, sur la mort[7]. Dans cette

5 C'est là l'intitulé de la dernière section de « Au-delà du visage » dans *Totalité et Infini* (Levinas, 1990b, p. 313-318).

6 Il est en effet intéressant de remarquer que tandis que Levinas, tout au long de *Totalité et Infini*, est critique de l'Histoire qu'il associe au destin, l'*eros* et en particulier le thème de la filialité permet de renouer positivement avec le thème de l'histoire : « sous les espèces du fils l'être *est* infiniment, historique sans destin » (*ibid.*, p. 310-311). Mais il s'agira alors d'histoires singulières, celles d'une nation et de la famille (*ibid.*, p. 311), qui, précisément parce que la filialité s'y annonce comme « rupture et reniement du père » (*ibid.*, p. 310), ne constituent pas des entités anhistoriques, essentielles. À la différence du destin qui annule les singularités dans son anonymat, cette historicité rendue possible « sous les espèces du fils », passe par ce qui met en question l'identité anhistorique d'un peuple, brise les chaines du passé, et ainsi, renouvelle le temps (*ibid.*, p. 311). Dès lors : « L'originalité de ce renouement [avec "le fil de l'histoire"] distinct de la continuité, s'atteste dans la révolution permanente qui constitue l'ipséité » (*ibid.*).

7 L'enjeu de ce chapitre de *Totalité et Infini* qui consiste en une « phénoménologie de l'éros » est en effet de donner un nouveau point de vue sur le temps en montrant

optique, la question n'est pas de savoir s'il y a une vie *après* la mort, mais si la mort emporte tout le sens de la temporalité, c'est-à-dire si l'instant est seulement condamné à passer. Ce qu'il faut alors entendre par « signification corporelle du temps » c'est comment dans le contact charnel, le temps se constitue par-delà (et à même) son caractère fini. Dès lors, si l'érotique est « au-delà de l'éthique » (ou du moins « au-delà du visage »), sa description correspond toutefois au même mouvement qui caractérise l'éthique, à savoir, la sortie de l'être, de son éternité immobile. Ainsi, dans « Le jeu de l'éthique et de l'amour », Gérard Bensussan rappelle comment le plaisir décrit le mouvement d'une « libération de l'être », d'une « sortie hors de soi » (Bensussan, 2011, p. 34). Ce même mouvement d'évasion, Levinas le décrit dans *Totalité et Infini* à propos de la caresse : « [le secret de la caresse] bouleverse la relation du moi avec soi et avec le non-moi. Un non-moi amorphe emporte le moi dans un avenir absolu où il s'évade et perd sa position de sujet » (Levinas, 1990b, p. 290). Remarquons cependant que cet emportement ou cette évasion dans laquelle le moi « perd sa position de sujet » n'équivaut pas non plus à sa dissolution. L'excession en effet n'est pas fusion. Ce qui produit ce mouvement d'évasion c'est une pression vers l'avenir, le mouvement d'une infinition, qui ne comble pas le désir mais au contraire le maintient. Dès lors, si l'érotique se passe de mots (et en cela serait « au-delà de l'éthique »), son silence n'aboutit pas à la dissolution du moi dans une éternité immobile et seulement complaisante ; elle dérange déjà la complaisance qu'elle rend possible en emportant le moi au-delà de lui-même. C'est pourquoi, dans ses notes de captivité, Levinas décrit la surenchère de temps qui se produit par la caresse en termes « d'espoir pour le présent » (Levinas, 2009b, p. 186). Mais en plus de se produire comme le mouvement d'une infinition du présent, l'*eros* rend aussi possible la description d'une déprise du caractère définitif du passé, c'est-à-dire de l'irréversibilité du temps. Ainsi par exemple, la fécondité n'est-elle pas continuation d'un soi dans un autre (et ainsi, prolongement éternel d'un passé, d'une lignée), mais à l'inverse, dégagement de soi par un

---

comment la fécondité, en se produisant comme discontinuité, comme « temps mort », rend paradoxalement possible de penser, à même la finitude, la résurrection : « L'être infini se produit comme temps, c'est-à-dire en plusieurs temps à travers le temps mort qui sépare le père du fils [...]. Le néant de l'intervalle – un temps mort – est la production de l'infini. La résurrection constitue l'événement principal du temps » (*ibid.*, p. 317).

autre (un fils) que l'on est[8]. La fécondité rend possible l'impossible : le dégagement dans l'engagement, le passé que l'on a irréductiblement à charge dans un avenir qui n'en est pas la continuation mais la reprise dans la déprise – dans ce qui le libère de son caractère tragique, définitif[9]. Par-là, « le temps discontinu de la fécondité rend possible une jeunesse absolue et un recommencement, tout en laissant au recommencement une relation avec le passé recommencé » (Levinas, 1990b, p. 315). Ce temps discontinu de la fécondité, est, à l'inverse du temps de la nostalgie (celui où l'on regrette les occasions perdues), celui du pardon où le passé n'est pas effacé mais ressaisi dans une possibilité nouvelle[10]. La fécondité, loin de se réduire à une détermination biologique, est productrice de temps. Ce n'est pas dans la reproduction (et ainsi dans la conservation de la vie) que la subjectivité dans l'*eros* triomphe de la mort mais à même une déprise par quoi le temps se renouvelle. Ainsi la « signification corporelle du temps » stratifie-t-elle *plusieurs temps* : celui de l'espoir pour le présent ; celui d'une pression vers l'avenir ; celui du pardon, qui ne dépend pas du temps (de son passage), mais le constitue (le renouvelle et ainsi le donne).

Cette « phénoménologie de l'*eros* » présente bien un certain rapport d'homologie avec l'éthique. Le « rapport » éthique (le « face-à-face ») comme le « rapport » érotique (« au-delà du visage »), en tant qu'ils sont toujours mêlés de transcendance, se constituent dans une « pression vers l'avenir ». De l'éthique à l'érotique, on passe alors du temps de la justice ou de l'eschatologie de la paix vers une temporalité du pardon. Cependant, il s'agit là de diverses structures de la temporalité qui ne permettent pas d'envisager un « saut possible du stade érotique au stade éthique » (Bensussan, 2011, p. 36). Moins qu'un saut, il y aurait là une nouvelle intrigue où il ne s'agirait pas tant d'apercevoir l'éthique menacée par l'anonymat, le non-sens, qu'une nouvelle possibilité pour

8 Voir Levinas, 1990b, p. 310 : « Je n'ai pas mon enfant, je suis mon enfant. La paternité est une relation avec un étranger qui tout en étant autrui [...] *est* moi ».

9 Voir *ibid.*, p. 314 : « La vraie temporalité, celle où le définitif n'est pas définitif, suppose donc la possibilité, non pas de ressaisir tout ce qu'on aurait pu être, mais de ne plus regretter les occasions perdues devant l'infini illimité de l'avenir ».

10 Voir *ibid.*, p. 316 : « Actif dans un sens plus fort que l'oubli, lequel ne concerne pas la réalité de l'événement oublié, le pardon agit sur le passé, répète en quelque manière l'événement en le purifiant. Mais par ailleurs, l'oubli annule les relations avec le passé, alors que le pardon conserve le passé pardonné dans le présent purifié ».

la subjectivité. Si l'on s'en tient strictement à *Totalité et Infini*, l'enjeu de la subjectivité est l'apologie, c'est-à-dire, une façon de « porter secours à sa parole », et d'une parole qui, étant rupture et commencement, ne se dissout pas dans l'anonymat, dans ce que Levinas appelle la tyrannie, la soumission à une raison universelle ou la résignation au silence du destin. En effet, le silence de la raison (son anonymat), telle la mort, « compromet la vérité de mon être » (Levinas, 1990b, p. 284). Mais la question qui fera l'objet de ce chapitre sur l'amour sera celle de savoir si « la subjectivité [peut] non seulement accepter de se taire, mais [si elle peut] renoncer d'elle-même à soi, y renoncer sans violence, arrêter de soi l'apologie – ce qui ne serait ni un suicide ni une résignation, continue Levinas, mais l'amour » (*ibid.*). À travers le mouvement de son excession temporelle, mais aussi par sa « signification corporelle », l'amour esquisse une nouvelle dimension de la subjectivité : *au-delà de la parole*, par quoi s'atteste la « vérité de son être », et *autrement que dans le silence* de la raison ou de la mort, par quoi cette vérité se dissipe tragiquement ou sous l'effet d'une tyrannie. Dans ce sens, moins que se continuer dans l'éthique, l'amour permet d'interroger la subjectivité à nouveau frais, dans ce qui se tient au-delà de l'éthique – mais d'un *au-delà* qui demeure *dans* l'éthique, à la façon d'une nouvelle intrigue – car cet « au-delà du visage » ne découvre rien, demeure équivoque, et présuppose toujours la transcendance.

J'aimerais à présent finir ce qui n'aura été qu'une ébauche de réflexion en revenant sur une constante référence de Gérard Bensussan à Proust, en particulier dans « Le jeu de l'amour et de l'éthique ». Gérard Bensussan revient souvent sur ce qui, à la fin d'*Un amour de Swann* apparaît comme une « feinte de Swann ». Après avoir été dévasté par la jalousie qu'il éprouvait pour Odette, Swann, se soulevant enfin de cette passion qui le terrassait, se fait cette réflexion bien connue : « Dire que j'ai gâché des années de ma vie, que j'ai voulu mourir, que j'ai eu mon plus grand amour, pour une femme qui ne me plaisait pas, qui n'était pas mon genre ! » (Proust, 1993, p. 394). Pour Gérard Bensussan, il s'agit là d'une feinte par laquelle Swann, après avoir été excédé voir dépossédé par l'amour qu'il portait à Odette, reprend de l'assurance, revient à lui-même, se retrouve maître de son temps : « cela même qui constituait cet amour de Swann comme tel, la singularité hors-genre d'Odette et la défection maladive de la mienneté de Swann, cède à présent la place à une réfection désabusée du soi. Or celle-ci n'est que simple apparence fragile et, surtout, provisoire. La feinte est une feinte avec le temps et avec son "dérangement". Je reviens à moi, je me range, je m'évade de l'évasion, je ne suis plus subordonné à ce qui m'a mis un temps hors de moi, je détermine ce qui est mien et ce qui appartient au genre que j'aurais moi-même assigné à mon appropriation – comme si le temps n'existait plus » (Bensussan, 2011, p. 37). Sans contredire cette réflexion de Gérard Bensussan, on pourrait cependant également penser que ce n'est pas seulement cette soudaine « réfection du soi » qui n'est qu'une « simple apparence fragile et provisoire ». Il y a aussi, dans l'amour, du fragile et du provisoire. L'amour est aussi *histoire* d'amour. Précisément, parce que la temporalité de l'amour ne découvre rien d'autre que la « la non-signifiance du lascif », parce que, dans la volupté, « l'expression s'invertit en indécence, déjà toute proche de l'équivoque qui dit moins que rien, déjà rire et raillerie », rien ne peut garantir l'amour. Que la « volupté commence déjà dans le désir et reste, à tout instant désir », qu'elle « [aille] sans aller à une fin » (Levinas, 1990b, p. 290), n'empêche pas mais au contraire explique que l'amour soit toujours promis à sa propre fragilité. Le temps, « exaspéré joyeusement » (Levinas, 2009b, p. 171) par la caresse qui ne possède jamais rien, expose aussi à ce « rien ». Ce que Swann découvre en effet avec Odette, c'est que l'amour est sans vérité et sans justification. Alors qu'au début de leur rencontre, Swann cherchait à trouver une justification à son amour pour Odette par sa ressemblance aux œuvres d'art[11], alors qu'il ne pouvait s'expliquer l'amour qu'au travers d'un discours, c'est la tendresse et ce passif (et ce lascif) du temps qui ouvre Swann à la dimension non-signifiante de l'amour. Ce sont les « tendresses successives qui avaient fait de son durable amour pour Odette, un long oubli de l'image première qu'il avait reçu d'elle » (Proust, 1993, p. 394). Ce que Swann apprend alors à aimer avec Odette, à travers l'insignifiance de la « tendresse » (et qui, sournoisement, est déjà

11 Frappé par la ressemblance d'Odette à la Zephora de Botticelli, « [Swann] n'estima plus le visage d'Odette selon la plus ou moins bonne qualité de ses joues et d'après la douceur purement carnée qu'il supposait devoir leur trouver en les touchant avec ses lèvres si jamais il osait l'embrasser, mais comme un écheveau de lignes subtiles et belles que ses regards dévidèrent, poursuivant la courbe de leur enroulement, rejoignant la cadence de la nuque à l'effusion des cheveux et à la flexion des paupières, comme un portrait d'elle en lequel son type devenait intelligible et clair » (Proust, 1993, p. 237).

« rire et raillerie »), c'est le temps, le désir du temps. Non pas le temps où les « rencontres » se succèdent les unes après les autres indifféremment, où chaque inconnue n'est désirée par Swann que dans la mesure où elle perd son statut d'inconnue pour correspondre à un genre[12], non pas ce temps où Swann est sujet de son désir, maître de ses représentations, mais le temps du sans pourquoi de l'amour, un temps où le désir ne se consomme plus tout simplement dans les baisers, mais s'accroît *à mesure qu'il dépossède* Swann. Un temps qui n'est plus précédé par des mots, des images, des genres, mais qui se creuse plutôt, infiniment, et charnellement, par ce que Levinas appelle le caractère « non-loquace » de la tendresse. Ce temps de « l'espoir pour le présent » (et non de l'espoir d'une rédemption future), et qui par sa latence, rompt ainsi avec toute tentation d'une justification, d'une conquête de la vérité, d'une sublimation par l'art. Ce que Gérard Bensussan appelle la « feinte » de Swann renvoie donc à l'asignifiance de cet amour qui ne relève ni du vrai ni du faux. D'une certaine façon, l'amour est sans vérité, au-delà et en deçà de la vérité. Dans son mouvement d'infinition s'éprouve sa propre fragilité. Comme s'il fallait l'infinition de l'amour pour être aussi livré à l'épreuve de la finitude. On ne peut penser l'amour comme histoire, comme histoire également livrée à la possibilité de sa fin, que parce que cette histoire s'était promise par-delà toute fin, que parce qu'il y a, toujours déjà, un infini. Cette asignifiance inquiète et dérange la philosophie ; elle la promet certainement au-delà d'elle-même, mais toujours et aussi, comme l'écrit Levinas, « jusqu'au bord de la non-philosophie » (Levinas, 1990a, p. 53), là où cette « vérité toujours promise, toujours future, toujours aimée » (*ibid.*), interdit non seulement toute fin au sens, mais en trouble aussi à jamais la quête.

Aïcha Liviana MESSINA
Universidad Diego Portales,
Santiago du Chili

12 Tel celui de la « petite ouvrière fraiche et bouffie comme une rose et dont il était épris », *ibid.*, p. 231.

LEVINAS INTERPRÈTE DE PROUST

Le philosophe Emmanuel Levinas s'est beaucoup intéressé à l'œuvre de Proust[1]. Des témoins[2] nous rapportent qu'il apprit le français en mémorisant par cœur des textes de grands auteurs français, notamment Corneille et Proust. On découvre, dans ses *Carnets de captivité*, qu'il se proposait de composer un essai « critique » consacré à Proust (Levinas, 2009b, p. 74). De cet essai, nous avons (partie ou ensemble du projet ?) les éblouissantes pages intitulées « L'autre dans Proust », initialement publiées en 1947 (Levinas, 1947), reprises en 1976 (Levinas, 1976b). Il faut donc y adjoindre les notes éparses dans les *Carnets de captivité*, des remarques sur Proust dans d'autres essais, et enfin plusieurs écrits n'évoquant pas nommément Proust, mais propres à éclairer et Proust et le point de vue sur le romancier de Levinas.

Jusqu'ici, Levinas et Proust ont été très rarement abordés seul à seul[3]. Le point de vue de la critique proustienne consistera ici à se demander ce qu'apporte Levinas, non seulement à un philosophe, mais à un lecteur littéraire de Proust ; quoi de neuf, d'original, par rapport à l'interprétation de Proust telle qu'elle s'est élaborée, du côté des commentateurs littéraires, durant le siècle qui vient de s'écouler.

Après une rapide évocation de *quelques points de discussion* (c'est-à-dire de ce qui, dans les remarques de Levinas, peut être discuté), trois aspects principaux se dégageront : quel *art du roman* met au jour Levinas chez Proust ; plus particulièrement la question de *l'ambiguïté romanesque* ; en réservant pour la fin le point essentiel : *l'expérience de l'autre*.

---

1 Gérard Bensussan, qui a approfondi la pensée de Levinas (voir Bensussan, 2008b), confronte cette pensée à l'œuvre de Proust dans *L'Écriture de l'involontaire. Philosophie de Proust* (Bensussan, 2020, p. 26-29 et 106-120).

2 Catherine Chalier et Gérard Bensussan, à qui vont tous nos remerciements.

3 Voir Marty, 2008 ; Dubost, 2008 ; Schulte Nordholt, 1999, en particulier la rubrique « Proust. La conversion éthique de l'esthétique », p. 75-78) ; Benhaïm, 2006 ; Cohen-Levinas et Taub Robles, 2017. Alain Finkielkraut analyse la pensée de Levinas en référence à Proust (Finkielkraut, 1984, p. 77).

Quand il réfléchit au roman de la *Recherche du temps perdu*, Levinas ne commet, à notre connaissance, aucun contresens ; on ne rencontre pas sous sa plume d'affirmations inconsidérées, comme il est arrivé à d'autres grands penseurs du siècle, tel Jean-Paul Sartre, d'en proférer. Tout au plus peut-on s'arrêter sur quelques affirmations de Levinas concernant Proust, à propos desquelles un critique littéraire répondrait : on ne sait pas.

Levinas par exemple ne croit guère à un « Proust sociologue », « nouveau Saint-Simon d'une noblesse sans Versailles » (Levinas, 1976b, p. 152). On a remarqué, bien après la rédaction de ce texte, l'influence prégnante de Gabriel Tarde, dont la sociologie s'infiltre dans le roman de Proust à tous les niveaux, du comportement des personnages à la théorie de l'art[4]. Les *Mémoires* de Saint-Simon constituent pour l'auteur de la *Recherche* un très réel modèle[5]. Il existe enfin chez Proust, pourrait-on dire, une pensée de Versailles[6]. Reste que l'idée d'*une noblesse sans Versailles* serait à retenir ; et que Levinas ici écarte la notion de *Proust sociologue* pour introduire, on le verra, une réflexion sur la *pensée sociale* propre à l'écrivain.

Le lecteur et commentateur de Proust s'arrête encore incertain devant cette remarque, que dans la *Recherche*, les explications du narrateur « ne nous convainquent pas toujours » ; Levinas précisant même que ces théories et raisonnements ont fait un temps tomber Proust dans un certain discrédit (Levinas, 1976b, p. 152). Ce temps est précisément contemporain de l'étude de 1947. Quarante ans plus tard, Vincent Descombes soutiendra l'idée que le narrateur, quand il raisonne, se comporte en médiocre philosophe idéaliste de son temps, alors qu'en tant que romancier, le même narrateur et Proust vont beaucoup plus loin en philosophie que la philosophie : tel est le sens du titre de cet essai, *Proust. Philosophie du roman* (Descombes, 1987). Ici, le débat philosophique devient complexe, car contradictoirement, c'est aussi en 1947 que Jean-Paul Sartre proclame que Proust romancier ne serait pas à la hauteur de sa propre philosophie : « À vrai dire, la technique romanesque de Proust aurait dû être celle de Faulkner, c'était l'aboutissement logique de sa métaphysique » (Sartre, 1947, p. 71). Déficit de Proust philosophe sur

---

4 Comme l'a pleinement explicité Anne Henry (Henry, 1981, p. 344-365) ; et antérieurement dans « Le kaléidoscope » (Henry, 1979, p. 26-67). Voir aussi Fraisse, 2013, chap. XVII : « Gabriel Tarde ou la philosophie faite roman », p. 959-1038.

5 Voir De Ley, 1966 et Jullien, 1989 ; voir aussi Fraisse, 2016.

6 Voir Fraisse, 2018.

Proust romancier, déficit de Proust romancier sur Proust philosophe. En outre, la pensée très généralement fructueuse de Vincent Descombes se trouve affaiblie par le fait qu'il aurait fallu lire les médiocres philosophes idéalistes contemporains de Proust : on découvre alors que le narrateur de la *Recherche*, bien loin de simplement refléter la médiocrité d'une fin de règne, enjambe souverainement sans le dire les débats et catégorisations où s'emmêlaient en effet certains penseurs contemporains, pour percer une lumineuse issue.

En troisième lieu, Levinas ne croit pas, chez Proust, « à un fond de métaphysique qui serait pressenti derrière les apparences allégoriques, symboliques ou énigmatiques » (Levinas, 1976b, p. 153-154). Il existe de fait un certain discrédit, sous la plume de Proust (peut-être ici héritier de Hegel) de l'allégorie et même du symbole[7]. Mais le fond (et fonds) de métaphysique sous-tendant toute l'œuvre, vigoureusement affirmé par Proust, est démontrable dans tous les aspects du roman. Là encore, il s'agit moins d'une contre-vérité que d'une pensée à approfondir, notamment, on le verra, à travers la réflexion sur le processus métaphorique.

C'est sous un angle plus littéraire que philosophique qu'il peut apparaître que les remarques de Levinas sur Proust constituent une réflexion sur son art du roman.

Il est une caractérisation générale remarquablement applicable à Proust, bien qu'il s'agisse ici de « la situation de Blanchot : ni roman de l'aventure, ni roman psychologique, ni roman allégorique – mais situation d'une implication logique particulière » (Levinas, 2009b, p. 188). S'agissant de la *Recherche*, on ne rencontre pas, sous la plume de Levinas, une étude structurée, en bonne et due forme, de l'originalité de Proust romancier, mais des éclairs sporadiques à valeur générale.

Tel celui-ci : « Il y a des pensées-situations » (*ibid.*, p. 73), qui caractériserait la façon dont Proust élabore ses séquences narratives et leur enchaînement, assez souvent à partir de formules les plus abstraites énoncées par la philosophie. Lit-il la thèse de Ravaisson sur l'habitude, qu'il fait sortir, des énoncés les plus elliptiques, des personnages et des situations : la description sommaire de l'activité de l'endormissement (Ravaisson, 1838, p. 27) nourrit les pages à l'ouverture de *Du côté de chez Swann*, mettant concrètement en scène ce que le philosophe considérait

7 Voir Fraisse, 2012 et l'article « Symbole » dans Fraisse 1990, p. 424.

« comme une invitation à pénétrer les profondeurs de la vie instinctive à la lumière de la conscience » (Janet et Séailles 1887, p. 382), le sujet reconstituant son univers dans la chambre obscure, à partir des positions de son corps, d'après ce que Ravaisson appelle « le mouvement que j'accomplis immobile, du sein de mon identité » (Ravaisson, 1838, p. 18). La projection de lanterne magique, et plus généralement tout ce premier âge de la conscience du héros appelé *âge des croyances*, mettent en situation ce postulat de Ravaisson : « Rien ne nous est distinctement intelligible que ce que nous pouvons nous figurer dans le champ de l'imagination ; nous ne concevons rien en effet d'une manière distincte que nous ne nous décrivions en effet à nous-même, dans un espace imaginaire » (*ibid.*). Et l'on entrevoit le parti que le romancier tire d'une formule telle que celle-ci : « c'est dans l'intermittence des fonctions que semble se manifester le plus clairement la spontanéité » (*ibid.*, p, 11).

Ces exemples sporadiques ne sont donnés que pour montrer en quoi la notion des *pensées situations* chez Proust constitue, sous la plume de Levinas, un comprimé de réflexion et de définition.

Si les fréquentations mondaines du romancier avaient partiellement conditionné le premier refus de la NRF – « je m'étais fait de vous une image d'après quelques rencontres dans "le monde" qui remontent à près de vingt ans. Pour moi vous étiez resté celui qui fréquente chez Mme X et Z – celui qui écrit dans *Le Figaro*. Je vous croyais, vous l'avouerai-je ? "du côté de chez Verdurin" ; un snob, un amateur mondain » (Proust, 1985, p. 50), lui avait écrit Gide –, ces critiques se renforçant à partir du moment où on put lire les longs épisodes de réceptions mondaines au fil des volumes de la *Recherche*, à rebours Levinas considère « le monde » pour Proust comme un objet philosophique : « Pour Proust, les situations du monde – tout ce qu'il faut cacher, dire sans dire, toutes les implications de la personne, toutes ces réflexions sur elle-même – autrement dit toutes les situations qui découlent des règles mêmes du grand monde fournissent à la découverte de l'humanité de l'homme les mêmes possibilités que l'aventure, la situation de l'épreuve, de l'invention gidienne, etc. » (Levinas, 2009b, p. 144[8]).

Le fait de fournir *à la découverte de l'humanité de l'homme les mêmes possibilités que l'aventure* rencontre la réponse qu'avait apportée Proust,

8 La rencontre des mentions de Gide est ici fortuite, la lettre précédemment citée n'étant pas connue en 1947.

en octobre 1921, à une enquête des *Annales politiques et littéraires* sur le roman d'analyse (qu'il rebaptise roman d'introspection) et le roman d'aventure, au moment de concéder : « Quant au roman d'aventures, il est bien certain qu'il y a dans la vie, dans la vie extérieure, de grandes lois aussi et si le roman d'aventures sait les dégager, il vaut le roman introspectif. Tout ce qui peut aider à découvrir des lois, à projeter de la lumière sur l'inconnu, à faire connaître plus profondément la vie, est également valable » (Proust, 1992, p. 496-497). Un même mouvement de pensée amène Proust puis Levinas à ne pas se fixer sur une catégorie de récit, un sujet de roman, pour évaluer sa valeur, dans la mesure où l'ont peut développer une réflexion sur tout.

Si Levinas récuserait semble-t-il l'étiquette de *roman psychologique* pour caractériser la *Recherche*, ses pages sur Proust renferment de subtiles formules cernant la psychologie proustienne, le romancier étant défini comme un « maître du calcul différentiel des âmes », comme un « psychologue de l'infinitésimal » (Levinas, 1976b, p. 151) – où l'on pourrait reconnaître chez Proust le *principe des indiscernables* de Leibniz. Le philosophe met aussi l'accent sur le rapport problématique entre le déroulement du roman et la chronologie historique : « "L'âme de l'âme" de Proust ne tient-elle pas simplement à l'impossibilité de situer le cadre réel – de son histoire ? » (Levinas, 2009b, p. 180). Quoiqu'installé dans le monde contemporain de la Belle Époque, le roman de la *Recherche* évite les attaches réalistes à son environnement, d'où résultent une absence de dates (à l'exception, presque finale, de la guerre), et une chronologie interne et subjective. Si bien que la *Recherche* est et n'est pas un roman de son époque, comme le héros et narrateur est et n'est pas l'auteur.

Une intuition avertit encore Levinas que chez Proust, le rythme prime la théorie : « le raisonnement est appelé à produire un certain rythme dans lequel la réalité cherchée fera une apparition magique » (Levinas, 1976b, p. 153). C'est-à-dire que la moitié de la démonstration chez Proust est contenue dans le rythme de la démonstration. Notamment au seuil des révélations, où le récit semble s'arrêter un moment, s'asphyxier en s'immobilisant, à la faveur d'une décharge de négativité qui ne sert qu'à rendre d'autant plus saisissant le renversement que provoque l'arrivée d'une expérience privilégiée. La finale « Matinée chez la princesse de Guermantes » commence dans une totale désillusion (Proust, 1989, p. 443-446), tout comme semble commencer, vers le début de l'œuvre, l'épisode de la madeleine : « Il en est ainsi de notre passé. C'est peine perdue que nous cherchions à l'évoquer, tous les efforts de notre intelligence sont inutiles. Il est caché hors de son domaine et de sa portée » (Proust, 1987, p. 44). On aperçoit en quoi le raisonnement se fait rythme, grâce à une très concertée gestion du récit.

Un point de la philosophie de Levinas, essentiel à l'interprétation de Proust, se trouve en dehors des réflexions sur le romancier. Il s'agit, dans *Parole et Silence*, du texte intitulé « La métaphore » (Levinas, 2009c, p. 323-347). On sait le prestige que Proust écrivain confère à la métaphore, et que le héros d'*À l'ombre des jeunes filles en fleurs* est mis en sa présence à Balbec, en pénétrant dans l'atelier d'Elstir : « les rares moments où l'on voit la nature telle qu'elle est, poétiquement, c'était de ceux-là qu'était faite l'œuvre d'Elstir » (Proust, 1988a, p. 192) ; « le charme de chacune [des toiles d'Elstir] consistait en une sorte de métamorphose des choses représentées, analogue à celle qu'en poésie on nomme métaphore et [...] si Dieu le Père avait créé les choses en les nommant, c'est en leur ôtant leur nom, ou en leur en donnant un autre qu'Elstir les recréait » (*ibid.*, p. 191). On songe à la pensée de Novalis, dans ses *Grains de pollen* : « La poésie est véritablement le réel absolu » (Novalis, 1992, p. 268). Ainsi, on va le voir, la philosophie de la métaphore chez Levinas apporte plusieurs éclairages à ce point de la réflexion chez Proust (en vertu de laquelle la vision métaphorique d'Elstir nous restitue la réalité vraie : pourquoi ?), selon deux principes.

Le premier est que le réel est métaphorique, parce que, faudrait-il dire, le degré zéro de la métaphore n'existe pas. C'est, argumente Levinas, une fiction, une vue de l'esprit, de paraître croire qu'il existerait un sens originel, un sens d'avant la métaphore qui se mettrait ensuite en images. Une preuve en est que le vocabulaire technique, visant pourtant à intervenir sur le réel sans intermédiaires, se nourrit déjà de métaphores. C'est qu'il n'existe pas « de naissance première de la signification à partir d'un être sans signification » ; force est donc d'admettre, à rebours sans doute du sens commun, « la priorité du sens figuré par rapport au sens littéral » (Levinas, 2009c, p. 333-334). Voilà qui lève une potentielle contradiction, dans le fait que ce soit une métaphore qui rende au plus profond le réel.

Le second principe amène à penser très subtilement le rôle de la métaphore dans la philosophie esthétique de Proust. Levinas pose en effet que la métaphore est mouvement vers la vérité, parce qu'elle permet à la pensée *de se dépasser, de s'échapper* d'elle-même : la métaphore constitue « un miraculeux surplus », qui plus précisément accueille « dans le sensible et le concret des significations qui dépassent l'expérience » (*ibid.*, p. 325) ; la démarche métaphorique consiste à « conduire au-delà des limites de la pensée », elle renferme « une intentionnalité originale où la pensée sort d'elle-même », ce qui autorise à se demander : « La métaphore est-elle de la pensée ? » (*ibid.*, p. 328-329). Se fait jour ainsi une seconde raison pour laquelle la métaphore est originelle : parce que « ce qui est pensé [...] est déjà dépassé dans sa fixité » et tend vers « quelque chose d'autre » (*ibid.*, p. 337), pour « accueillir du *nouveau* » (*ibid.*, p. 339) – Levinas se recommande ici de Bergson. La métaphore peut donc se définir comme « le transport qui permet d'appréhender un sens dépassant la capacité du penseur » (*ibid.*, p. 341), elle incarne « la possibilité pour la pensée d'aller au-delà de sa capacité – de *se trouver au-delà du point où elle se trouve* » (*ibid.*, p. 346).

Et c'est précisément la rectification que postule le romancier, dans la présentation des personnages, qui, si elle est trop fixe, n'est plus fidèle à la phénoménologie de la perception : « ce n'est qu'après avoir reconnu non sans tâtonnements les erreurs d'optique du début qu'on pourrait arriver à la connaissance exacte d'un être si cette connaissance était possible. Mais elle ne l'est pas ; car tandis que se rectifie la vision que nous avons de lui, lui-même qui n'est pas un objectif inerte change pour son compte, nous pensons le rattraper, il se déplace, et, croyant le voir enfin plus clairement, ce n'est que les images anciennes que nous en avions prises, que nous avons réussi à éclaircir, mais qui ne le représentent plus » (Proust, 1988a, p. 229). C'est pourquoi nous retrouverons plus loin la réflexion sur ce dépassement de la pensée par la pensée, point nodal où se rencontrent la philosophie de Levinas et la création romanesque telle que la met en pratique Proust.

Levinas, lecteur et interprète de Proust, propose une philosophie de l'ambiguïté romanesque. C'est là l'un des deux versants les plus profonds de la confrontation.

Le philosophe prend acte d'une réalité relativement connue du roman de Proust : que les affirmations qui sont formulées, les informations qui sont reçues, les révélations qui surgissent, les conclusions auxquelles on aboutit, restent relatives, ne parviennent jamais au stade de la certitude.

Mais il parvient à dépasser le stade de la simple constatation. En outre, une connaissance, telle que nous pouvons l'avoir aujourd'hui, de la genèse de la *Recherche* confirme complètement cette analyse, et même peut en préciser le sens.

On rencontre une première affirmation essentielle de Levinas, dans les pages de « L'autre dans Proust » : « Les vérités ou les erreurs énoncées ne valent pas par elles-mêmes » (Levinas, 1976b, p. 153) ; observation elliptique, qui appelle plusieurs constatations.

La recherche du temps perdu, en tant que formule romanesque, étant, selon la perspective de Malebranche quoique avec des contenus évidemment différents, une recherche de la vérité – « j'ai trouvé plus probe et plus délicat comme artiste de ne pas laisser voir, de ne pas annoncer que c'était justement à la recherche de la Vérité que je partais, ni en quoi elle consistait pour moi », affirme Proust en janvier 1914 (Proust, 1985, p. 99) –, les vérités et erreurs énoncées en cours de roman interviennent comme un point qui se déplace sur une ligne ; elles interviennent à un certain *stade*, c'est-à-dire comprenant simultanément un certain dosage d'erreur et de vérité. Nous en avons un signe dans une lettre de 1909 à Georges de Lauris, à qui Proust a fait lire le chapitre « Combray » dans les cahiers de brouillon, et qui a félicité le romancier pour le passage sur la lecture de *François le Champi* par la mère du héros, lors du drame du coucher (Proust, 1987, p. 41-42) : « Ne croyez pas que j'aime George Sand. Ce n'est pas un morceau de critique. C'est comme cela à cette *date-là*. Le reste du livre corrigera » (Proust, 1981, p. 225).

Examinons de plus près les conséquences de ce point de vue, à la lumière de la remarque de Levinas. Il y a d'abord des affirmations qui valent immédiatement comme des antiphrases par rapport aux convictions de Proust : quand Brichot traite simplement Mme de Sévigné de snob ; quand le marquis de Norpois estime que les écrivains jouent de leur style comme des joueurs de flûte ; quand Mme de Villeparisis croit prouver que tous les écrivains romantiques étaient des êtres grossiers et sans aucune valeur par le seul fait qu'ils étaient reçus chez son père et qu'elle a pu observer leur comportement en société.

Mais d'autres développements et affirmations posent des problèmes infinis : comment situer, sur l'échelle de la vérité, les morceaux sur le style de l'écrivain Bergotte (en constatant que le style de Bergotte ne ressemble pas au style de Proust) ? Où sur la même échelle placer l'analyse de l'impressionnisme d'Elstir (proche de l'esthétique de Proust, qui n'est cependant pas un écrivain impressionniste) ? Quand Levinas note succinctement que ces affirmations « ne valent pas par elles-mêmes », nous comprendrons qu'il est impossible de les situer exactement sur l'échelle graduée dont les deux bouts seraient l'erreur et la vérité.

Voilà qui amène à examiner ce que Levinas appelle l'ambiguïté proustienne, c'est-à-dire le fait que son roman repose sur un récit qui *ne détermine* jamais : « Les contours des événements, des personnes et des choses, malgré la précision des traits, malgré le relief des caractères et des types, demeurent dans l'indétermination absolue. On ne saura pas jusqu'au bout, dans ce monde qui cependant est le nôtre, historiquement et géographiquement fixé, ce qui s'était exactement passé » (Levinas, 1976b, p. 153).

On ne sera jamais certain qu'Albertine ait été lesbienne (même après sa mort, Andrée en deux visites témoigne des deux options contradictoires aussi formellement) ; on ne saura jamais si oui ou non Albertine avait été pour ainsi dire élevée par Mlle Vinteuil et son amie (ce qui conforterait la première hypothèse) ; on ne saura jamais si le violoniste Morel a été véritablement l'amant du baron de Charlus ; on ne saura jamais si Robert de Saint-Loup a effectivement volé Morel à son oncle. Pendant la guerre, une croix de guerre est trouvée dans l'hôtel pour hommes de Jupien, et Saint-Loup est passé chez le héros pour voir s'il n'aurait pas oublié là sa croix de guerre qu'il a perdue ; mais on ne saura jamais si la croix de guerre perdue dans l'hôtel de Jupien est bien celle de Saint-Loup. On ne saura jamais même pourquoi Swann a épousé Odette après avoir cessé de l'aimer : dans *Du côté de chez Swann*, l'abîme entre la dernière phrase d'« Un amour de Swann » et la troisième partie du volume où Swann est devenu le mari d'Odette reste béant – et le restera jusqu'à la fin du roman.

C'est là que l'on aperçoit que la théorie chez Levinas de la métaphore, peut donner la clef de cette constatation : « Ce mouvement de la réalité définie, s'échappant de sa définition, constitue le mystère même qui pénètre la réalité proustienne » ; et le philosophe en induit « le pouvoir pour l'être d'être incomparablement plus que ce qu'il est » (*ibid.*, p. 154). C'est-à-dire que la réalité et les personnages, dans le roman de Proust, ont un fonctionnement proprement métaphorique : savoir la vérité vraie sur Swann, Albertine, Charlus, Saint-Loup, est aussi illusoire que de croire qu'on va pouvoir retirer les métaphores pour voir enfin la réalité vraie cachée sous elles ; de croire qu'il existe un degré zéro de la métaphore.

C'est à ce point de vue qu'on va sans doute le plus loin dans l'intuition de Levinas, concernant la conception du roman de Proust (conception en effet au double sens, de représentation et d'origine). Partant de la constatation que chez Proust, dans le roman de Proust, les apparences « sont à la fois ce qu'elles sont et l'infini de ce qu'elles excluent », « en une compossibilité de contradictoires, en une annulation de tous les choix », l'interprète en conclut que leur relief repose ainsi sur « le scintillement des possibles que la définition n'a pas éteints » (*ibid.*).

Or, ces remarques générales viennent confirmer ce que révèle la fabrication de la *Recherche*, à savoir la mobilité, la labilité de ses composantes, qui ne cessent d'être déplacées, et parfois complètement retournées pour s'adapter à ce nouveau contexte, et donc servir à prouver exactement l'inverse de leur exemplification d'origine. À l'échelle des petits détails, les manuscrits montrent que le personnage s'engouffrant dans l'hôtel de Jupien, durant l'épisode de guerre du *Temps retrouvé*, peut être Saint-Loup ou Legrandin ; que le chroniqueur militaire peut être Norpois ou Brichot ; et le romancier n'a pas tranché au moment de déterminer si la future Mlle d'Oloron est la fille ou la nièce de Jupien. Pourquoi ?

À la veille de la parution de *Du côté de chez Swann*, le romancier déclare au journaliste du *Temps* : « Tels personnages se révéleront plus tard différents de ce qu'ils sont dans le premier volume, différents de ce qu'on les croira, ainsi qu'il arrive bien souvent dans la vie, du reste » (Proust, 1971, p. 557). Mais c'est encore le cas le plus simple.

Considérons en effet les notes de régie où Proust, dans les marges de ses cahiers, se donne à lui-même des conseils ou des consignes : « Quelque part quand je parle de l'assemblée des masques vieillis ou bien des tournants de la vie, ou peut-être grâce à ce morceau les masques pourraient mener aux tournants, mais peut-être pas, et si non, peut-être le morceau pourrait être coupé en deux, moitié aux masques, moitié aux tournants » (Proust, 1982, p. 401) ; ou encore : « C'est ici faute de place que je colle ceci. Ce morceau est capital. Mais peut-être au lieu de figurer dans le dernier chapitre, il pourrait figurer par exemple quand je commence à oublier Albertine, ou à Doncières, ou à Balbec [...]. Si cela débute ainsi cela peut venir quand je trouve inutile de retourner à Combray ou Venise, ou bien quand je dis que je n'aime plus du tout Albertine » (*ibid.*, p. 436).

Il en serait de même s'agissant d'un montage pour donner un extrait de *Sodome et Gomorrhe* en prépublication dans *La NRF*, car voici les indications alors données au directeur de la revue, Jacques Rivière : « Supprimez la visite Cambremer ; extrayez-en le savant norvégien (que du reste je n'avais placé là que pour nourrir votre extrait mais qui dans le livre va chez les Verdurin – et qui ne vous prendra que quelques lignes) ; extrayez-en également l'amateur de Le Sidaner (il est très aisé de les mettre dans le petit tram). Extrayez-en enfin la salivation de la vieille Cambremer. Celle-là, ne la mettez pas dans le petit tram ; mais tout simplement, où les fidèles racontent dans le tram que le jeune ménage va dîner le soir même à la Raspelière, évoquez son souvenir en disant qu'elle allait autrefois chez Madame de Saint-Euverte et ajoutez : "Notons à son sujet pour l'instant cette seule particularité. Quand on parlait de choses d'art etc.". De cette façon vous aurez un tout cohérent, point éparpillé, qui me fait envie pour le volume » (Proust, 1992, p. 510).

Mais le plus convaincant en ce domaine, c'est que Proust maintient dans ses brouillons, jusqu'au dernier moment, les choix opposés : si dans la version à publier Andrée affirme tour à tour, après la mort d'Albertine, avoir eu des relations – n'avoir jamais eu de relations – avec elle, le héros, dans les brouillons, décide de la croire – de ne pas la croire ; quand le héros retrouve Gilberte à Tansonville, il ne lui demande pas – lui demande – avec qui elle descendait autrefois les Champs-Élysées, etc.

Dans la culture philosophique de Proust, le monde des possibles ou des compossibles, observé chez lui par Levinas, peut se nourrir d'Aristote, Leibniz, Kant et Bergson ; mais chez lui (ce que le philosophe a remarquablement pressenti), cela devient la question des *possibles narratifs*. Pourquoi en effet Proust ne tranche-t-il pas ? Parce qu'il veut tester les ressources et les conséquences narratives de chacune des deux possibilités contraires. Que peut donner pour le récit le fait de demander – de ne pas demander, de savoir – de ne pas parvenir à savoir ?

Il en résulte au passage, dans les remarques de Levinas, une philosophie de l'homosexualité dans le roman de Proust : l'homosexualité, c'est ce qui rend possible le lien de tout avec tout. Car « dans un monde revenu à Sodome et Gomorrhe », « les relations s'établissent entre les termes qui sembleraient les refuser. Tout est vertigineusement possible » (Levinas,

1976b, p. 154). Au-delà cette fois des brouillons et gestes préparatoires, les réflexions du narrateur dans *La Fugitive* viennent confirmer une telle intuition : « Que d'hypothèses possibles. Possibles seulement. Je construisais si bien la vérité, mais dans le possible seulement » (Proust, 1989, p. 10) ; cet apparent regret est retourné en richesse par Levinas – par le narrateur aussi, qui souligne ailleurs que le propre des êtres doués d'intelligence est de vivre « dans le monde des possibles » (*ibid.*, p. 195).

Dans *Totalité et Infini*, Levinas remarque que Proust « admirait l'envers des manches d'une robe de grande dame comme ces coins obscurs des cathédrales, cependant travaillés avec le même art que la façade. C'est l'art qui prête aux choses comme une façade. [...] Par la façade, la chose qui garde son secret s'expose [...] mais ne se livre pas » (Levinas, 1990b, p. 210). Le philosophe fait ici allusion à la fin de la première partie d'*À l'ombre des jeunes filles en fleurs*, montrant Mme Swann remontant l'avenue du Bois, et le raffinement de sa toilette où l'on devine les décorations intérieures « aussi délicatement travaillées que les parties extérieures, comme ces sculptures gothiques d'une cathédrale dissimulées au revers d'une balustrade à quatre-vingts pieds de hauteur, aussi parfaites que les bas-reliefs du grand porche mais que personne n'avait jamais vues avant qu'au hasard d'un voyage, un artiste n'eût obtenu de monter se promener en plein ciel, pour dominer toute la ville, entre les deux tours » (Proust, 1987, p. 627).

C'est là ce que Proust romancier appelle les beautés cachées d'une œuvre cathédrale – « le contraire de l'art mufle étant celui des architectes des cathédrales qui faisaient des sculptures aussi raffinées *derrière* une statue, à une hauteur où personne ne les verrait » (Proust, 1981, p. 183). Mais Levinas, prenons-y garde, ajoute à cet art un supplément de sens et de contenu : celui d'un secret exposé, *exposé mais qui ne se livre pas*. L'art d'affirmer sans prendre position, de dire sans avoir en fait dit, qui caractérise la parole du narrateur, à travers par exemple sa remarque sur son possible (possible seulement) prénom, qu'est censée prononcer Albertine sortant du sommeil : « Elle retrouvait la parole, elle disait : "Mon" ou "Mon chéri", suivis l'un ou l'autre de mon nom de baptême, ce qui, en donnant au narrateur le même prénom qu'à l'auteur de ce livre, eût fait : "Mon Marcel", "Mon chéri Marcel" » (Proust, 1988b, p. 583). Le récit de Proust, dit laconiquement Levinas, ne *détermine pas*.

C'est ici qu'intervient le fond du problème philosophique, *l'expérience de l'autre.* Une question centrale, dans la philosophie de Levinas, dont un chemin passe par Proust, car à côté de ce petit chapitre intitulé « L'autre dans Proust », plusieurs chapitres appartenant à d'autres essais affichent ce concept de *l'autre* dans leur titre même.

La conception que se fait Levinas de l'autre, et particulièrement de l'autre dans l'amour, introduit dans l'interprétation de Proust un renversement complet de celle qui en est généralement donnée. Que l'autre constitue ici la donnée de base peut renvoyer, dans la culture de Proust, à la pétition de principe de Fichte, posant qu'il faut partir de la distinction entre le moi et le non-moi.

Mais chez Levinas lecteur de la *Recherche*, la pensée de l'autre comporte deux versants : l'autre dans le moi, et autrui comme irréductiblement autre.

La philosophie de l'autre commence en effet par l'aperception de l'autre dans le moi, ainsi évoquée dans l'interprétation du roman de Proust : « La joie, la douleur, l'émotion, chez Proust ne sont jamais des faits qui valent par eux-mêmes. Le moi s'est déjà séparé de son état [...], comme le bâton immergé se brise tout en restant entier. [...] La vraie émotion chez Proust est toujours l'émotion de l'émotion. Celle-là communique à celle-ci toute sa chaleur et, en plus, toute son inquiétude » (Levinas, 1976b, p. 155). La page symphonique sur le drame du coucher à Combray (Proust, 1987, p. 36-37[9]) donne à saisir la communication entre l'émotion du héros enfant et celle du narrateur à se ressouvenir.

Mais Levinas relève plus précisément, chez le héros et narrateur de la *Recherche*, « cette étrangeté de soi à soi » qui sert d'aiguillon à l'analyse, ou encore « le dialogue en soi avec l'autre » (Levinas, 1976b, p. 155-156).

---

9 « Il y a bien des années de cela. La muraille de l'escalier, où je vis monter le reflet de sa bougie n'existe plus depuis longtemps. En moi aussi bien des choses ont été détruites que je croyais devoir durer toujours et de nouvelles se sont édifiées donnant naissance à des peines et à des joies nouvelles que je n'aurais pu prévoir alors, de même que les anciennes me sont devenues difficiles à comprendre. Il y a bien longtemps aussi que mon père a cessé de pouvoir dire à maman : "Va avec le petit." La possibilité de telles heures ne renaîtra jamais pour moi. Mais depuis quelque temps je recommence à très bien percevoir si je prête l'oreille, les sanglots que j'eus la force de contenir devant mon père et qui n'éclatèrent que quand je me retrouvai seul avec maman. En réalité ils n'ont jamais cessé ; et c'est seulement parce que la vie se tait maintenant davantage autour de moi que je les entends de nouveau, comme ces cloches de couvents que couvrent si bien les bruits de la ville pendant le jour qu'on les croirait arrêtées mais qui se remettent à sonner dans le silence du soir ».

Edward Bizub a, depuis, développé l'hypothèse que l'enquête introspective du narrateur consiste à approcher ce moi autre qui n'apparaît que par intermittences et qu'il s'agirait de saisir[10].

Ce qui a pour Levinas une conséquence romanesque : « Ce n'est pas l'événement intérieur qui compte, mais la façon dont le moi s'en saisit et en est bouleversé comme s'il le rencontrait chez un autre. C'est cette façon de saisir l'événement qui constitue l'événement même » (Levinas, 1976b, p. 156). La remarque est à directement rapprocher de l'*incipit* de *La Fugitive*, décrivant la conflagration provoquée par l'annonce du départ d'Albertine : « "Mademoiselle Albertine est partie !" Comme la souffrance va plus loin en psychologie que la psychologie ! Il y a un instant, en train de m'analyser, j'avais cru que cette séparation sans s'être revus était justement ce que je désirais [...]. Ainsi ce que j'avais cru n'être rien pour moi, c'était tout simplement toute ma vie. Comme on s'ignore » (Proust, 1989, p. 3).

La critique littéraire voudrait explorer les conséquences de cette altérité du moi dans le moi à travers le dédoublement entre héros et narrateur de la *Recherche* ; à travers, par exemple, la question de savoir si le livre qu'écrira le héros après la fin du *Temps retrouvé* est la *Recherche* qui se termine, ou un autre livre que nous ne connaissons pas, et dont toute la *Recherche* a retracé la genèse en s'arrêtant au seuil de son avènement[11]. On irait sur ce chemin jusqu'à l'hypothèse audacieuse de Jean Roudaut, selon laquelle il s'avérerait pour finir que le narrateur n'est pas le héros, mais un autre[12] !

Le second versant, crucial, de cette lecture philosophique de Proust est l'appréhension de l'autre par le mystère de son altérité, en posant ce principe : « Le mystère chez Proust est le mystère de l'autre » (Levinas, 1976b, p. 155).

Ce principe a d'abord une conséquence sur le traitement de tout le personnel romanesque de la *Recherche* : c'est dans ce sens seul que (on a vu initialement rejetée l'idée d'un Proust sociologue) « Proust est le poète du social. Non point comme peintre des mœurs. [...] Les lieux, les choses l'émeuvent à travers les autres, à travers Albertine, à travers sa grand-mère, à travers son soi-même passé » (*ibid.*, p. 156). *À travers son*

10 Voir Bizub, 2006.

11 Voir, sur ce sujet précis, Fraisse, 2017b.

12 Voir Roudaut, 2012.

soi-même passé, le passage de « Combray » sur les sanglots de l'enfant l'a montré ; l'émotion à travers les autres, le séjour à Venise dans *La Fugitive* l'illustre, au moment où le narrateur s'arrête et nous arrête sur l'image de la mère dans l'encadrement d'une fenêtre ogivale : « à cause de cela, cette fenêtre a pris dans ma mémoire la douceur des choses qui eurent en même temps que nous, à côté de nous, leur part dans une certaine heure qui sonnait, la même pour nous et pour elles ; et, si pleins de formes admirables que soient ses meneaux, cette fenêtre illustre garde pour moi l'aspect intime d'un homme de génie avec qui nous aurions passé un mois dans une même villégiature, qui y aurait contracté pour nous quelque amitié, et si depuis, chaque fois que je vois le moulage de cette fenêtre dans un musée, je suis obligé de retenir mes larmes, c'est tout simplement parce qu'elle ne me dit que la chose qui peut le plus me toucher : "Je me rappelle très bien votre mère" » (Proust, 1989, p. 204-205).

Les formules de « L'autre dans Proust » sont dans ce cas à confronter avec d'autres très proches dans les *Carnets de captivité*. Et ici, bien que l'analyse qui suit ne désigne nullement cette scène, ni aucune scène particulière, on peut y voir une qualification remarquable de la rencontre de Charlus et Jupien, au seuil de *Sodome et Gomorrhe* : « Quand je dis que Proust est un poète du social et que toute son œuvre consiste à montrer ce qu'est une personne devant l'autre, je ne veux pas évoquer simplement l'ancien thème de la solitude fatale de chaque être – la situation est différente : à un être tout de l'autre est caché – mais il n'en résulte pas une séparation – c'est précisément ce fait de se cacher qui est le ferment de la vie sociale. C'est ma solitude qui intéresse autrui et tout son comportement est une agitation autour de ma solitude » (Levinas, 2009b, p. 145).

C'est ici que la philosophie générale de Levinas concernant le statut de l'autre est apte à proposer une interprétation du roman de Proust en totale opposition avec la vulgate – une vulgate d'ailleurs inspirée des réflexions du narrateur de la *Recherche* et des données biographiques concernant l'auteur. Le philosophe définit en effet l'amour comme l'expérience de l'altérité, plus précisément comme la « relation directe avec ce qui se donne en se refusant, avec autrui en tant qu'autrui, avec le mystère » (Levinas, 1976b, p. 157). Ainsi, le héros s'ennuyant auprès d'Albertine expérimente, non un amour manqué, mais l'expérience de l'amour, apportant en effet la preuve que l'amour n'est pas fusion avec autrui, mais « la lutte avec l'insaisissable » (*ibid.*, p. 158-159).

On trouve étonnamment l'intuition, chez Levinas, que *La Prisonnière* et *La Fugitive* formaient, dans l'esprit du romancier durant ses tout derniers moments, les deux volets indissociables d'un *Sodome et Gomorrhe III*[13] : « L'histoire d'Albertine prisonnière et disparue [...] est le récit du surgissement de vie intérieure à partir d'une insatiable curiosité pour l'altérité d'autrui, à la fois vide et inépuisable. [...] Prisonnière bien que déjà disparue et disparue bien que prisonnière » (Levinas, 1976b, p. 156) ; formules ici aussi à compléter par d'autres dans les *Carnets de captivité* : « Toute l'histoire d'Albertine prisonnière – est l'histoire de la relation avec autrui. Qu'est Albertine (et ses mensonges) sinon l'évanescence même d'autrui, sa réalité faite de son néant, sa présence faite de son absence, la lutte avec l'insaisissable ? Et à côté de cela, le calme devant Albertine qui dort, devant Albertine végétal. Le "caractère", le "solide" = chose » (Levinas, 2009b, p. 72) ; et encore : « Marcel et Albertine – c'est cela. L'œuvre si large de Proust aboutit à ces deux thèmes d'Albertine prisonnière et possédée qui n'est pas distinct d'Albertine disparue et morte. Son tourment qui fait son lien avec elle, c'est qu'il y a tant de choses d'elle – de choses simples, attitudes, gestes, pose – qu'il ne connaîtra jamais. Et ce qu'il connaît d'elle est dominé par ce qu'il ignore à jamais – puisque toutes les évidences objectives d'elle sont moins fortes que les doutes qui resteront à jamais en lui – et qui sont sa relation avec Albertine » (*ibid.*, p. 145). On trouve un complément à ce sujet dans *Le Temps et l'Autre*, où il est souligné que l'absence est traitée (découverte) par Proust comme une forme de communication, en tant qu'accès à l'altérité : ainsi l'Albertine fugitive est-elle plus aimée par le héros que l'Albertine prisonnière, la solitude étant traitée comme une forme de souveraineté (Levinas, 2009a, p. 35).

Levinas ne recule pas devant l'énoncé paradoxal de sa conception de l'amour et de l'altérité effective de l'autre, affirmant ailleurs : « La meilleure manière de rencontrer autrui, c'est de ne pas même remarquer la couleur de ses yeux ! » (Levinas, 1991a, p. 79). Ce principe connaît un exact équivalent dans *À l'ombre des jeunes filles en fleurs*, au moment où, durant le séjour à Balbec, le héros n'arrive pas à fixer la place du grain de beauté sur la joue d'Albertine : « en cherchant à revoir ce petit grain de beauté sur la joue au-dessous de l'œil, je me rappelai que de chez Elstir, quand Albertine était partie, j'avais vu ce grain de beauté sur le menton. En

13 Sur les indices, très complexes à interpréter, de la préparation d'un *Sodome et Gomorrhe III* pouvant réunir *La Prisonnière* et *La Fugitive*, voir Fraisse, 2017a, p. 53-61.

somme, quand je la voyais, je remarquais qu'elle avait un grain de beauté, mais ma mémoire errante le promenait ensuite sur la figure d'Albertine et le plaçait tantôt ici tantôt là » (Proust, 1988a, p. 230) ; mais la fois suivante, « le grain de beauté que je m'étais rappelé tantôt sur la joue, tantôt sur le menton, s'arrêta à jamais sur la lèvre supérieure au-dessous du nez » (*ibid.*, p. 232). Il y a du Levinas chez Proust, dirait ici le narrateur, quand Proust romancier dépeint ainsi son personnage au comble du sentiment amoureux (ici de Gilberte) : « je ne me rappelais même pas sa figure » et « je l'avais oubliée elle-même » (Proust, 1987, p. 480-481).

C'est ainsi qu'aux yeux du philosophe, l'originalité de Proust est de « situer le réel dans une relation avec ce qui à jamais demeure autre, avec autrui comme absence et mystère » (Levinas, 1976b, p. 159). Au point qu'on peut se demander si la *Recherche* n'est pas très tôt apparue au penseur comme incarnant la philosophie même de Levinas – comme le roman levinassien. Ce qui provoque un spectaculaire retournement de la vision que l'on a édifiée de Proust, d'un Proust pessimiste, du roman de l'échec : si en effet « le néant d'Albertine découvre son altérité totale » (*ibid.*, p. 157), le fait qu'Albertine demeure insaisissable, et les interrogations et enquêtes qui en résultent chez le héros, accomplissent l'amour dans toute sa plénitude ; s'agissant de l'amour, « son événement réside dans son retournement en communication. Son désespoir est une source intarissable d'espoir » (*ibid.*, p. 159).

Les *Carnets de captivité* livrent cependant, à ce stade, un tout dernier retournement, qui est que cette expérience fondamentale de l'altérité, qui accroche le moi à l'autre en raison de son mystère, établit le rapport *entre Proust et son lecteur* aussi : « Il y a dans Proust quelque chose d'unique qui n'est ni son style, ni sa théorie du temps, ni la finesse et la précision de son analyse psychologique. C'est la qualité aristocratique de ses sensations. Il arrive à faire comprendre sa vie intérieure – où nous retrouvons toujours du connu et qui a quelque chose d'universel comme les analyses d'un excellent psychologue – comme quelque chose d'unique, un frémissement inimitable. Comme un paysage intérieur absolument sans exemple, éclairage qui ne transforme pas les proportions des choses ; mais qui est de l'éclairage pur qui leur donne une âme propre. Il donne si on peut dire l'âme de son âme. Ce n'est pas l'inattendu de ses réactions qui en fait l'essentiel – mais le goût qu'elles ont – elles si semblables aux nôtres malgré tout » (Levinas, 2009b, p. 179). C'est-à-dire que le rapport de l'universel à l'individuel se trouve inclus dans celui du même à l'autre, de l'identité à l'altérité : l'universalité, recherchée et obtenue, du roman de Proust se maintient dans la singularité, obligatoirement, en raison de l'altérité de l'autre. La fusion opérée par la lecture demeure dissociation.

On mesure la richesse du dialogue entre Levinas et le roman de Proust, chez Levinas lecteur de la *Recherche du temps perdu*. En fin de compte, plusieurs enseignements dominent, permis par ce voyage dans la pensée du philosophe, à conserver par les lecteurs et les analystes de Proust. Voilà d'abord une philosophie qui rend compte de la raison pour laquelle aucune certitude factuelle ou conceptuelle ne peut être établie, au fil de ce cycle romanesque ; mais encore une philosophie qui rend compte du rôle central de la métaphore dans le système romanesque de Proust ; et du fait que l'enjeu de la métaphore accomplit la question précédente ; voilà en outre une philosophie qui retourne complètement le tragique de l'amour non partagé en y découvrant un accomplissement complet de l'amour, dans un renversement du pessimisme à l'optimisme.

Un aspect il est vrai est laissé de côté dans l'interprétation (et l'on aimerait, à partir de la philosophie existante de Levinas, parvenir à prolonger les contours de ce qu'il en aurait développé) : que les sept volumes de la *Recherche* retracent l'histoire d'une vocation d'écrivain, « la vocation invisible dont cet ouvrage est l'histoire » (Proust, 1988a, p. 691) – selon une formule bien cachée dans la masse du *Côté de Guermantes* –, soit le fait que toutes les séquences se trouvent placées dans un ordre de succession sur le modèle du roman d'apprentissage, un apprentissage aboutissant à une philosophie de l'art se confondant avec une philosophie du sujet. À ce stade, le rôle de la métaphore comme dépassement de la pensée au sein du sujet pensant ouvre de fertiles prolongements dans ce sens ; mais la philosophie de l'ambiguïté romanesque, et l'appréhension de l'autre comme altérité radicale, quels éclairages leur attribuer dans l'histoire d'une vocation d'écrivain ?

Luc Fraisse
Université de Strasbourg

DOSTOÏEVSKI, PHILOSOPHIE DU NIHILISME ET MESSIANISME

Pour Gérard Bensussan.

Le nihilisme ne se présente pas dans l'œuvre de Dostoïevski comme un concept univoque. Les nuances de sens y sont diverses et son apparition est sous-entendue dans des types distincts, tels ceux d'Aliocha et d'Ivan Karamazov. Les typologies nietzschéennes du nihilisme peuvent ainsi se dessiner avant la lettre et comme un signe de modernité, dans les différents tempéraments qui ont composé l'univers littéraire de Dostoïevski après la publication des *Carnets du sous-sol*. La paresse d'Oblomov, le déracinement de Bazarov et la fièvre de Raskolnikov traduisent un état d'esprit commun qui détermine les contours de la vie moderne et devint la matière première de ses idées philosophico-religieuses et esthétiques. La reconnaissance du nihilisme comme le terrain sur lequel s'épanouit la modernité russe apparaît alors dans son œuvre au travers d'une formulation philosophique sans précédent. Le terme de nihiliste traditionnellement accolé aux jeunes radicaux des années 1860 et cette étiquette imprimée sur toute cette génération par Tourgueniev dans *Pères et Fils* n'épuisent pas le concept et son rôle dans la gestation des idées de Dostoïevski. Dans sa lettre à Appolon Maikov, il indique en effet l'émergence d'un état d'esprit qui ne saurait plus être interprété à l'intérieur des cadres traditionnels du romantisme et du réalisme européen. « Racontez un peu de façon sensée ce que nous tous, Russes, avons vécu, ces 10 dernières années, dans notre développement spirituel, et aussitôt nos réalistes s'écriront que c'est pure imagination ! » (Dostoïevski, 2000, p. 437). Avec la publication de *Pères et Fils* en 1861, de *Que faire ?* en 1863 et des *Carnets du sous-sol* en 1864, nous découvrons la traduction littéraire du scénario philosophico-religieux et esthétique de la modernité russe dès lors vécue comme une expérience d'approfondissement du nihilisme.

Dans la forme qu'il adopte en littérature, le nihilisme russe se présente à nous comme la thématisation esthétique de l'approfondissement et, dans le même temps, de l'abandon de la tradition philosophique initiée par l'idéalisme allemand. La présence de la philosophie de Feuerbach dans le traité sur l'art écrit par Tchernychevski et la naissance d'un « nouvel évangile » au fil des pages de *Que faire ?* établirent à ce moment-là les bases traditionnelles du nihilisme russe en tant que négation anarchique des valeurs esthétiques et morales. Le catéchisme humaniste et scientifique de ce nouvel évangile, qui fournit plus tard le principe de modélisation psychologique de l'*homo sovieticus*, apparaît comme une stylisation de l'œuvre de Feuerbach et comme une transmutation du christianisme en égalitarisme démocratique et en socialisme révolutionnaire. L'abandon de la métaphysique provoqué par la soumission de l'art et de la morale à la positivité des sciences qu'a proposé Tchernychevski dans son traité sur l'art a permis d'établir les principes utilitaristes et rationnels d'une nouvelle esthétique et d'une nouvelle morale. La destruction de l'esthétique, anciennement conçue, pour reprendre l'expression de Pisarev, comme sujétion de l'art au progrès social, a signifié pour les jeunes nihilistes le renoncement à la philosophie spéculative de l'idéalisme et une soumission aux faits scientifiques. Comme pour Bazarov dans *Pères et Fils*, le nihilisme signifie le remplacement de Pouchkine par *Kraft und Stoff* de Büchner. La détermination utilitariste de l'art et de la morale et la rupture avec une conception esthétique de la vie apparaissent comme le noyau de la compréhension du nihilisme des jeunes radicaux des années 1860 et comme la matérialisation de ce qui reste connu au travers de l'expression de Tourgueniev comme des « principes de séminaristes ».

Comme l'a montré Elena Dryzhakova, Dostoïevski écrivit dans une de ses notes préparatoires au roman *Crime et Châtiment* : « il y deux nihilismes et les deux points se touchent ». Pour lui, l'un de ces nihilismes doit être interprété comme une sorte de servitude de la pensée, « le nihilisme est asservissement [*lakeistvo*] à une idée » et le « nihiliste n'est qu'un laquais de la pensée » (Dryzhakova, 1980, p. 78 ; Dostoïevski, 1973b, p. 202-204). Le nihilisme interprété comme un servilisme attaché à une idée, la domination de la science sur la vie, l'art et la morale, dans laquelle la réalité toute entière devient « objet d'une objectivation » (Eltchainoff, 2013, p. 117), ce thème sera largement abordé par Dostoïevski. Michel Eltchainoff a ainsi démontré comment Dostoïevski « très proche en cela de la démarche husserlienne, s'oppose explicitement aux explications fournies par les sciences de la nature, de la société, de l'esprit » (*ibid.*, p. 90). C'est sur cet horizon que nous entrevoyons la signification de sa conception du réalisme décrite dans sa lettre à Apollon Maikov, dans laquelle il présuppose l'aveuglement du réalisme scientifique, son déficit absolu de réalité, auquel échappent les « phénomènes plus nuancés » de la vie. Dans son roman *Les Démons*, symbole traditionnel de son combat contre le « nihilisme comme asservissement à une idée », nous découvrons dans la scène de la naissance du fils de Chatov la description exacte d'un biologisme scientiste visant à l'objectivation de la vie. En réaction à la stupeur de Chatov face à la naissance du fils, Arina Prokhorovna considère ainsi que « c'est tout simplement le développement ultérieur de l'organisme, et il n'y a là rien de mystérieux. Alors n'importe quelle mouche serait un mystère » (Dostoïevski, 1972, p. 306). Or l'explication des phénomènes à travers les lunettes de la science, surtout ceux qui relèvent des mouvements de la conscience de l'homme moderne se confronte dans l'œuvre de Dostoïevski à une résistance contre toutes les formes de causalité scientifique. Sa description du nihilisme, et surtout du nihilisme russe, en instaura un détournement, à placer en relation aux réductions opérées par la science, aux fins de poursuivre l'objectif de pratiquer un « pur » et « profond réalisme ». Pour Dostoïevski, « l'homme russe, principalement le déraciné urbain, mais aussi le paysan ou le notable de province, deviennent inaccessibles aux schémas explicatifs univoques » (Eltchainoff, 2013, p. 90). La résistance de l'homme du sous-sol à toute objectivation et causalité et aux « principes de séminaristes » que nous trouvons incarnés, par exemple, en Rakitine, le séminariste des *Frères Karamazov*, nous éclaire sur la complexité du phénomène et sur le sens des deux nihilismes évoqués plus haut par Dostoïevski lui-même.

Partie intégrante du vocabulaire philosophique de l'idéalisme et du romantisme allemand du XIXe siècle, le concept de nihilisme a gagné une reformulation sophistiquée en Russie au travers des œuvres de Herzen et Tourgueniev. Dans une volonté d'approfondissement des questions suscitées par la philosophie idéaliste et romantique, la dispute intellectuelle entamée par les deux penseurs autour de ce concept se révèle ainsi comme l'une des pages les plus créatives de la pensée russe. Ce fut autour de la représentation philosophique et esthétique du *type superflu* que Tourgueniev approfondit la thématique du nihilisme. Pour lui, le type superflu, dont le caractère ancestral se rencontre chez Hamlet, représente la typologie la plus achevée de l'état de déracinement et de la condition d'orphelin ontologique de l'homme moderne. Hamlet était orphelin, et, à travers son Hamlet russe, Tourgueniev éleva l'expérience moderne de cette condition d'orphelin à une dimension métaphysique. Bien plus qu'un type sociologique circonscrit au spectre social russe, l'expérience du type superflu a ainsi gagné avec Tourgueniev des colorations ontologiques. À ce propos, Ellen Chances a démontré comment l'expansion du concept au sein de son œuvre l'a fait passer d'une expérience de dislocation sociale à une condition d'aliénation radicale de la nature. Pour Chances, « Tourgueniev a transformé le modèle familier de l'être humain isolé de la société en celui de la personne qui se sent coupée de la nature dans son ensemble » (Chances, 1978, p. 70-71). L'expérience de Roudine, découvrant qu'il n'y a pas de sol ferme sous les pieds, traduit l'influence de la grammaire shakespearienne qui a imbibé toute l'œuvre de Tourgueniev. Dans son essai *Assez !* (Tourgueniev, 1981), qui peut être lu comme « un sommaire des réflexions de Schopenhauer sur la similitude monotone de l'histoire et la vanité de toute existence, mais sans sa résolution métaphysique » (Kelly, 1998, p. 97), Tourgueniev élabora une méditation sur le nihilisme et la fugacité de l'art qui traverse l'expérience de tous ses héros littéraires. La citation de Macbeth, dans le cœur de l'essai – « la vie n'est qu'une ombre qui marche ; elle ressemble à un comédien qui se pavane et s'agite sur le théâtre une heure ; après quoi il n'en est plus question ; c'est un conte raconté par un idiot avec beaucoup de bruit et de chaleur, et qui ne signifie rien » (Tourgueniev, 1981, p. 226 ; Shakespeare, 2012, p. 431) –, cherche à transformer Shakespeare en un contemporain. Tout en affirmant un rapport en quelque sorte congénital entre ses types littéraires et Shakespeare, Tourgueniev considère en somme que « si Shakespeare pouvait renaître, il n'aurait aucune raison de renoncer son Hamlet, ni son Lear. Son regard perspicace ne découvrirait rien de nouveau dans la vie humaine » (*ibid.*, p. 227).

Le conflit entre Herzen et Tourgueniev, marqué par la compréhension particulière du nihilisme qui définit la pensée des deux auteurs, prend source dans le déploiement de l'idéalisme allemand en Russie, et, spécifiquement, comme l'a souligné Aileen Kelly, dans la réception de la pensée de Schiller et de Schopenhauer. La confiance déposée dans la devise « *sapere aude* » évoquée par Schiller dans sa huitième lettre consacrée à *L'éducation esthétique de l'homme* est comprise comme un chemin devant conduire à une expérience de beauté et de vérité alors que la volonté d'accomplissement de l'humanité peut être interprétée comme son substrat dans l'interprétation donnée par Herzen du concept de nihilisme. Herzen élabore, en effet, une généalogie du nihilisme conçue comme une expérience de libération créative de la pensée et comme une volonté de déconstruction de l'autocratie. L'idée subtile de Herzen selon laquelle « le rire a pénétré l'affaire » peut être vue comme une anticipation de la conception bakhtinienne du carnavalesque et comprise comme « une sorte de conscience critique » qui « arrachant les masques, se moquant du sacré, renversant les hiérarchies, a été utilisée par les artistes et les penseurs pour remettre en question l'ordre établi des choses » (Chances, 1978, p. 38). Pour Herzen, « le rire, qui est une mauvaise compagnie pour n'importe quelle religion, et l'autocratie est une religion » (Herzen, 2017, p. 16), apparaît comme une composante d'origine du nihilisme. Tout en assumant l'ambivalence du concept et en l'interprétant à la lumière de la tradition de l'idéalisme allemand, Herzen considérait que « le rire, livres, Hegel et histoire – tout appelait les gens à prendre conscience de leur condition, à un sentiment d'horreur pour le servage et pour leur propre manque de droits, tout pointait vers la science et éducation, vers la liberté de conscience et de raison » (*ibid.*, p. 18). De la sorte, en interprétant la période de réception de l'idéalisme allemand en Russie, de Hegel à Feuerbach, comme « la première aube du nihilisme » (*ibid.*), Herzen parvint à formuler ce qui pourrait être interprétée comme la première caractérisation positive du concept de nihilisme. Pour lui, en effet,

> le nihilisme c'est la logique sans rétrécissement, c'est la science sans dogme, c'est la soumission inconditionnelle à l'expérience, l'acceptation sans murmure de toutes les conséquences, quelles qu'elles soient, si elles découlent de l'observation et sont exigées par la raison. Le nihilisme ne transforme quelque chose en rien, mais il révèle que le rien qui est pris pour quelque chose est

> une illusion d'optique, et que toute vérité, même si elle contredit nos perceptions fantastiques, c'est plus sain et en tout cas obligatoire. Que le nom soit approprié ou non n'a pas d'importance [...] Bien sûr, si par nihilisme nous devons comprendre la créativité destructrice, c'est-à-dire la transformation des faits et des pensées en rien, le scepticisme stérile et un désespoir qui ne mène qu'à l'inaction, alors les vrais nihilistes sont les derniers à être inclus dans cette définition, et l'un des plus grands nihilistes sera Tourgueniev, qui leur a jeté la première pierre et un autre sera peut-être son philosophe préféré, Schopenhauer (*ibid.*, p. 19).

La suspension du pessimisme au nom de ce que Herzen considéra comme « les vrais nihilistes », présuppose, après la dissolution de la métaphysique de l'idéalisme allemand, le maintien dans la pensée d'un humanisme esthétique et d'un sens moral qui serait capable, selon son entendement, de dépasser les antinomies hamlétiennes du type superflu. Dans son essai de 1868 sur Bazarov, Herzen chercha, en partant du jugement de Pissarev sur le roman de Tourgueniev, à restaurer l'esprit critique et la sympathie qui liait pères et fils : le nihilisme. Anticipant ainsi la lecture de Dostoïevski dans *Les Démons*, Herzen considéra que « dans leurs conceptions du bien et du mal, la nouvelle génération était comme l'ancienne » (*ibid.*, p. 12). La critique par Herzen de Bazarov et du caractère hamlétien des héros de Tourgueniev doit être interprétée à la lumière de son idéalisme éthique et d'une conception de la science qui offrirait un principe de réalité qui s'établirait comme un contrepoint à la paralysie inscrite dans le type superflu. Pour Herzen, « les onéguines et les pétchorines sont passés, les roudines passent et les bazarovs passeront » (*ibid.*, p. 5). En considérant que « le pire service rendu par Tourgueniev à Bazarov était de le mettre à mort par le typhus » (*ibid.*, p. 13), Herzen interpréta le héros de Tourgueniev comme une variation du type superflu, qui, s'il avait survécu, se serait libéré du bazarovisme (le trait hamlétien des héros de Tourgueniev) par l'intermédiaire d'un approfondissement scientifique. Dans les mots de Herzen,

> la science aurait sauvé Bazarov, il aurait cessé de regarder les gens avec un mépris profond et non dissimulé. La science, bien plus que l'Évangile, nous enseigne l'humilité. Elle ne peut rien mépriser, elle ne sait pas ce que signifie la supériorité [...] Elle s'arrête devant les faits en tant qu'enquêteur, parfois en tant que médecin, jamais en tant que bourreau, et encore moins avec hostilité et ironie (*ibid.*, p. 13-14).

La compréhension par Herzen de ce que la « science aurait sauvé Bazarov » suppose la mise à l'écart de la conscience hamlétienne au nom d'une reconfiguration scientifique du monde qui établirait le terrain (*ground*) sur lequel se tiendrait l'homme moderne. Dans sa lettre d'octobre 1861 à Mikhail Katkov, Tourgueniev a lui-même analysé Bazarov dans le contexte du roman et de la société russe. L'analyse de Tourgueniev, qui considéra que « le paysan » ne pourrait se situer « au-dessus de Bazarov, même s'il est lui-même vide et stérile », et que Bazarov serait, à ses yeux, « un héros de notre temps », nous rapproche de son appréhension particulière du nihilisme (Tourgueniev, 1994, p. 565). L'affirmation selon laquelle « Hamlets sont en effet inutiles », qui s'inscrit dans le contexte de son essai *Hamlet et Don Quichotte* et qui pourrait s'appliquer à Bazarov, nous décrit le sentiment de contingence d'une conscience incapable de configurer un sens au monde ou un sentiment de communauté. Dans la lettre à Katkov, Tourgueniev suggère que le premier aurait peut-être sous-estimé le niveau atteint par sa misanthropie, qui apparaîtrait dès lors dans l'ensemble de son œuvre sous la forme d'un scepticisme radical en relation à la possible existence d'une conscience transindividuelle ou communautaire. L'humilité de Herzen est conquise par l'intermédiaire d'une adéquation de la conscience aux limites objectives du monde déterminés par la science, laquelle sauverait Bazarov et elle se confronte, dans l'œuvre de Tourgueniev, à la réalité tragique d'un ego incapable de s'en tenir aux limites d'un monde social. L'idée de Tourgueniev selon laquelle « le paysan » ne saurait se situer « au-dessus » de Bazarov affirme une expérience radicale du déracinement et expose un sentiment d'abandon porteur d'une dimension sociale et ontologique qui résume la propre vision de Tourgueniev sur la condition de l'homme moderne. L'expérience de Bazarov dans la maison des parents, la séparation absolue incarnée dans son sentiment de non-appartenance à la communauté et son mépris pour l'univers des moujiks nous présente la tragédie insoluble et, dans le même temps, inévitable du déracinement moderne : la constatation tragique de la mort de Dieu et de la disparition de la communauté, comme l'a écrit Lucien Goldmann (Goldmann, 1959, p. 32). Dans une lettre de 1862 écrite dans le contexte de la réception de *Pères et Fils*, Tourgueniev affirma ainsi que « la mort de Bazarov devrait, à mon avis, donner la note finale à sa figure tragique » (Tourgueniev, 1994, p. 759). Bazarov comme « un héros de notre temps », conformément au jugement de Tourgueniev signale une prise de distance vis-à-vis des variations positives et utopiques que nous rencontrons chez Herzen. À l'horizon de la discussion sur le type superflu, Herzen considérait que « le type de cette époque, l'un des types les plus splendides de l'histoire moderne, était le décembriste et non Onéguine » (Herzen, 2017, p. 9), articulant par là même une généalogie du nihilisme qui s'identifiait aux éléments positifs du type révolutionnaire. La distinction opérée par Tolstoï sur les deux nihilismes, dans *Ma Religion* (1885), et son expérience en tant que « nihiliste au sens premier de ce mot qui ne veut pas dire socialiste, ni révolutionnaire comme on le croit d'habitude : non, nihiliste je l'ai été en ce sens que toute foi me faisait défaut » (Tolstoï, 1998, p. 121), nous replace face au point central de la critique adressée par Herzen au scepticisme et à la négativité de Tourgueniev et de son « philosophe préféré, Schopenhauer » (Herzen, 2017, p. 19). À ce propos, Elizabeth Allen nous a montré comment l'œuvre de Tourgueniev peut être entendue comme un effort pour créer une « éthique non communautaire » (Chances, 1978, p. 68), impliquée dans l'affirmation d'un esthétisme en art et en morale entendu comme une expérience de construction esthétique de soi. Anticipant en de nombreux aspects la pensée de Nietzsche, l'existence selon Tourgueniev pourrait seulement se justifier comme un phénomène esthétique et la construction de soi à travers l'art se dispenserait dès lors d'une quelconque espèce d'étique communautaire : « les plus grands sont précisément ceux qui sont plus profonds et conscients de cette contradiction fondamentale » (Tourgueniev, 1981, p. 230). Reconnaissant en Shakespeare un contemporain et dans le type superflu un héritier spirituel des antinomies de Hamlet, Tourgueniev conclut son raisonnement en affirmant que « il reste une chose à l'homme, se tenir debout et ne pas se désintégrer en poussière, ne pas sombrer dans le bourbier de l'oubli de soi : se détourner calmement de tout et dire : Assez ! Croiser les faibles bras sur sa poitrine vide et préserver la dernière, la seule dignité disponible, la dignité de la conscience de sa propre insignifiance » (*ibid.*, *226*).

Dans une lettre d'avril 1862, Tourgueniev révéla par ailleurs que « jusqu'à présent, Bazarov a été compris, c'est-à-dire que mes intentions ont été entièrement comprises par seulement deux personnes – Dostoïevski et Botkin » (Tourgueniev, 1994, p. 751). L'éloge de Dostoïevski à Bazarov, dans *Notes d'hiver sur impressions d'été*, publié en 1863, décrit comme « agité et mélancolique » (le signe d'un cœur noble), malgré tout son nihilisme, doit être interprété à la lumière de sa compréhension des deux nihilismes et du combat qu'il mène contre une conception du nihilisme comme un servilisme attaché à une idée. La lecture faite par Herzen du nihilisme de Bazarov et son interprétation de la morale découlant des principes d'une *Weltanschauung* scientifique permirent ensuite d'établir le lien autorisant la transmission entre *Pères et Fils*, revendiqué par Herzen et partagé par Dostoïevski et elle démontra que « dans leurs conceptions du bien et du mal, la nouvelle génération était comme l'ancienne » (Herzen, 2017, p. 12). Le combat mené par Dostoïevski contre le nihilisme socialiste révolutionnaire et le primat donné à la raison scientifique et utilitariste comme fondement de la morale, tel que nous le voyons dans *Les Démons*, sera le point de départ de sa critique et de son appréhension du nihilisme. Comme l'a montré Elena Dryzhakova, c'est dans une de ses notes à la revue *Vremia* que Dostoïevski développa ses impressions sur Tchernychevski et sur la conception de la science partagée par les jeunes nihilistes : « "Utilité et moralité". Shakespeare. Son inutilité. Shakespeare comme obsolète » (Dryzhakova, 1980, p. 60). La compréhension des motifs de Bazarov par Dostoïevski, le discernement de son tempérament tragique et, par voie de conséquence, sa compréhension des « intentions » de Tourgueniev (faire de Shakespeare un contemporain) nous fournit une vision de la place laissée au type superflu dans sa pensée et de son rôle clé dans son interprétation du nihilisme russe.

Les Carnets du sous-sol représentent la thématisation la plus aigüe et la plus complexe du type superflu dans la littérature russe. Présentée comme la confession d'une entreprise de profanation de toutes les valeurs, la nouvelle inaugure une déconstruction de l'éthique et de l'esthétique modernes au nom du nihilisme. Conçue comme une généalogie du nihilisme russe et de la modernité, les *Carnets du sous-sol* exposent, comme jamais, la face négative d'un homme détaché des impératifs d'une raison jusque-là confrontée aux leçons de Kant. Dans une préface non publiée pour *L'Adolescent*, Dostoïevski expliqua ainsi qu'il fut « le premier à faire ressortir le véritable homme de la majorité russe et à dévoiler son côté déformé et tragique ». Et, au travers de son mouvement de déconstruction mené, *avant la lettre*, à l'encontre de l'ontologie et de l'ontothéologie, il considéra que « la cause du sous-sol est la destruction de la foi dans les lois générales. "Il n'y a rien de sacré" » (Dostoïevski, 1976, p. 330). Comme une suspicion à l'égard des formulations hétéronomes de la morale et des modulations scientifiques d'un socialisme révolutionnaire qui modélise l'image d'un homme *comme il faut*, « la descente dostoïevskienne dans les profondeurs de l'être souterrain », que décrit Gérard Bensussan à propos de Nietzsche, doit ainsi être interprétée aussi comme un « travail de sape ». Le sous-sol montre que « la morale destitue le monde tel qu'il est et lui substitue un monde imaginaire » (Bensussan, 2017a, p. 27).

Dans *Souvenirs de la maison des morts*, de 1862, se découvre déjà un principe de mise en suspens de la morale à travers la peinture faite par Dostoïevski du quotidien des prisonniers avec qui il partagea sa période de captivité, à Omsk, en Sibérie. Son approche de l'homme russe, non domestiqué par une solide organisation historique, devint alors le point de départ de sa généalogie du nihilisme et de son rejet des schémas explicatifs fournis par la science et la morale. Dostoïevski rencontra aussi dans la poésie de Pouchkine, dans son « vagabond errant sur sa terre natale », la première expression de l'antinomie de la modernité russe, et comme un signe de ce déracinement qui provoque un sentiment de distance irréconciliable avec une classe « instruite à l'européenne ». Pour Dostoïevski, ce « vagabond russe sans gîte », « agité, sceptique, sans foi dans le sol », se trouve à l'origine du nihilisme russe, et « s'il ne va plus rejoindre les Tsiganes, pour trouver chez eux son idéal de sauvage vie errante et l'apaisement au sein de la nature, il se jette dans le socialisme » (Dostoïevski, 1904, p. 594). Si nous nous souvenons des *Cosaques* de Tolstoï et de l'aspiration à la nature qui traverse son œuvre jusqu'à *La mort de Ivan Ilitch*, nous nous rapprochons du sens du nihilisme développé par Pouchkine et ensuite exploré par Dostoïevski. La rupture de Tolstoï avec le pur esthétisme de Tourgueniev, qui le conduisit à développer tardivement un entrelacs sophistiqué situé entre art et religion, ainsi que son tempérament agité, sceptique, et sans foi dans le sol, constituèrent l'expression d'un état d'âme traversé par les antinomies du nihilisme. Le critique Eugène De Vogüé, en traduisant ses impressions sur le nihilisme russe, affirma ainsi que si Tourgueniev « a discerné le mal », « Tolstoï en a souffert depuis le premier jour, sans avoir d'abord une conscience bien nette de son état ; son âme envahie crie à chaque page de ses livres l'angoisse qui pèse sur tant d'âmes de sa race » (De Vogüe, 1971, p. 260).

Le sentiment d'abandon et le rejet des schémas interprétatifs de la science et de la morale se manifestèrent chez Tolstoï au travers d'une suspension négative de la morale qui, dans le même temps, recélait comme une aspiration à reconstruire les fondements d'une nouvelle morale. Au moment de décrire le tempérament de Tolstoï, Grigoriev considéra ainsi que « coupé de son sol natal par la naissance et l'éducation, il essaie par la négation de creuser jusqu'à ses racines, la base simple, les causes premières. Il ne se contente pas comme Tourgueniev de regarder de loin avec révérence le sol » (Knowles, 1978, p. 69-70). Le conflit entre Tourgueniev et Tolstoï est paradigmatique et peut déjà se percevoir dans la lettre du premier à Tolstoï en janvier 1857 : « regarder vers la gauche est aussi agréable que regarder vers la droite ; il y a des "perspectives" partout (Boktin m'a volé ce mot) [...] la vérité est comme un lézard, il laissera la queue dans votre main et s'échappera » (Tourgueniev, 1994, p. 304). La simple esthétisation d'une existence dépourvue de sens moral, le scepticisme qui amena Tourgueniev « à croiser les bras » au sein d'une contemplation esthétique de la vie, contraste avec l'infatigable poursuite de la morale vécue par Tolstoï et avec son renoncement aux « perspectives » infinies qui prendra une direction concrète à partir du livre VIII d'*Anna Karénine*.

La lecture que fait Dostoïevski de Pouchkine comme étant un poète du déracinement et sa découverte du « vagabond russe sans gîte » est au fondement de sa généalogie du nihilisme et de sa formulation esthétique d'une *nationalité tragique*[1]. Dans une des entrées de son *Journal d'un écrivain*, de 1873, Dostoïevski évoqua d'ailleurs une histoire qui se rapproche de l'expérience de dépassement de la morale que nous trouvons dans les *Souvenirs de la maison des morts*. Au travers du personnage de *Vlas*, nom fictif dans un récit qu'il présente par ailleurs comme réel, Dostoïevski donne à voir ce qu'il entend constituer comme modèle d'un nouveau type psychologique russe. S'éloignant des modélisations morales traditionnelles, typiques de la tradition libérale et humaniste, Dostoïevski catégorisa ce nouvel homme russe comme un « véritable nihiliste de village » (Dostoïevski, 1980, p. 40). L'instinct de négation, « un désir d'aller au-delà des limites, le besoin de sentir son cœur défaillir au

1 Pour la notion de nationalité tragique, voir Kliger 2016.

bord du précipice », (*ibid.*, p. 35) qui défie les classifications morales, fut interprété par Dostoïevski comme une composante déterminante dans la constitution psychologique de la modernité russe. La considération du fait que « l'homme le plus gentil, soudain, peut en quelque sorte devenir un criminel des plus méchants – simplement parce qu'il est pris dans ce tourbillon, dans la tornade fatale de l'auto-négation convulsive et de l'auto-annihilation » (*ibid.*, p. 35) s'est constitué en tant qu'élément fondamental dans son discernement du nihilisme. La généalogie de Dostoïevski fut l'expression d'un instinct psychologique alliée à une pratique perspicace de l'observation journalistique : « le bogatyr russe s'est réveillé [...] des choses épouvantables sont racontées et publiées : ivresse, banditisme, enfants ivres, mères ivres, cynisme » (*ibid.*, p. 41), constituent un paysage amoral dans lequel « il y a des meurtriers horribles qui ne reculent pas même à la vue de la victime massacrée par eux » (*ibid.*, 38). Le dévoiement du regard en direction des souterrains de l'existence et de la vie sociale, ce monde contemplé à partir du sous-sol, s'opposa aux modalités idéales du monde moral que nous trouvons, par exemple, à la sortie du sous-sol de Vera Pavlovna dans *Que faire ?* : on y sort du sous-sol au travers d'une illumination et de la construction morale d'une atmosphère démocratique et progressiste emplie de « pensées pures » et de « personnes intègres » (Tchernychevski, 2010, p. 108), dans « un prolongement de la morale par d'autres moyens que ceux du judéo-christianisme » (Bensussan, 2017a, p. 31). L'activité journalistique de Dostoïevski doit donc être interprétée comme le point de départ de son « travail de sape » et de son discernement du nihilisme : « je voudrais juste noter à quel point l'insensibilité d'un homme peut devenir bestiale » (Dostoïevski, 1980, p. 40). La description d'un monde privé des contours esthétiques de Tourgueniev et des modélisations morales de l'homme rationnel de Herzen et des jeunes séminaristes amena Dostoïevski à avertir ses lecteurs que « regarder de temps en temps à l'intérieur d'un Vlás de nos jours n'est pas une perte de temps » (*ibid.*, p. 41).

L'homme du sous-sol est la représentation esthétique du nihilisme entendu comme l'expression de la modernité russe. Comme Hamlet, il est orphelin, coupé du sol, comme nous tous, les modernes, et il est à la recherche, par l'intermédiaire de la négation, comme l'écrivit Grigoriev à propos du jeune Tolstoï, de ses racines et de ses causes premières. Le constat dressé par Dostoïevski au sujet des deux nihilismes, le nihilisme comme servitude à une idée, la domination de la science sur la vie et l'inutilité de Shakespeare, le conduira dès lors à décrire l'ingénuité et l'aveuglement modernes en relation au fait, irréparable, que le sol sur lequel l'homme doit se tenir est, en fait, un *sous-sol*. La généalogie dostoïevskienne du nihilisme a identifié, dans la soumission au caractère *orthopédique* de la morale et de la science (chez les médicastres socialistes[2]) une forme de servitude, laquelle pourrait être évitée au cas où les hommes retourneraient de temps à autre leur regard en direction de l'âme de leur contemporain, Vlas. La descente « dans les profondeurs », décrite par Nietzsche dans sa préface de 1886 à *Aurore*, qui chercha à « examiner » et à « saper notre *confiance en la morale* » (Nietzsche, 2012, p. 30) fut précédée de petites notes de Dostoïevski sur le sous-sol : le Premier testament du nihilisme moderne. Expression du discernement de la modernité russe et de la modernité comme nihilisme, les *Carnets du sous-sol* constitue la traduction du geste généalogique de Dostoïevski : « le sous-sol est la destruction de la foi dans les lois générales. “Il n'y a rien de sacré” ». La clarification opérée autour de l'immanence des valeurs morales et du mépris sarcastique en relation au *beau et au sublime* apparurent comme les symptômes d'une expérience du monde interprétée au travers du prisme du sous-sol. Par l'intermédiaire de son anti-héros, Dostoïevski dessina les contours d'une réalité qui donna la parole au « nihiliste du village », dont l'instinct et la *volia* profanèrent toute la sacralité de la loi morale.

Dans son essai *Vlas*, Dostoïevski a écrit que « le dernier mot sera donné par eux, par ces différents “Vlases”, repentants ou non ; ils nous diront et nous montreront une nouvelle voie et un nouveau moyen de sortir de nos difficultés apparemment insolubles. Ce ne sera certainement pas Pétersbourg qui résoudra le sort de la Russie. C'est pourquoi tout nouveau trait, si petit soit-il, de ces “nouvelles personnes” mérite notre attention » (Dostoïevski, 1980, p. 34). Se détournant de « l'art de convaincre », de la « morale » et des héritiers de Rousseau qui se considéraient eux-mêmes parmi « les bons et les justes » (Nietzsche, 2012, p. 31), Dostoïevski découvrit le noyau d'énonciation de son art à partir d'un approfondissement du sens porté par le nihilisme. En 1861, deux ans après son exil en Sibérie, se dessina déjà dans son œuvre le *fil rouge* qui

2 Voir Catteau, 1993, p. 94 : « il est clair et compréhensible à l'évidence que le mal se cache en l'homme plus profondément que ne le présupposent les médicastres socialistes ».

offrit la substance de sa réflexion sur la fonction de l'art moderne et de son affrontement avec le nihilisme. Dans son essai, *Mr-Bov et la question de l'art*, Dostoïevski affirma que « le besoin de beauté se fait sentir plus fortement lorsque les hommes sont en désaccord avec la réalité, dans un état de disharmonie, dans le combat, c'est-à-dire lorsqu'ils sont les plus vivants, car les hommes sont surtout vivants quand ils cherchent quelque chose et essaient de l'obtenir » (Dostoïevski, 1978, p. 94).

La perception de l'art comme un symptôme de dissonance d'avec la réalité et comme une impatience en relation à l'inachèvement du monde, a donné forme à l'élément messianique qui modela la conscience de tous ses héros. La réalité inéluctable du sous-sol et la conscience de ce que « ce n'est pas le sous-sol qui est mieux, mais quelque chose *autrement* différent, absolument autre, et que je cherche tellement, mais que je ne trouverai jamais ! » (Dostoïevski, 1980, p. 121), modula le sens du réel et le sens du langage que nous rencontrons dans son art. La quête d'une expérience éthique, qui puisse transcender l'esthétisme des aristocrates et le moralisme des séminaristes, se traduisit dans une impatience messianique et dans une dimension apophatique qui modela la conscience de tous ses types littéraires, qu'ils soient positifs ou négatifs. La voix nihiliste, qu'elle soit originaire d'une violence abyssale ou qu'elle soit vécue comme un accueil absolu (chacun est responsable de tout devant tous) est un écho assourdissant qui traverse toutes ses œuvres. Nous ne pourrons jamais savoir à qui appartiendra le dernier mot.

Jimmy Sudário Cabral
Université Federale de Juiz de Fora,
Juiz de Fora, Brésil

« LA TÂCHE DU TRADUCTEUR »

Qu'en est-il du « langage éthique »

Quand on commence à parler, on a en réalité déjà commencé à parler *une langue.* Ici j'ai déjà commencé à parler français. Comme l'aurait dit Kierkegaard, je me suis déjà mis à « parler une langue étrangère, devenant ainsi à moi-même étranger ». Levinas lui-même a envisagé la situation langagière où je me trouve maintenant comme « discours de l'étranger enfermé dans sa langue maternelle » (Levinas, 1990a, p. 224).

Mais qu'est-ce que la langue étrangère ? Qu'est-ce que la langue maternelle pour Levinas ou même pour moi, pour vous ? Quelles sont leurs places ou lieux – s'il y en a – par rapport à ce que Levinas appelle le « langage éthique » ? Ces questions nous renvoient bien entendu à une autre question qui consiste à savoir ce qu'est que le « langage éthique ».

Voilà les questions mises en abîme auxquelles que je vais m'efforcer de répondre tout en redoutant leur immensité.

Pour ce faire, je voudrais commencer aujourd'hui par citer un passage de la lettre de Wittgenstein adressée à Bertrand Russell en janvier 1914. Wittgenstein l'a écrite en allemand, que je ne traduirais pas.

> *Die Möglichkeiten der geistigen Qual sind unsagbar entsetzlich ! Erst seit zwei Tagen kann ich wieder die Stimme der Vernunft durch den Lärm der Gespenster hören und habe wieder angefangen zu arbeiten* (Russell, 1995, p. 67).

C'est à travers le texte du psychiatre japonais Hisao Nakai, texte intitulé « Étranges silences, bruits, craquements » que j'ai appris l'existence de cette lettre.

Aux confins du délire, dans l'angoisse indicible, entendre la voix de la raison à travers le bruissement des revenants ou des spectres –, je ne peux pas ne pas entendre ici une sorte d'écho d'avant la voix de l'*Autrement qu'être.*

Wittgenstein avait beaucoup de mal à parler anglais ; mais dans une autre lettre (le 6 mai 1920) adressée à Russell, toujours écrite en allemand, il a mis en cause la traduction allemande de la préface en anglais de Russell pour le *Tractatus*. La subtilité du style de l'anglais a été perdue et il ne reste que la superficialité et la mécompréhension, déplore-t-il.

Traducteur, où est-tu ? Me voici, dans un sens, en tant que, ou sous les espèces du traducteur japonais de l'*Autrement qu'être ou au-delà de l'essence*, c'est-à-dire de celui qui n'a cessé, tout comme le traducteur de la préface de Russell, de trahir cette texture faufilée polyglotte en elle-même, sur la traduction-trahison, comme la traduction-trahison, à partir de, en vue de la traduction-trahison.

À la traduction-trahison correspondent les deux sens des mots allemands : *aufgeben, Aufgabe*, tâche à la fois donnée et non-donnée ou différée à jamais. Comme telle, je parlerai donc moi aussi de la tâche, tâche de traducteur, *Aufgabe des Übersetzers*, dans le sillage, bien sûr, de Walter Benjamin. Ce qui me paraît très significatif, c'est que Wittgenstein et Benjamin se soient penchés presque parallèlement sur les questions du langage, de la traduction, sans parler de l'œuvre de Franz Rosenzweig.

Tout cela n'est pas sans rapport avec le sens étymologique du mot *traducere* qui, comme on peut le lire dans *La Guerre des Gaules* de César, signifie la concrétude du déplacement – conquête guerrière, immigration, émigration, exclusion, assimilation, dissimilation, dispersion, rassemblement – de la multitude humaine.

Quant à Levinas lui-même, il parle lui aussi de la « tâche », la « tâche de la philosophie ». Comme on le voit, il est ici bien conscient du texte de Heidegger : *Ende der Philosophie und Aufgabe des Denkens* d'une part, et de *Das neue Denken* de Rosenzweig d'autre part. En effet, Levinas a défini ou redéfini « la fin de la philosophie » comme « commencement d'une époque où tout est philosophie, parce que la philosophie ne se révèle pas à travers les philosophes » (Levinas, 1976a, p. 279).

Ce qu'écrit Levinas à la suite de cette définition en se référant à un poème de Maïakovski me semble décisif. Mais laissons-le de côté pour le moment et demandons-nous quelle serait la tâche de la philosophie finie ou finissante ?

> Un problème méthodologique se pose ici. Il consiste à se demander si le pré-originel du Dire (si l'anarchique, le non-originel comme nous le désignons) peut être amené à se trahir en se montrant dans un thème (si une an-archéologie est possible) – et si cette trahison peut se réduire ; si on peut en même temps savoir et affranchir le *su* des marques que la thématisation lui imprime en le subordonnant à l'ontologie. Trahison au prix de laquelle tout se montre, même l'indicible, et par laquelle est possible l'indiscrétion à l'égard de l'indicible qui est probablement la tâche même de la philosophie (Levinas, 1990a, p. 19).

En fait, Levinas parle non seulement de la « tâche de la philosophie », mais encore de la « tâche du traducteur » lors de l'une de ses lectures talmudiques :

> Il est vrai que beaucoup d'entre mes auditeurs sont d'excellents commentateurs eux-mêmes. Ceux-là n'emporteront pas ma traduction dont ils connaissent l'original. C'est sur eux que je compte d'ailleurs pour m'aider dans une tâche où je m'évertue en tant qu'amateur (Levinas, 1968,, p. 31).

Ce n'est pas encore tout. Levinas a pris comme thème même de sa lecture talmudique la « traduction de l'Écriture ». Tout cela m'amènerait à l'hypothèse de lecture selon laquelle la problématique de traduction n'a pas cessé de hanter la pensée de Levinas et la met à l'épreuve.

Nous venons de constater, chez Wittgenstein aussi, un vif intérêt à l'égard de la traduction ; ce qui est d'autant plus intéressant que le *Tractatus* lui-même aborde la problématique de la traduction :

> La traduction d'une langue dans une autre ne se produit pas par la traduction d'une proposition de l'une dans une proposition de l'autre ; seuls sont traduits les constituants de la proposition (Wittgenstein, 1993, p. 53).

À cela on pourrait ajouter le fait que les *Remarques mêlées* de Wittgenstein commencent par le fragment mettant sur le tapis la question de compréhension de la langue étrangère.

> À entendre parler un Chinois, nous sommes enclins à tenir son langage pour un gargouillis inarticulé. Quelqu'un qui comprend le chinois reconnaîtra là la *langue*. C'est ainsi que souvent je ne puis reconnaître l'*homme* dans l'homme (Wittgenstein, 2002, p. 106).

À ma connaissance, Levinas mentionne une seule fois Wittgenstein, dans son texte (basé sur deux conférences de 1979) intitulé *Notes sur le sens*.

> Question plus ancienne que celle qui va à la réponse et, de là, peut-être à de nouvelles questions, plus anciennes que les fameuses questions, qui d'après Wittgenstein, n'ont de sens que là où les réponses sont possibles et comme si la mort de l'autre homme ne posait pas de question (Levinas, 1998, p. 249).

Apparemment, Levinas s'oppose à la proposition 6.5 du *Tractatus* : « D'une réponse qu'on ne peut formuler, on ne peut non plus formuler la question. / Il n'y a pas d'énigme. / Si une question peut de quelque manière être posée, elle peut aussi recevoir une réponse » (Wittgenstein, 1993, p. 111).

Il est vrai qu'on ne peut pas trouver le nom de Wittgenstein dans *Autrement qu'être* ; mais une remarque d'un autre philosophe, qui ressemble extrêmement à la dernière citation de *Autrement qu'être*, nous fait sentir la présence en filigrane de Wittgenstein dans la dite méthodologie d'*Autrement qu'être*. Il s'agit d'un texte d'Adorno :

> La formule de Wittgenstein : *Ce dont on ne peut parler, il faut le taire*, [...] est proprement antiphilosophique. Si jamais la philosophie pouvait se définir, ce serait comme l'effort pour dire ce dont on ne peut pas parler ; pour amener le non-identique à l'expression, quand l'expression l'identifie toujours (Adorno, 2003, p. 100).

Adorno, aussi bien que Levinas se situent décidément aux antipodes du *Tractatus*. Néanmoins, au-delà de la proposition 4.115 – « Elle [la philosophie] signifie [*bedeuten*] l'indicible en figurant [*darstellen*] le dicible dans sa clarté » (Wittgenstein, 1993, p. 58) –, si le *Tractatus* consistait dans son non-écrit, et que la visée du *Tractatus* est éthique, comme l'a dit Wittgenstein lui-même par exemple dans sa lettre à L. von Flicker en 1919, leur opposition au *Tractatus* pourrait s'inverser en rapprochement. À cela s'ajoute le fait que Wittgenstein a été obligé de se dédire du Dit du *Tractatus*. Alors, comment s'entrelaceraient *Autrement qu'être* et le *Tractatus* ?

Commençons par les notions de proposition (*Satz*) et d'image (*Bild*). Selon Levinas, « Dans le Dit se trouve le lieu de naissance de l'ontologie » (Levinas, 1990a, p. 74). Qu'est-ce que cela veut dire ? Le mot « être » est à la fois verbe et nom. De ce simple fait suit l'« amphibologie de l'étant et de l'être ». En tant que verbe, il énonce un jugement d'existence d'une part, et relie le sujet avec le prédicat d'autre part. Dans le second cas, il fonctionne comme copule qui forme la proposition prédicative ou l'*apophansis*.

De même que Wittgenstein, mais par un autre biais, Levinas aborde ici le problème de la tautologie A est A, et y trouve, en s'inspirant du *Wesen* verbal hégélien ou heideggérien, non pas une simple inhérence de A à lui-même, mais le devenir-A de A, devenir ou temporalisation qui est rendue possible par le déphasage de A à A. Une fois écarté de lui-même, A se retrouve par-delà ce laps – ce mot lapsus est très important –, et c'est ce qu'on appelle des « retrouvailles ».

D'où les entités identiques et nommables qui remplissent le monde ; du moins pour autant que Levinas se serve du terme husserlien *Sachverhalt* pour les signifier, ses positions s'accordent aux premières propositions du *Traktatus* (« *Die Welt ist alles, was der Fall ist. / Die Welt ist die Gesamtheit der Tatsachen, nicht der Dinge. / Was der Fall ist, die Tatsache, ist das Bestehen von Sachverhälten*[1] »).

Mais pourquoi A peut-il se retrouver ou s'entendre *en tant que* A, comme si on pouvait franchir la barre qui sépare le signifiant et le signifié ? Levinas dit : « L'identification s'entend sur la base d'un schématisme mystérieux » (Levinas, 1990a, p. 62). Dans *Autrement qu'être*, Levinas répète cinq fois cette tournure « schématisme mystérieux ». Elle devient d'autant plus importante que Levinas affirme que le fait d'« autrement qu'être » n'est pas le « produit de l'imagination transcendantale » (*ibid.*, p. 185).

Cela revient à dire que pour Levinas aussi, la proposition n'est rien d'autre que l'image (*Bild*) ou la figuration (*Abbildung*). Au début du 2e chapitre d'*Autrement qu'être*, Levinas, en décrivant la « vérité » comme « exposition de l'être à lui-même », en trouve la possibilité dans la notion même d'image qui, en tant que partielle, *symbolise* le tout. De même, Wittgensttein définit la vérité de l'espace logique comme ensemble des images et nomme symbole les articulations internes et externes des images (ou propositions). Et de plus, tout comme Levinas insiste toujours sur la musicalité de l'image, Wittgenstein inclut dans l'image « le disque du phonographe, la pensée musicale, la notation musicale, les ondes sonores » (Wittgenstein, 1993, p. 52).

---

1 Wittgenstein, 1993, p. 33 : « Le monde est tout ce qui a lieu / Le monde est la totalité des faits, non des choses [...] / Ce qui a lieu, le fait, est la subsistance d'états de chose ».

À prendre les choses en gros, en laissant de côté les détails concernant le calcul logique, on pourrait affirmer, peut-être sans commettre d'erreur grave, que l'espace logique (*logisches Raum*) de Wittgenstein correspond au Dit ou à l'ontologie chez Levinas (l'expression « espace logique » me rappelle « l'espace littéraire » de Maurice Blanchot, auteur du texte intitulé « Le problème de Wittgenstein » dans *L'entretien infini*).

Alors, pour que l'espace logique puisse l'être comme tel, on doit le délimiter, sinon l'espace logique aussi bien que les propositions qui le constituent, tomberaient dans « *unsinnig* » (tout à fait différent de « *sinnlos* » encore corrélatif ou relatif au « *Sinn* »). Et d'après Wittgenstein, presque toutes les propositions ou les questions posées dans l'histoire de la philosophie découlent d'une incompréhension fondamentale du langage. Levinas, quant à lui, parle, en employant le terme de Paul Valéry, d'« abus du langage » à ce propos.

Si tel est le cas, pour qu'on puisse voir les conditions de l'espace logique lui-même, on devrait sortir du monde. Mais, si on pouvait les figurer, le dehors du monde s'invertirait en dedans du monde. En face de ce paradoxe de la limite (*Grenze*), Wittgenstein, en faisant la distinction entre *bedeuten* et *darstellen*, a choisi de ne le délimiter que de l'intérieur. Mais comment faire ?

Depuis des textes des années 1930 tels que « L'actualité de Maïmonide », « De l'évasion », « L'œuvre d'Edmond Husserl », Levinas n'a cessé de nous parler du Désir de sortir du monde, de l'être ; mais tout en remplaçant l'ex- de l'existence heideggérienne par l'*in-sistence*. Bien qu'à première vue Levinas montre toujours une grande audace à franchir la limite, à parler de l'au-delà, la sortie pour lui, s'il y en avait une, ne se trouverait que dans l'intérieur, comme le suggère l'expression « extériorité de l'intime » (Levinas, 1994, p. 129).

Il en serait de même du rapport du Dit au Dire. Il est vrai que Levinas intitule un article du 2e chapitre d'*Autrement qu'être* « Dire sans Dit » ; il souligne l'antériorité ou l'extériorité absolue de celui-là à l'égard de celui-ci, et pratique la « réduction » du Dit au Dire. Néanmoins, sans parler du problème de la « justice » en faveur duquel la limitation dans l'excès du Dire au Dit est nécessitée, il s'agit ici de l'au-delà ou dehors qui est toujours et en même temps l'en-deçà.

D'ailleurs, il ne faudrait pas méconnaître la grande importance qu'on doit accorder à une phrase d'*Autrement qu'être* : « l'*apophansis* signifie comme une modalité d'approche d'Autrui » (Levinas, 1990a, p. 80). Ce n'est pas étonnant du tout si on se rappelle la définition donnée à la proposition dans *Totalité et infini*. L'apophansis ou « la proposition est proposée à l'autre homme ». (Levinas, 1997, p. 172). C'est ainsi que l'infiniment extérieur s'inverse en intériorité qui à son tour s'inverse en fissure vers l'extérieur. C'est cette fissure extime que Levinas nomme « non-lieu ».

Ce qui est proposé, c'est la proposition elle-même ; et ce duplex se définirait comme « signe », proposition au carré, comme proposition ou donation de signe. Mais ce signe étant signe de rien, la donation de signe ne serait que signe de donation. En tenant compte du fait qu'Autrui est aussi qualifié de « non-lieu », le signe serait donné de Non-lieu à Non-Lieu.

Cette proposition de la proposition présuppose l'absence de plan commun et est toujours singulière, unique en son genre. Elle n'est jamais savoir ni connaissance de la souffrance de l'autre homme par exemple. Cependant elle n'est pas « privée » pour autant qu'elle est proposition. « Rien n'est privé », dirait Levinas.

Prenons un autre exemple. Au sujet de Dieu, Levinas dit souvent « le mot Dieu ». Dieu, « ce n'est qu'un mot » (Levinas, 1974, p. 327). On ne saurait trop souligner ce fait que Dieu, en tant que mot, appartient au Dit ; mais ce Dit est appelé « Dit unique en son genre » (Levinas, 1990a, p. 236). C'est pourquoi « De la phrase où Dieu vient pour la première fois se mêler aux mots, le Dieu est encore absent » (*ibid.*, p. 233).

Ces deux faits désigneraient la frontière ou le bout du Dit ; en effet, Levinas, en se servant du terme « frontière », situe l'énoncé prédicatif « à la frontière d'une détermination du Dit » (*ibid.*, p. 79). La « frontière » n'est pas simplement le lieu de l'amphibologie, de l'ambiguïté, de l'alternance, du clignotement, mais encore, mais plutôt l'abîme du « tiers-exclu ».

Le moins qu'on puisse dire ici, c'est que Wittgenstein et Levinas partagent une vigilance extrême de la frontière ou de la limite. Quand il a présenté la notion-clef de scepticisme, Levinas était, me semble-t-il, bien conscient de la proposition 6/51 du *Tractatus* :

> Le scepticisme n'est pas irréfutable, mais dépourvu de sens (*unsinnig*), quand il veut élever des doutes là où l'on ne peut poser de questions. / Car le doute

> ne peut subsister que là où subsiste une question ; une question seulement là où subsiste une réponse, et celle-ci seulement là où quelque chose est *dit*. Wittgenstein (Wittgenstein, 1993, p. 111-112).

Mais un coup d'œil sur le texte du dernier Wittgenstein concernant la certitude (*Gewissheit*) ou la croyance (*Glauben*) suffirait pour voir que le scepticisme hante toujours Wittgenstein comme un revenant. Il y dit par exemple qu'« au fond de la croyance fondée gît la croyance non-fondée » ; et ce ne serait jamais ailleurs que sur la frontière de l'espace logique que s'ouvre cet *Abgrund* ou *Grundlosigkeit*. Heidegger dirait que *Satz von Grund ist Grundlos*.

Comme le suggère un passage de *De la certitude* : « Le jeu du langage ne peut être fondé. Non rationnel ou irrationnel. Il est là comme notre vie », Wittgenstein va puiser dans cette *Grundlosigkeit* afin d'élaborer sa théorie des jeux de langage (*Sprachspiele*), dont on pourrait découvrir le germe dans les remarques sur le « langage ordinaire » (*Umgangssprache*) dans le *Tractatus*.

> Le langage ordinaire est une partie de l'organisme humain, et n'est pas moins compliquée que lui. / Il est humainement impossible de se saisir immédiatement, à partir d'elle, de la logique du langage. [...] Les conventions nécessaires à la compréhension du langage ordinaire sont extrêmement compliquées (Wittgenstein, 1993, p. 50).

Un autre point commun entre Levinas et Wittgenstein consiste en un étonnement devant la complexité tellement énorme du « langage ordinaire » qu'elle nous apparaît simplissime comme « bonjours », « Passez-moi le pain », « Après vous, Monsieur », « Donnez-moi cinquante centimes de glace » (Levinas, 1976b, p. 63), etc. Dans un texte précisément intitulé « Langage ordinaire et rhétorique sans éloquence », Levinas arrive à trouver dans le « langage quotidien » non pas l'inauthenticité du *Gerede* heideggérien mais précisément la « non-indifférence à autrui » (Levinas, 1997, p. 172).

Les doubles préfixes de cette tournure nous renvoient ainsi à la modalité paradoxale de la frontière où la pro-position comme position se propose et s'inverse en ex-position. Voilà le retournement appelé « langage éthique », signifiance de l'un-pour-l'autre. De même, Wittgenstein, après avoir formulé dans le *Tractatus* « il ne peut y avoir de propositions éthiques » (Wittgenstein, 1993, p. 110), viendrait définir dans la fréquentation du Cercle de Vienne l'éthique comme mouvement de l'homme de « se jeter contre les limites du langage » (*Anrennen gegen die Grenze der Sprache*).

Ce qu'il ne faudrait pas oublier ici, c'est que juste avant cette conférence, Wittgenstein a mentionné Heidegger en employant la même tournure : « Je puis sans mal me représenter ce que Heidegger veut dire par "être" et "angoisse". C'est une tendance chez l'homme que de se venir se heurter aux limites du langage ». Et pour autant que pour Heidegger, le *Dasein* est toujours *Sein zur Grenze* et que dans le texte dédié à Ernst Jünger il vient précisément substituer la « topologie sur la ligne (*Linie*) » à la « topograhie par-delà la ligne », on doit reconnaître la justesse de l'« intuition » de Wittgenstein.

Avant d'aborder moi-même cette problématique, précisons un peu ce que Levinas appelle « langage éthique ». Sur ce qu'il appelle lui-même frontière, Levinas me semble tracer d'un seul mouvement les deux excès conjoints de la signifiance de l'un-pour-l'autre : « illéité » et/ou « il y a ».

En tant que tiers-exclu de l'un-pour-l'autre, trace de ce qui est toujours déjà passé, l'« illeité » s'y dérobe à l'infini de telle manière que même la signifiance de l'un-pour-l'autre ne se fige pas, ne se synchronise pas en Dit. L'« illéité » ne faisant jamais face, la droiture du « pour » se dérangerait jusqu'à l'extravagance. C'est la raison pour laquelle le premier dire est « énigme » et/ou « délire ».

Je m'arrête un instant sur le caractère auto-référentiel du premier dire qu'on pourrait trouver dans une phrase de Levinas telle que : « le premier dire dit ce dire même » (Levinas, 1974, p. 329). Il serait difficile de ne pas y reconnaître quelque analogie avec la conception de Walter Benjamin selon laquelle « le langage se transmet ou se communique lui-même ». Plus précisément, le langage comme essence spirituelle de l'homme se transmet lui-même à Dieu (où au verbe de Dieu) à travers le « nom propre », qui n'est d'autre que « la limite du langage fini par rapport au langage infini ». D'après Levinas, limite du nom et de son au-delà. La définition par Benjamin du « nom propre » comme « verbe de Dieu sous les sons humains », entre en résonance avec la dernière phrase d'*Autrement qu'être* : « la trace – écriture imprononçable – de ce qui est toujours déjà passé – toujours il – [...] mais qui, Pro-nom, marque de son sceau tout ce qui peut porter un nom » (Levinas, 1990a, p. 284).

À l'égard de l'illéité, Levinas la qualifie de « trace chaude comme la peau de l'autre ». La trace de celui qui a passé, de l'absent m'obsède, m'assiège, me tourmente, m'étoffe. En d'autres mots, le tiers-exclu, qui ne cesse de se dérober à l'un-pour-l'autre, vient l'oppresser ; et l'un-pour-l'autre devrait donc le supporter. Puisque suivre la trace, « c'est aller vers les Autres qui se tiennent dans la trace » (Levinas, 1974, p. 282), la trace pourrait ou devrait égaler tout le poids de l'altérité. Et c'est précisément là que le grand renversement se produit dans la pensée de Levinas. Lui qui a voulu arrêter le bruissement de l'*il y a* comme non-sens, s'en délivrer, arrive à écrire que : « l'absurdité de l'*il y a* – en tant que modalité de l'un-pour-l'autre, en tant que supportée – *signifie* » (Levinas, 1990a, p. 255).

Ce qui est important ici, c'est que le non-sens ou « la fin de sens » dont parle un passage des *Carnets de captivité* signifie épreuve non seulement du Dit mais encore du Dire : le désastre du langage éthique ou le langage éthique comme désastre.

Me voici ainsi retourné à mon point de départ. Trente ans après la lettre adressée à Russell, Wittgenstein a noté de nouveau : « Si dans la vie nous sommes environnés par la mort, pareillement dans la santé de l'entendement nous sommes environnés par la folie. » Lui faisant écho, Levinas se demande « si un délire plus profond que la pensée ne porte pas la pensée » (Levinas, 1975, p. 30).

Cette citation concerne *La Folie du jour* (1973) de Blanchot ; la contemporanéité de ce texte et d'*Autrement qu'être* me paraît très significative. Pourquoi l'absurdité de *il y a* est supportée, alors que dans *De l'existence à l'existant*, c'est l'*il y a* qui se transforme en hypostasis supportant le moi ? En ce qui le concerne, Levinas se réfère d'abord au poème de Celan : « Le monde n'est plus, il faut que je te porte », et puis le rapporte à une scène « comique » de *La Folie du jour* où « les malades s'amusent à chevaucher le narrateur marchant à quatre pattes » (Levinas, 1975, p. 72).

Selon Blanchot : « sur mon dos, un nœud d'êtres étroitement enlacés » (Blanchot, 1968, p. 25-26). On me dira que ce n'est point l'*il y a* ; oui, mais à travers ces êtres, moi je supporte l'*il y a*. Ce qui est plus frappant, c'est qu'après cette scène, Blanchot, en décrivant la sanction de la Loi contre la conduite du narrateur, écrit : « Vous voir coûterait la vie » (*ibid.*, p. 26), phrase nous renvoyant inéluctablement au 33e chapitre de l'*Exode* ; c'est ainsi que Blanchot, à sa propre manière, décrit la « confusion possible » de l'illéité et de l'*il y a*.

Or, l'« asile » entre en scène dans le 5e chapitre d'*Autrement qu'être* : « C'est dans l'association de la philosophie et de l'État, de la philosophie et de la médecine que se surmonte la rupture du discours. L'interlocuteur qui ne se plie pas à la logique est menacé de prison ou d'asile… » (Levinas, 1990a, p. 263-264). Mais l'institution, quelle qu'elle soit, ne pourrait arrêter le bourdonnement de l'*il y a*, ni colmater la rupture d'où il retentit.

Cette impossibilité, Blanchot l'appelle « parole quotidienne » ou « quotidien » tout court. Ce qu'il y a de plus difficile à saisir, ce qui se dérobe à jamais. En un mot, « l'*il y a* », « c'est le quotidien humain » (Blanchot, 1969, p. 366). Le quotidien chez Blanchot correspondrait aux « formes de vie » chez Wittgenstein, au « langage ordinaire » chez Levinas. Pour autant que le langage ordinaire n'est rien d'autre que la non-indifférence à l'autre homme, c'est-à-dire l'un-pour-l'autre, et qu'*il y a* la modalité de l'un-pour-l'autre, *il y a* serait la modalité du « langage ordinaire ».

Alors quel serait le signifié du non-sens ou de la fin du sens ? Pour l'approfondir davantage, je voudrais, pour finir, ouvrir trois dimensions conjointes.

D'abord, la dimension de l'enfance ou d'*infans*. Cela en tenant compte du fait que pour Levinas le point de départ des réflexions sur l'*il y a* consiste en des « souvenirs d'enfance ». Il écrit : « On dort seul, les grandes personnes continuent la vie ; l'enfant ressent le silence de sa chambre à coucher comme "bruissant" » (Levinas, 1991a, p. 51).

Il va sans dire que cette situation a un rapport avec ce qu'on appelle « langue maternelle ». Pour l'enfant, le bruissement n'est pas simple bruissement ; il se met peu à peu à discerner dans cette nébuleuse cacophonique le bruit des choses de la parole humaine, une langue d'une autre, mais sans aboutir à en fixer la frontière. Cela commence déjà dans ce que Levinas appelle « corps maternel » ou « maternité », surtout au niveau du rythme comme « gémissement des entrailles ».

S'appuyant sur la théorie du psychiatre américain Harry Stack Sullivan (1892-1949), Nakai décrit ce processus comme celui de la prototaxis à la syntaxis en passant par la parataxis. L'enfant tel que je l'écris se situe au niveau de la parataxis. Non seulement les hommes, mais encore les choses, les vivants, etc., finalement tout, y compris lui-même, parle pour lui sans s'enchaîner en apophansis.

Il faut être attentif au fait que ce processus d'apprentissage n'est pas celui de simple acquisition. Vous me permettrez ici de faire intervenir un autre philosophe, J.-F. Lyotard et son *Discours, figure.* Déclarant que « la situation du très jeune enfant – est et reste la situation de l'homme », Lyotard se hasarde à faire ce qu'il nomme un « recessus ». De ce point de vue, de même que l'identification langagière d'un enfant, qui se produit après un intervalle silencieux suivant le stade du « gazouillis » ne serait autre chose qu'une perte ou répression, de même toute perte du langage serait dans un sens une acquisition ou obtention. D'où la remarque de Lyotard :

> La formation des habitudes phonatoires qui permettent la production des mots ne va pas sans l'élimination de nombreuses possibilités phoniques. Le réglage des organes de la cavité phonatoire s'obtient par la répression de la force qui emploie ces organes à produire des expressions rudement motivées : le cri, le râle, le « gazouillis » (Lyotard, 1971, p. 12).

Ce que Lyotard appelle « élimination de nombreuses possibilités phoniques » ne concerne pas simplement l'attitude envers une seule langue, mais les rapports entre plusieurs langues, c'est-à-dire la « traduction » au sens fondamental. De même qu'on ne peut énumérer les langues utilisées dans *Finnegan's Wake* de James Joyce, on ne peut déterminer quelle « langue » un très jeune enfant parle exactement.

Maintenant, je crains vraiment de faire un faux pas ; mais je ne peux pas me retenir de rapprocher cette dimension de la dimension ouverte à partir de la remarque de Levinas sur le poème de Maïakovski qui illustre « la fin de la philosophie » ou « le commencement d'une époque où tout est philosophie ». Dans ce poème,

> Les choses usuelles et même les emblèmes des enseignes se mettent à vivre pour leur compte parmi les hommes, les concepts sont descendus dans la rue, les arguments sont devenus événements, et les conflits dialectiques, guerres (Levinas, 1976a, p. 259).

En effet, dans la pièce *Mystère-Bouffe* (1919) par exemple, les choses, les machines, pain, sucre… parlent. Mais ce qui est important, ce n'est pas « la parole des choses » (*Sprache der Dinge*) en tant que telle ; c'est que l'animal doué de langage ou mieux *Zum-Buch-Sein* se trouve ainsi mis à épreuve au sein du quotidien ou le *Nichtmehrbuchsein.*

Chaque fois que je lis *Difficile Liberté*, je sens une affinité indéniable entre ce passage et un autre concernant le « tremblement » :

> Le tremblement n'est pas une simple peur ni même angoisse, enfant chéri des contemporains. Le tremblement c'est quand les assises du monde s'ébranlent, quand l'identité des choses, des idées et des êtres se trouve brusquement aliénée, lorsque A n'est plus A, lorsque B n'est plus B, lorsque Monsieur B n'est plus Monsieur B mais traître et une vipère lubrique, en attendant que Monsieur K ne soit plus Monsieur K ; le tremblement c'est quand le journal que vous achetez vous achète, lorsque la parole que vous entendez ne signifie ni ce qu'elle signifie ni ce qu'elle réfute […]. Suprême tremblement. Par ma bouche parle peut-être un autre, in inconnu qui m'a séduit ou m'a acheté et que je n'arrive pas à faire coïncider avec moi-même. (*ibid.*, p. 378)

Rappelons d'abord qu'ici s'esquisse déjà la modalité du scepticisme. Mais de quoi s'agit-il donc ici ? Il s'agit de la traduction du verset 11 du 2ᵉ texte des *Psaumes.* Voici la traduction : « Servez Dieu dans la crainte, et réjouissez-vous en tremblant ». Crainte et tremblement. Néanmoins, Levinas l'a sentie « peu juive » et il en a trouvé un jour une autre dans le Traité talmudique de *Berachoth*, selon laquelle le verset signifie : « Servez-Dieu dans la crainte – et dans le tremblement de tous, vous vous réjouirez ». « Singulière grammaire », dit Levinas. Puisque « le sujet qui tremble ne serait pas le sujet qui se réjouit » (*ibid.*, p. 377).

On voit qu'il y va de la traduction de la proposition. J'y reviendrai. Dans la traduction par les docteurs talmudiques, le tremblement est universel, et la réjouissance est réservée à « vous », au « Juif » selon Levinas. Situation homologue à un passage dans les conclusions de *Totalité et Infini* :

> Anarchie essentielle à la multiplicité. Elle existe de telle manière que, faute de plan commun à la totalité qu'on s'obstine à rechercher pour lui rapporter la multiplicité, on ne saura jamais quelle volonté, dans le jeu libre des volontés, tire les ficelles du jeu ; on ne saura pas qui se joue de qui. Mais un principe

> perce tout ce vertige et ce tremblement, quand le visage se présente et réclame justice (Levinas, 1990b, p. 327).

Levinas déclare que « rien n'est jeu ». Mais retenons plutôt ici le fait qu'il définit le « jeu » comme multiplicité non-totalisable, anarchique. De même que cette définition nous suggère la possibilité pour la notion de « jeu » d'avoir un sens positif dans la pensée de Levinas, de même, pour autant que « Paradoxalement, c'est en tant qu'*alienus* – étranger et autre – que l'homme n'est pas aliéné » (Levinas, 1990a, p. 76), et qu'il n'y a plus de « principe », le tremblement, comme le remue-ménage d'*il y a*, serait ce qu'on ne peut pas, ne doit non plus réprimer, voilà « dure réalité, dure leçons de choses » (Levinas, 1990b, p. 5), qui n'ont cessé, ne cessent, ne cesseront de clignoter pour nous à travers « les épaves [...] les signes, déjà insignifiants, d'un langage en dissémination » (Levinas, 1990a, p. 76).

Épaves, langage en dissémination me renvoient à l'Introduction de *Quatre lectures talmudiques* :

> elles [les possibilités de signifier à partir d'un objet libéré de son histoire] se déroulent dans un espace multidimensionnel. La dialectique du Talmud prend un rythme océanique. [...] Dans la mer du Talmud nous avons préféré naviguer près de côtes, [...] (Levinas, 1968, p. 21-22)

Je suis enfin revenu à la limite ou à la frontière ; mais cette fois, la multidimensionnalité est mise en rapport avec la fluidité ou la liquidité ; comme on va le voir, ce caractère a une grande importance pour mon propos.

Au sujet de la traduction, on pourra tirer, en gros, quatre points des lectures talmudiques de Levinas.

D'abord, Levinas attribue à l'université hébraïque de Jérusalem la « tâche » de traducteur, celle de traduire en « grec » la sagesse du Talmud.

Et cette traduction prévaut sur la traduction de la Bible.

Mais en même temps, il nous présente un passage du Talmud selon lequel il est interdit de la traduire surtout en « grec ». Mettant de côté les discussions minutieuses concernant cette interdiction, on pourrait constater qu'il y a toujours une limitation quelconque à la traduction soit à l'égard de la langue traduisante, soit à l'égard du passage à traduire.

C'est dans ce double sens qu'il existe dès lors du « traduisible » (*übersetzbar*) et de l'« intraduisible » (*unübersetzbar*).

Troisièmement, tout en soulignant la nécessité urgente de traduire la sagesse du Talmud, Levinas écrit dans la préface de *A l'heure des nations* que la connaissance des soixante-dix langues est requise pour juger en dernière instance son prochain sans « les ambiguïtés de la traduction » (Levinas, 1988, p. 9).

Mais si on devait déchiffrer, traduire le « grimoire » du Talmud, on ne devrait pas le « clarifier ». La tâche du traducteur consisterait plutôt à en garder le style énigmatique. Voilà le quatrième point. Levinas dit : « comme toujours, je vous demande d'excuser la traduction un peu lourde de morceau talmudique qui vous est offerte. Elle est soucieuse d'approcher la syntaxe elliptique du texte à commenter » (*ibid.*, p. 46).

Cela veut dire que Levinas s'abstient de transformer la syntaxe selon les règles d'une autre langue, en l'occurrence le français. Rappelons la remarque de Wittgenstein sur l'impossibilité de traduire la proposition. Et c'est précisément cette impossibilité que proclame Benjamin quand il parle de la littéralité (*Wörtlichkeit*) et l'interlinéarité (juxtalinéarité) de la traduction :

> La littéralité dans la transposition de la syntaxe, c'est elle précisément qui montre que le mot, non la phrase (*Satz*), est l'élément originaire du traducteur. Car si la phrase est le mur devant la langue de l'original, la littéralité est l'arcade (Benjamin, 2000, p. 257).

Comme dans la version interlinéaire ou juxtalinéaire de la Bible, juxtaposer les deux mots d'une manière parataxique, et garder la syntaxe des propositions à traduire, reviendrait à interrompre la syntaxe de la langue dont se sert le traducteur d'une part, et ouvrir des intervalles ou passages entre les mots juxtaposés d'autre part. C'est ainsi que d'après Benjamin, le traducteur arrive à briser « les barrières vermoulues de sa propre langue » et à délivrer l'« intraduisible » fermé dans l'original.

Levinas lui-aussi compare le langage à un « perce-muraille » et, surtout à la fin du 5e chapitre d'*Autrement qu'être*, il souligne des « interruptions diachroniques du discours » à l'égard du scepticisme. Mais il ne s'agit plus de les garder ou de les récupérer ; tout comme on a pu trouver la trace des interruptions sous le nœud, il faudrait maintenant regarder dans le sans fond de ces interruptions. Le psychiatre Nakai est aussi un traducteur excellent de poèmes en grec ; il y entrevoit ce qu'il nomme la *meeting place* des langues. Malgré toute apparence, les langues n'existent pas tout à fait séparément. Elles s'entrelacent profondément. Ou plutôt, elles se partagent. Dès lors, le traducteur serait celui qui court le beau risque de s'installer dans cette zone critique, comme l'enfant qui gazouille.

Benjamin appelle cette situation « continuum », Wittgenstein « chevauchement ininterrompu des fibres innombrables ». À cela correspondrait peut-être la multidimensionnalité comme mer ou océan chez Levinas C'est pourquoi Levinas, tout en soulignant la nécessité de la traduction, a voulu l'éviter. À ces confins, la traduction ne serait plus la traduction, mais en même temps tout est traduction, y compris l'original ou ce que Levinas appelle « avant les cultures, avant leurs alluvions ». Ce paradoxe mettrait en cause probablement les notions même de « langue maternelle », de « langue étrangère ». Apatride, nu, tout homme s'exile sur cette frontière où se chevauchent et se nouent des langues en nébuleuse.

Masato GODA
Meiji University, Tokio, Japon

SAVOIR NOCTURNE

L'*ego sum, ego existo* de Descartes passe pour la référence et le parangon du savoir de soi comme cœur du savoir en général en tant que certitude. Cette certitude ne consiste d'aucune manière dans l'acquisition d'un contenu de connaissance car je ne sais rien ni de l'*ego* ni du *sum* ou de l'*existo* (ajoutons que l'usage des deux verbes indique de lui-même, quoi qu'il en soit de leurs valeurs précises chez Descartes, au moins un écart possible dans l'« être » en question). La suite d'ailleurs le confirme : « je suis sans pour autant savoir quel je suis ». On sait ce qui va suivre, *ego sum res cogitans.* Mais c'est déjà ne deuxième étape. *Ego sum, ego existo* forme une certitude libre de tout contenu quant à la nature ou substance de ce qu'elle nomme. Elle est vraie « toutes les fois que je la prononce ou que je la conçois » : c'est la certitude d'un acte, non d'une connaissance. Si cela se nomme « évidence » c'est précisément parce cela ne se soutient d'aucune inférence, d'aucune démonstration. Ce n'est, poussé à son extrémité, que l'acte de m'interroger sur la teneur de ce que je sais ou crois savoir.

Autrement dit il n'y a pas de philosophie, pas d'examen de ce qui peut être su et singulièrement su au sujet du savoir lui-même – de sa teneur, de sa valeur – sans un acte qui d'abord suspend tout savoir. Le temps de cette suspension est celui d'une profération ou conception : deux faces du même acte qui est un engagement, non un premier savoir. Comme le dit Hegel, la philosophie ne commence pas seulement comme le cercle de sa propre présupposition mais aussi comme la décision d'un sujet qui veut philosopher. Or en toute logique hégélienne les deux doivent s'envelopper l'un l'autre – le cercle et la décision. Même Hegel ne réduit pas l'écart entre savoir et vouloir-savoir.

Vouloir-savoir ne suppose pas seulement une assurance que le savoir n'est pas encore acquis ou du moins pas encore clair à lui-même en sa nature de savoir. Cela suppose aussi, puisqu'il y a « vouloir », une assurance d'un autre ordre : celle précisément d'un « je » qui vaut comme l'acte d'une profération puissante, efficiente. L'effet se donne, lui, comme un premier savoir et comme la matrice du savoir : il est indubitable que je suis et par là même indubitable que je suis en capacité de savoir quelque chose de certain quand bien même je serais encore incertain de tout le reste.

Il me semble que je rejoins ainsi assez précisément ce que Gérard Bensussan nomme un « contre-socratisme[1] ». Le socratisme, rappelle-t-il, repose sur « le savoir d'un non-savoir » – le contre-socratisme sur le non-savoir d'un savoir. D'emblée, en rappelant la « puissante dynamique » que le socratisme a communiqué à « toute notre tradition de pensée », Bensussan qualifie de « feinte humilité » l'affirmation socratique qui pour finir assure « le prestige d'un savoir qui l'emportera toujours sur le non-savoir ».

Cette domination du savoir ou si on veut cette axiologie du savoir représente en effet ce qui aura aimanté la pensée occidentale au point d'y mobiliser toute l'énergie (affective, érotique, politique, morale) en l'ordonnant à l'acquisition d'un savoir lui-même considéré comme pouvoir. De là que « savoir qu'on ne sait pas » cherche à « relever l'ignorance » comme dit Bensussan et que – selon une extrapolation que je risque – cette dynamique ou cette volonté propre entraîne une dissipation croissante de l'inconnu dans un processus de maîtrise et de domination, dans un *savoir-faire.* Vouloir savoir est aussi vouloir faire que le savoir soit effectif. Or le savoir-faire est la traduction la plus appropriée du grec *technè* et c'est ainsi que la technique poursuit de façon toujours plus intense et autonome le projet de relever l'ignorance.

Parce que cela ne va pas, nous le savons (fût-ce d'un savoir approximatif), sans de considérables difficultés pour la situation à laquelle aujourd'hui conduit notre tradition mondialisée, l'examen du « ne pas savoir qu'on sait » que fait valoir Bensussan me semble important. C'est par un tel examen qu'il pourrait peut-être devenir possible non pas de corriger ou de réformer la trajectoire du savoir-faire mais plutôt de permettre ou bien d'accueillir une autre allure, une autre

1 Il s'agit du texte « Ne pas savoir qu'on sait. "Le secret du philosophe" », publié par la suite p. 141-150.

posture – une autre *saveur* faudrait-il dire pour rappeler la provenance de « savoir ».

En un sens cela ne serait pas neuf : depuis déjà longtemps notre savoir s'inquiète de ce qui pourrait l'excéder. D'une certaine façon, la pensée depuis Nietzsche, Kierkegaard et Heidegger n'a pas cessé d'être préoccupée par cet excès. Cela n'a pas empêché la puissante expansion du savoir – dont le nom même, à l'ombre du nom de « science », n'a guère perdu de son assurance.

Or c'est d'assurance qu'il s'agit, et de manière très concrète et pratique, lorsqu'il n'apparaît plus de manière aussi certaine que les finalités du savoir – du vouloir-savoir et du savoir-faire – conviennent à ce qui naguère encore passait pour un futur garanti.

Dans un autre texte auquel il fait ici référence, Bensussan écrivait, après avoir cité Descartes :

> « Entièrement assuré », voilà le but, l'objectif et la fin de la méditation. S'assurer, donc, là où tout paraît bien « s'échapper ». S'assurer, se rassurer, afin de faire taire cette terreur de la raison confrontée à ses dehors, à une extériorité qui, justement et en tant que telle, lui échappe (Bensussan, 2016, p. 7).

Cette confrontation aux dehors, mille signes la rendent aujourd'hui très sensible, qu'il s'agisse du rêve et de l'amour (auxquels est consacré le texte à l'instant cité) dont il est chaque jour plus clair qu'aucun savoir ne les réduit on objets, ou bien de la domination, de la puissance et de la jouissance dont la sauvagerie, voire la barbarie ne sont policées par aucun supposé savoir des droits et des dignités. Nous ne pouvons que nous méfier de l'assurance (qui n'est pas par hasard, il faut le remarquer, une technique caractéristique de la société moderne).

Si ça nous échappe de tant de façons, regardons ce qu'il en est de cet échappement ou de cette échappée. Bensussan en prend le mot à Montaigne : « *je m'échappe* ». C'est au fameux chapitre d'« apprendre à mourir » qu'on trouve cette phrase (« À chaque minute il me semble que je m'échappe. »). Il s'agit bel et bien de l'échappée de « je », de l'être ou du sujet, comme on voudra dire. On pourrait longuement commenter l'« être-à-la-mort » avant la lettre qui est ici en jeu. Mais l'important est qu'il s'agit moins de la mort elle-même que de ce qui continûment nous soustrait à nous-même – et partant à un savoir de nous. Bensussan parle de « subjectivation par dessaisissement » : je retiens pour ma part le second terme car je ne vois pas de nécessité à garder un lexique de subjectivité qui menace toujours d'évoquer pour finir l'assurance dont nous nous trouvons dessaisis – « nous » c'est-à-dire ceux qui ne sont « sujets » qu'autant de temps qu'ils peuvent dire « je suis ». C'est-à-dire exactement autant de fois – « à chaque minute » – que du même geste et du même « *je* » nous nous échappons.

Il ne s'agit pas de ranimer un *memento mori* de remontrance et de pénitence : il s'agit de considérer le dessaisissement et sa conjonction avec un « principe d'hétéronomie » selon la formule que Bensussan emploie plus loin à propos de Schelling. C'est en effet par le *bewusstlos* de Schelling et par le *unbewusst* de Freud qu'il passe pour établir que nous nous échappons vers un « insondable ». Je lui donne acte de ces analyses dont je retiens ici qu'elles conduisent vers un insondable « immémorial » – insondable parce qu'immémorial et immémorial parce qu'il plonge dans « la nuit des temps ».

C'est cette *nuit des temps* que je voudrais, à l'incitation de Bensussan, essayer de caractériser un peu afin d'essayer de cerner mieux ce qui est su dans le savoir que je ne sais pas détenir – et de quel savoir, donc, il peut s'agir.

Autrement dit, vers quoi s'échappe l'échappée constitutive de toute position ou profération d'existence ? « Constitutive » au demeurant n'est sans doute pas le mot : il ne s'agit pas de constitution mais d'acte, d'avènement, de surgissement. De l'acte fondamentalement double d'un *ego sum, ego evado* encore une fois vrai chaque fois et autant de temps que je le prononce ou le conçois.

Cet acte est l'actualité du temps (« le temps se temporalisant » dit Bensussan) qui a lieu dans la succession d'un présent à un autre. Le premier présent succède à un présent passé – passé hors de tout présent possible. Il y a une antériorité irréductible et irrattrapable du temps sur lui-même (de même d'ailleurs qu'il y a une postérité non moins irréductible et inatteignable puisque l'avenir échappe autant que le passé). L'échappée répond au paradoxe du « maintenant » qui n'a pas lieu sinon dans un rapport à un autre qui l'a précédé et à un autre qui va le suivre – le premier rapport étant à un réel, le second à un possible.

Il y a un réel absolument antérieur à tout réel en tant qu'acte, actualité d'une présence quelconque. Il y a donc une actualité ou une effectivité vers laquelle je m'échappe lorsque je me présente (lorsque je viens au monde peut-on dire en un sens indéfiniment élargi de la naissance). Et c'est cela que je sais d'un savoir que j'ignore. Je ne le sais pas comme un objet de connaissance et je ne le sais pas non plus comme un sujet qui se réfléchit. Je ne le sais ni comme un autre ni comme un même.

Et c'est pourquoi je ne sais pas que je le sais, pour autant que « savoir » suppose objet ou réflexion. En quel sens donc est-il possible de dire que je le sais ? En un sens pour lequel Bensussan propose le terme d'*expérience* au sens (paradoxal dit-il) d'une expérience qui ne s'approprierait pas l'extériorité qu'elle aurait expérimentée. Or n'est-ce pas le sens le plus fort de l'expérience que le risque pris d'éprouver plutôt que l'essai d'apprécier ? L'expérience n'est-elle pas, bien plus véritablement que la capitalisation d'une expertise, l'exposition à un inconnu en tant que tel c'est-à-dire jusque dans l'impossibilité de le connaître ?

Par cette exposition, nous éprouvons, nous ressentons qu'il y a là de l'inconnu, nous résonnons avec lui, nous y goûtons (retrouvant encore la saveur de *sapere*) sans que ce goût nous informe d'autre chose que d'une absolue étrangeté. Ce que nous savons sans pouvoir savoir ni ce que nous savons, ni que nous le savons, c'est l'épreuve à la fois plus intime et plus étrange que toute assimilation ou toute appropriation d'autre chose que notre existence propre. Et cette existence propre elle-même ne nous est sue que selon cette échappée dans la nuit des temps qui est la nuit de chaque présent.

Ne cessons pas de savoir que nous ne savons pas que nous sommes ce savoir nocturne – cette saveur qui s'échappe à l'infini.

Jean-Luc NANCY
Université de Strasbourg

NE PAS SAVOIR QU'ON SAIT

« Le secret du philosophe »

La philosophie, dans son histoire et ses tendances dominantes, est animée par un socratisme foncier, lequel s'atteste dans le nom même qu'elle porte et traverse aussi bien par exemple l'égologie cartésienne, la *Selbstbewusstsein* hégélienne ou encore l'intentionnalité husserlienne, toutes variations différentielles autour de la réflexivité ou de l'autoréflexivité. Pour dire les choses de façon massive, dont je n'ignore nullement qu'il faudrait les exposer en détail, ce qui porte la *philo-sophie*, c'est bien le savoir d'un non-savoir qui meut, dans la puissante dynamique d'une feinte humilité, toute la maïeutique socratique et, au-delà, tout l'effort de pensée de notre tradition.

Pourtant, comme toute tradition, cette dernière porte en ses flancs une contre-tradition, et le socratisme un contre-socratisme. Poser comme un principe, c'est-à-dire comme un commencement et un commandement, qu'en tout état de cause, et même si je ne sais rien, le dernier mot revient tout de même au premier, et que je sais que je ne sais rien, c'est évidemment assurer le prestige d'un savoir qui l'emportera toujours sur le non-savoir qu'il régit, comme en une partie d'échecs jouée d'avance en raison de l'inégalité patente des partenaires. Le socratisme relève l'ignorance et ignore les failles.

À rebours, la position d'un contre-socratisme, lequel a aussi quelques titres à faire valoir, tient un vrai paradoxe, à savoir qu'on sait et qu'on en sait toujours plus qu'on croit (ne pas savoir). Mais ce savoir, c'est le moindre de ses paradoxes, s'évase et s'ouvre vers le primat d'un non-savoir, soit sur une *terra incognita* dont l'exploration ne finira jamais. Si le savoir socratique, le savoir topologique d'un non-savoir, assure ultimement la toute-puissance de la dialectique et l'emprise circulaire du Concept, et si, ajoutons-le, la possibilité originaire du nihilisme s'y enracine en profondeur, ne pas savoir qu'on sait, voire *ce* qu'on sait, procède d'un effet de dépossession du sujet sachant débordé par l'énigme de quelque chose qu'il « sait » malgré lui, à l'insu de sa conscience réflexive et du programme auquel elle l'assigne. Cette dépossession figure une sorte de subjectivation par désaisissement, dont l'« expérience » amoureuse, notamment mais pas seulement[1], témoigne à souhait. Les guillemets qui encadrent le mot « expérience », je ne fais que l'indiquer en passant pour des raisons de clarté, ont pour but de rendre simplement attentif au paradoxe d'une expérience qui ne se constituerait jamais par l'appropriation ou la réappropriation d'une extériorité radicale qui l'aurait au préalable aliénée. Cette dépossession, ce que Levinas a appelé « expérience hétéronome », peut être dite au moyen d'une formule de Montaigne, qui en consigne les « expériences » les plus diverses, justement : *« je m'échappe »* (Montaigne, 1973, p. 108)[2]. L'expression est évidemment à entendre comme « mon *je* m'échappe » et non pas comme la première personne du singulier du verbe réflexif « s'échapper », ce qui serait quasiment une *contradictio in adjecto.* S'échapper au sens de prendre la fuite signifierait précisément *se* sauver, *se* sauvegarder, *se* préserver, c'est-à-dire sauver son *je.*

Le « je m'échappe » montaignien peut être considéré comme une donnée de structure, le contre-socratisme que j'évoquais en commençant : *je ne sais pas que je sais, je ne sais pas ce que je sais*, et même *je ne veux rien savoir* car j'en sais déjà trop, selon Freud en tout cas. Telle est, d'après lui, la position du dormeur par rapport au monde extérieur : « le sommeil est un état dans lequel le dormeur ne veut rien savoir du monde extérieur » (Freud, 1969, p. 74). Mais ce ne-rien-vouloir-savoir renvoie spéculairement, et plus profondément, à un véritable « savoir nescient », selon l'expression de Schelling sur laquelle je vais revenir. « Le rêveur sait ce que son rêve signifie mais, ne sachant pas qu'il le sait, il croit l'ignorer » (*ibid.*, p. 87). Ce propos renvoie remarquablement à la structure contre-socratique en son plein régime d'effectivité. Il excède

1 La même chose vaut en effet pour l'« expérience » du rêve. Je me permets de renvoyer ici à Bensussan 2016.

2 Les occurrences de ce thème fondamental de l'*échappée* sont innombrables dans les *Essais*, par exemple : « je ne me tiens pas bien en ma possession…Le hasard y a plus de droit que moi…Ceci m'advient aussi : que je ne me trouve pas où je me cherche et me trouve plus par rencontre que par l'inquisition de mon jugement » (*ibid.*, p. 40) ; ou encore : « notre volonté…veut-elle toujours ce que nous voudrions qu'elle voulût ? ne veut-elle pas souvent ce que nous lui prohibons de vouloir ? » (*ibid.*, p. 167).

évidemment le simple exemple du rêve – et son efficace vaut aussi et joue activement dans l'état de veille dont il atteste bien plutôt la dimension continûment inconsciente. Dans cette même page de l'*Introduction à la psychanalyse*, Freud l'affirme sans hésiter : « quelqu'un croit ne rien savoir d'événements dont il porte cependant en lui le souvenir ». Chaque sujet se tient ainsi dans un état de « *connaissance* inaccessible » à soi du soi (*ibid.*, p. 87, je souligne). C'est cela l'*inconscient*, le rêve en étant, on le sait, la voie royale d'exploration ainsi que tout ce qui y est associé, les actes manqués, les lapsus, l'oubli des noms propres, les déhiscences de la langue – autant de troubles qui sont des troubles *du savoir*.

Ceux-ci ne sont pas simplement tributaires d'une analyse, d'un déchiffrement symptômal, d'une cure et d'un retour à la norme, soit d'un savoir du trouble en acte. Ils signifient en profondeur et manifestent quelque chose du savoir lui-même, et de sa *verbalité*, de ce que l'on dit quand on dit « je sais » ou bien « je ne sais pas ». Ceci est un premier résultat qu'autorise la structure contre-socratique : savoir n'est pas qu'un substantif et un ensemble de contenus substantiels, savoir est un verbe toujours conjugué, l'organisation structurée d'un rapport entre un sujet qui parle (« je ne sais pas »), un « objet » énigmatique et incertain (« ce que je sais ») et une ligne d'« échappée » qui les relie.

C'est cette même ligne que Schelling détermine, lui, comme *savoir nescient*. Une activité inconsciente[3] supporterait en entier le *je*, le sujet sachant, explique-t-il. Ce *je* censé savoir dans la lumière de la raison ne serait rien d'autre qu'une méprise subjective du savoir, l'effet d'une activité inconsciente qui le dépasserait infiniment tout en le structurant en profondeur. Si le *je* s'échappe, il n'est nullement exclu qu'il reprenne ou retrouve la productivité infinie de cette échappée dont il n'est qu'un produit passager dans le mouvement d'une subjectivité bien plus vaste, bien plus océanique, que celle d'un « sujet », *ego cogito*.

Dans ce savoir nescient, Schelling discerne même le « *véritable secret du philosophe* » (Schelling, 1992, p. 13 ou encore p. 136), par un retournement remarquable de la tradition, sa subversion surdéterminée. Reprenant du *Sophiste* ou encore du *Théétète* la figure convenue de l'entretien de « l'âme » avec elle-même, il en corrige la forme de pure clôture autorepliée et y voit au contraire une intimité schizée, une « séparation », un « dédoublement

3 Schelling écrit *bewusstlos* là où Freud dit *unbewusst*, ce qui renvoie à une très profonde différence entre les deux qui s'éclairera par la suite.

de nous-mêmes », le « secret commerce entre deux êtres » en nous – l'un qui ne sait pas et pose ses questions et l'autre qui sait et qui répond[4]. Ainsi le dialogue intérieur et silencieux avec moi-même finit par opérer non plus comme autarcie de l'intériorité, que Schelling a toujours tenue en forte méfiance, mais comme principe d'hétéronomie, lequel atteste tout bonnement la temporalisation du temps dans le sujet humain.

Les « deux êtres » qui séparent et animent le « secret commerce » qui nous « dédouble » sont en effet rapportés par Schelling à des forces temporalisées agissantes à l'insu du sujet dans le sujet. Ces forces sont au nombre de deux : l'une sachante, l'autre nesciente, l'une supérieure, l'autre inférieure, l'une limpide, l'autre obscure et aspirant à la clarté, l'une archaïque, l'autre « éternellement jeune », l'une répondant incessamment aux questions de l'autre. Se met ainsi en place un véritable récit, et l'ambition (avortée) d'une philosophie « narrative », une exposition racontée du jeu, des correspondances et des dissonances dans quoi entrent les deux forces. Si la première retient et enveloppe en elle « le trésor » du temps, l'autre en « témoigne » et y « assentit », elle parle et « éveille » ce que la première « garde », comme une « sentinelle », elle qui « reste muette et ne peut exprimer » ce que l'autre porte, à savoir « le pressentiment et la nostalgie de la connaissance » (Schelling, 1992, p. 136). Un insondable repose donc en l'homme, à l'état scellé, un oracle enfoui et muet, où sommeillent les archétypes des choses. Le savoir nescient n'est rien d'autre que le fluide qui va de ce dépôt archétypal à l'effort de savoir qui, certes, le vise, mais selon un inévitable recouvrement, une oblitération, qui sont l'effet quasi-nécessaire du temps et de sa temporalisation dans le savoir. Le nescient, c'est le temps en effet, alors que l'inconscient, lui, ignore le temps, comme on sait. Il y a là une différence, notable et très intéressante, entre le « *sans*-conscience » schellingien et « l'*in*-conscient » freudien. Le premier structure tout processus de « savoir » depuis un « sans » savoir. Il ne relève pas d'une ruse ou d'un calcul par où, dans un « système » organisé polairement (*Cs*/*Ics*, comme écrit Freud), l'inconscient se joue en quelque façon de la conscience et du conscient, c'est-à-dire d'un savoir. La proximité entre Schelling et Freud est certaine mais elle recouvre deux modes très différents du ne-pas-savoir qu'on sait.

4 Borgès a écrit à mon avis *le* poème de ce dédoublement, *La sentinelle*, « La lumière entre et je m'éveille, il est là… dans l'ombre prochaine de l'autre royaume, je serai là, à m'attendre », (Borgès, 1976, p. 194-195).

Le second effet remarquable du contre-socratisme tel que j'en engage ici la réflexion concerne en effet la question de la temporalisation. Le ne-pas-savoir qu'on sait, et le « refoulement » de forces qu'il atteste (Schelling dit *Verdrängung* ou *Zurückdrängung*), sont des dispositions où se structure le temps sur le mode de l'échappement.

Le passé est en effet l'assiette du présent, une strate de notre conscience intime du temps que le présent recouvre et refoule. Sous cet aspect, comme le montre également Rosenzweig, tout savoir est savoir du passé, nécessairement, savoir d'objets déjà là, savoir d'un monde que je « pré-trouve », comme dit l'allemand. Mais, parce qu'il déborde toujours en profondeur le savoir qui le cerne, le passé constitue pour nous tous plus qu'un objet de savoir. Il se tient en nous comme une « très ancienne composante de (notre) être », mutique et déposée pour toujours comme « principe du temps primitif », force de reliaison à « un passé insondable » susceptible d'être éveillé et revivifié (*ibid.*, 222). Cette force se stratifie dans la temporalité vivante de l'homme comme un « témoin du passé » (*ibid.*, 223), « oublié » mais non point « éteint », enfoui et « obscur » mais « encore en vie », « endormi » mais toujours rappelable à la conscience et à la présence – ce qu'attestent tout particulièrement les sensations de déjà-éprouvé : « lorsque le cœur[5] s'anime, les temps les plus éloignés deviennent [à l'homme] merveilleusement vivants. Combien de fois nous arrive-t-il de croire, dans un moment présent, reconnaître soudain un moment qui vient d'être vécu, qui a déjà été » (*ibid.*, 223). Ou encore, dans la version de 1813 des *Âges du monde* : « dans quelles merveilleuses correspondances, dans quels intimes nœuds de relations [l'homme] ne se voit-il pas souvent transposé par ce lien intime, lorsqu'un instant présent lui semble s'être déjà produit il y a fort longtemps ou quand il a l'impression d'avoir été témoin d'un événement ayant eu lieu dans un lointain passé ! » (*ibid.*, 134). Toutefois, la masse mémorielle immémoriale que recèle le *cœur* de l'homme demeure close sur elle-même, comme un « trésor » à jamais scellé, disparu (*ibid.*, 223). Pour que le témoin témoigne, il y faut une autre force, capable de révoquer ce qu'elle a elle-même produit, le refoulement, et d'invoquer ou de faire mémoire de l'insondable passé, de sa « réserve » et de sa

5 Traduction approximative du *Gemüth* selon le nom que donne Schelling à l'une des deux forces de temporalisation (*Geist, esprit*, pour l'autre). Pour plus de précisions, je renvoie à Bensussan, 2015b.

ressource. Cette autre force, « l'esprit », vient après lui, elle inter-vient en refoulant le plus ancien, le lien temporel intime qui relie au plus primitif et au plus reculé. Tel est le sens du « secret commerce » : une constitution entièrement temporalisée de l'homme par l'effet d'une dynamique continuée et agonistique où sont engagés et co-impliqués « un être obscur » cerné par un « je sais » et « un être conscient » (*ibid.*, 224) engagé dans un « je ne sais pas ».

Ce que les *Âges du monde* nomment avec insistance « secret commerce » de la subjectivité temporalisée désigne le rapport contre-socratique du « ne-pas-savoir » à l'obscurité étincelante de ce qu'on sait très bien depuis toujours, ce qui par ailleurs forme « le secret du philosophe ». Ce rapport ne prend sens qu'à condition de ne pas accorder les mêmes coefficients de signification aux deux usages du verbe savoir. Le savoir socratique, homogène au non-savoir, s'autorise de ce qu'il abolit dans son auto-affirmation, ce non-savoir transfiguré, de même sens et de même nature que lui, et par conséquent convertible par et dans un savoir qui se restaure d'une dépouille et se nourrit de ses restes. Comme l'indique très bien la dynamologie schellingienne, ne pas savoir que l'on sait établit en revanche un rapport différentiel entre une ignorance actuelle, ou présente, et un substrat enfoui qui se sait lui-même sans que je le sache en quelque sorte. Cette différence est la différence du temps se temporalisant.

Elle oblige à penser autrement la pensée, dans une extension plus ample que l'arc du seul logos, non seulement plongée dans le temps, mais reliaison à « la nuit des temps ». Nous pouvons bien être « assurés » du savoir que nous prenons de nous-mêmes, du monde et des autres hommes, nous pouvons bien tester continûment cette assurance, et à bon droit – mais pas jusqu'au point où nous cesserions d'expérimenter les « mondes » du nescient ou de l'inconscient, le souvenir, le rêve, les impressions de déjà-vécu, comme des mondes *réels*. À la thèse qu'il n'y aurait de philosophie que comme exigence d'une manifestation totale de soi par soi, hors toute échappée, la persistance et l'insistance d'un immémorial en nous, et latent et manifeste, apportent un démenti continu. Cette prégnance durable constitue à certains égards l'indice de la « fausseté » de certaines vérités trop éclatantes et de la vérité d'une obscurité qui ne demande qu'à s'articuler en clarté. Comment, à ce titre, ne pas y discerner des questions philosophiques de première grandeur ?

Par la grâce ou la violence de leur vérité, les événements qu'on sait sans jamais les savoir, comme en une prémonition interminable, détiennent une effectivité qui précèdera toujours leur possibilité. Ils brisent les simulacres d'une raison exclusive qui explique le concept par le recours autocentré à un autre concept, dans le milieu homogène du « savoir qu'on ne sait pas », articulation linéaire du pôle positif et du pôle négatif d'un même élément. Ils interrompent les règles de l'autoconservation et de la préservation de soi, les continuités historiques, les assurances du logos reliant entre elles des représentations.

« Je ne sais pas que je sais » relie deux moments hétérogènes, c'est-à-dire hétérogénéisés par le temps et les profondeurs stratifiées qu'il dépose, le temps d'une ignorance avouée et le temps d'une remémoration active mais partielle. Mais cette hétérogénéité temporelle n'affecte pas seulement le « savoir » en en verbalisant les flux, en le différenciant. C'est aussi le *je* du « je sais » et du « je ne sais pas » qui s'en trouve dédoublé, on l'a vu, c'est-à-dire troublé dans sa vérité – c'est là le troisième point d'aspérité montré par « le secret du philosophe ». Pour établir l'hypothèse de l'inconscient, Freud en passe d'ailleurs par la figure provisoire des deux « personnes » ou des deux « consciences » : « tous les actes et toutes les manifestations que je remarque en moi et que je ne sais pas relier au reste de ma vie psychique doivent être jugés comme s'ils appartenaient à une autre personne » (Freud, 1969, p. 71). Cet autre en moi, la sentinelle de Borgès, prendrait les contours d'une « conscience inconsciente » (*ibid.*, p. 72). Il faut à l'homme « disposer d'un autre que soi » selon les *Âges* (Schelling, 1992, p. 13), d'un « organe où il puisse lui-même se contempler, s'exprimer et accéder à sa propre compréhension » (*ibid.*, 135). Le *je* du « je ne sais pas » est donc un Autre que le je de la suite de la phrase, « …que je sais ». Le *je* du « je ne sais pas que je sais », comme le *je* du « je rêve » ou du « je t'aime », je l'ai montré ailleurs (Bensussan, 2016), ne peut avoir la même teneur que celui du « je pars en voyage » ou « j'écris un texte sur le je ne sais pas que… ». C'est un *je précédé* par le préalable d'un immémorial qui est là bien avant lui et son non-savoir. Je ne peux dire « je ne sais pas que je sais » que parce que m'a déjà saisi l'intuition, ni tout à fait sensible ni tout à fait intellectuelle, que j'ai rapport à ce qui m'échappe.

Cette échappée du *je* qui, déplacé de soi, n'est plus *je*, manifeste à quel point le *je* est toujours déjà loin de lui-même. Ce lointain n'est évidemment pas une affaire de distance, de mesure, de métrique ou d'approche topologique. Ce n'est pas ce très-loin-de-lui-même du *je* qui serait inatteignable. En effet, il se manifeste comme tel. En quelque façon c'est nous-mêmes, ce « je m'échappe », c'est la jointure de nous-mêmes avec nous-mêmes dans l'échappée. Être très loin de soi-même, paradoxalement, c'est aussi pour le *je* qui s'échappe une façon de s'avancer depuis ce lointain et d'entrer dans une certaine proximité à soi, opaque peut-être mais d'une sienne opacité, le paragraphe 4 de *Sein und Zeit* la décrit à sa façon.

Si le lointain du *je* ne se mesure pas selon l'ordre d'une distance qu'il pourrait toujours progressivement réduire, c'est parce qu'il y va en vérité de sa vérité loin de soi. Il y va d'une expérience de la vérité comme vérité d'une expérience de la perte et de l'échappée. Une distance se mesure par un système métrique. Une vérité, lorsqu'elle est vérité du soi, ne se mesure guère.

Elle a à se « traduire en paroles », nous dit si justement Freud (Freud, 1969, p. 76). La formule contre-socratique laisse ainsi entrevoir l'image de ce dont il n'existe pas d'image et qu'il faut donc « traduire en paroles ». Elle signifie un secret de la vérité qui est aussi bien un secret de la vie et du monde, lequel, bien sûr, et les philosophes le savent bien, vaut exemplairement la peine d'être pensé. Voilà ce qui constitue une épreuve singulière et unique, et voilà pourquoi le « ne-pas-savoir-que-l'on sait » se présente à nous comme une *limite* implacable de l'exercice serein du philosopher. Mais en même temps, et pour les mêmes raisons qui commandent l'extrême intérêt de la question, on peut aussi penser que se tiennent là les *sources* vives – et les plus celées – de la philosophie, en tant qu'elles s'échappent, en tant qu'elles sont perte, et qu'elles mettent ainsi tout *logos* à la torture. Classiquement, c'est la terrible question du commencement de la philosophie, ou de la pensée, qui se dispose ici d'inquiétante façon, à la manière d'un secret tout à la fois éventé et obscur.

Le « ne pas savoir qu'on sait », en effet, et par définition, ne se sait pas comme tel. Il forme donc la source de ce que Jankélévitch appelait le « mystère de la parturition mentale » (Jankélévitch, 1978, p. 40). Ainsi, la pensée commencera sans savoir qu'elle commence, là où le commencement la prend, dans une confiance qui la régit et n'est rien d'autre que l'ignorance de ce commencement, une ignorance qui ignore qu'elle commence, bien plus ancienne que le commencement lui-même, commencement du commencement en quelque sorte, rapt, prise, *An-fang* dit Schelling. Si, commençant, je m'adosse dans la pensée qui me transit à quelque chose qui commence bien avant moi, et que je ne peux pas voir, je pense non pas depuis un fonds que je pourrais re-garder, pré-voir ou même pour-voir en « concepts », ce qui suppose, une opération d'extraction socratique ; mais à partir de cet adossement sans voir ni savoir, à partir d'un appui, par où je suis saisi, rapté par un commencement qui ne fait que passer par moi dès lors que je me mets à penser, par et dans cette échappée, sans savoir.

Le ne-pas-savoir est un ne-pas-voir. Il tourne le dos à ce qui vient avant lui et ne peut donc s'installer dans une prospective, dans une vue, là où le savoir socratique, parce qu'il a le dernier mot du savoir, est un voir, une démarche de pensée qui s'entame depuis une vision, une prévision et une provision. Tout le contraire d'un improviste, d'une imprévoyance, ou d'une improvidence de la pensée. Il y a une certaine façon de penser ou de philosopher qui essaie toujours de voir venir et donc de se pourvoir en moyens, en visées, en vues (de l'esprit pourrait-on dire méchamment). Mais se préserver, avancer masqué dans un savoir (qu'on ne sait pas), est-ce penser, ultimement, radicalement, jusqu'au bout d'un abîme ? Exposer une nudité, consentir à la prise au dépourvu, se dépouiller de ses moyens ne sont-ils pas au contraire les conditions d'un prime saut (*Ur-sprung*) dans une pensée qui est toujours plus que ce que j'en maîtriserais hors toute échappée du soi ? Voilà pourquoi, pour peu que l'on pense, on ne pense jamais deux fois la même « chose ». Si l'on pense, on pense toujours à nouveaux frais et dans de nouvelles eaux ; ou alors on cesse de penser tout en feignant de penser, on répète, on présente du déjà-pensé, du tout-pensé, au lieu d'accueillir dans une parole parlante ce qui est en train de se penser, à ses risques et périls. *Penser échappe* à un moment ou à un autre au contrôle et à l'autocontrôle. Alors la pensée pense enfin plus qu'elle ne pense, selon le mot de Levinas, c'est-à-dire qu'elle excède le savoir en elle et y renonce en quelque sorte, dans un mouvement qui écarte à la façon d'une révélation, qui entr'ouvre sur quelque chose que la pensée ne savait pas savoir et qui vient alors à son apparaître.

Il n'y a pas d'autre détermination tenable de ce que c'est que penser. Penser, c'est toujours penser plus qu'on ne pense, selon une proposition déclinable en tous sens bien sûr. Penser, c'est tester, expérimenter, tâtonner, improviser, parler, essayer, se mettre sans trêve à l'épreuve de soi et en quête d'une forme venue des profondeurs de l'informe ou du difforme du ne-pas-savoir. Les romantiques de Iéna, je le dis en passant, ont soupçonné ce que pouvait être le « secret du philosophe » selon Schelling : l'idée procède d'un jaillissement de la parole qui l'invente, le concept d'une forme de désordre ou de chaos du monde.

Mais, à vrai dire, ce secret, comme tous les vrais secrets, les plus secrets des secrets, est partagé par tous, et par le philosophe aussi quoi qu'il dise dans les mots du savoir.

Gérard BENSUSSAN
Université de Strasbourg

DEUXIÈME PARTIE

« OSTALGÉRIE »

MÉMOIRE, HISTOIRE ET POLITIQUE DES LIEUX DISPARUS[1]

Gérard BENSUSSAN, Aïcha Liviana MESSINA et Andrea POTESTÀ

1 Entretien réalisé entre janvier et mars 2008.

OSTALGÉRIE

La défaite de la mémoire

Gérard BENSUSSAN – « Ostalgérie ». Ce mot m'est venu à l'esprit au cours des journées passées à Strasbourg avec Jacques Derrida, en juin 2004, condensé de deux condensés distincts. C'est en effet un mot-valise constitué de deux autres mots-valises, la « *nostalgérie* » derridienne, soit la nostalgie d'une enfance et d'une jeunesse algériennes éprouvée par ceux qui ont été exilés de ce pays, et l'« *Ostalgie* » des Allemands de l'Est, après la chute du mur de Berlin, soit une autre nostalgie éprouvée pour l'Est (*Ost*), non point l'Est comme orientation ou géographie, bien sûr, mais l'Est comme un temps révolu, une vie passée, une histoire abolie, une expérience protégée, une existence abritée et qui ne reviendrait plus jamais. Ostalgérie provient de ces deux contractions, de la synthèse de deux inventions, celle d'un philosophe, quasi-biographique, et celle, plus anonyme, d'un « peuple » entier. Les deux vocables renvoient dans leur resserrement immédiatement intelligible à une impossibilité, l'impossibilité du retour, de la revisitation des lieux laissés derrière soi. Ils disent la douleur du *non*-retour dans un pays où pourtant nous naquîmes, en quelque sorte.

Quand je suis revenu dans l'Algérie indépendante, une douzaine d'années après l'avoir quittée « française », et à Berlin-« Est », quelque temps après la chute du mur, et après y avoir habité assez longtemps, tout faisait *défaut*. Je me retrouvais dans des lieux que j'avais connus, intimement parfois, je déambulais dans des paysages et des rues qui auraient dû m'être familiers, où j'avais vécu, joué, grandi, travaillé, aimé, et je m'y déplaçais pourtant dans des espaces qui excédaient sans cesse le connu et l'inconnu. Cette expérience, appelons-la comme ça pour l'instant, semblait n'obéir à aucune loi et n'être réductible à aucune règle. Impossible de l'engager dans une modification eidétique, de lui faire subir les variations qui m'auraient permis d'en dégager la morphologie ou l'essence – ce que je pouvais faire lorsqu'il m'arrivait de flâner dans une ville étrangère. Ostalgérie, c'est donc ceci : le fait de revenir sur les lieux et ne pas y être, d'aller vers où l'on fut et s'y perdre intégralement, plus et moins comme le premier étranger venu. Ostalgérie, c'est la défection de toute phénoménologie du retour.

Ce que j'essaie de décrire n'est pas de l'ordre de l'inéluctable changement des lieux, des villes, des configurations urbaines, lequel ne fait qu'indiquer une usure, un passage du temps, le vieillissement de soi devant la rénovation des choses. Lorsqu'on revient dans sa maison natale après de nombreuses années, par exemple, il se peut bien que tout y ait été transformé, par le temps ou par les hommes, par l'un et les autres à vrai dire. Mais cette maison modifiée trace un lien, elle esquisse un rapport de mémoire et me permet un semblant de restitution ou de ressouvenir. Elle est là, la maison, méconnaissable peut-être mais reconnaissable sûrement. En Algérie et en Allemagne de l'Est, en revanche, pour le revenant que j'y fus, la seule expérience éprouvée – qui n'en est donc pas une – circonscrit une disparition. Les lieux avaient tout bonnement disparu. Je pouvais bien les avoir sous les yeux, ils effaçaient la mémoire que j'en retenais, au moment même où ils se présentaient à moi. Là encore, il ne s'agit pas foncièrement d'une disparition physique, effective. C'est le contraire : apparaissant, ils disparaissaient. S'offrant au regard, absolument connus, absolument inconnus, leur souvenir s'effondrait du dedans.

De cet effacement, de cette disparition, on peut essayer de proposer les linéaments d'une explication de type historique, culturel ou anthropologique. Pour le dire simplement, si le lieu est fondamentalement un espace d'habitation, la façon qu'avaient « les Français » d'Algérie d'en occuper les contours et d'en dessiner la physionomie générale fut évidemment soumise, après l'Indépendance, à une destruction préalable à leur réappropriation par « les Arabes ». Les façons de vivre, d'habiter, de construire, de se déplacer, de disposer les places, les rues, les carrefours, les manières relationnelles du dedans domestique et du dehors social, tout cela fut profondément et légitimement bouleversé après le départ des anciens occupants des lieux. Moyennant bien des différences, il en fut de même avec la République Démocratique Allemande et sa brève histoire. Il y avait évidemment en Allemagne de l'Est un mode centralisé de constitution et parfois de reconstitution urbanistique qui relevait de la planification économique, de l'organisation sociale et d'une politique de pure programmation. À cette rationalité inerte, qui croyait fermement pouvoir disposer du temps indéfini de l'Histoire, la chute du communisme et le retour du capitalisme ont substitué une dynamique plus ou moins sauvage, l'explosion presque organique des lieux et des espaces désormais soumis à leur valorisation accélérée. Pour qui, comme moi, revenait à Berlin, l'effet de disparition, de non-retour dans le retour, jouait à peu près comme dans l'Algérie postcoloniale, avec de semblables mirages de la mémoire. Les rues, les immeubles, voire le pas du marcheur et la façon d'aller d'un endroit à un autre, et même les points les plus immuables d'une ville, comme les stations de métro ou les gares, tout s'était comme évanoui, volatilisé – au sens, d'ailleurs, où Marx dans *Le Manifeste* dit du mode de production capitaliste qu'il consiste en la volatilisation de toute forme établie, de tout ce qui paraît durable, construit pour toujours, les classes, les métiers, les villes, le monde. Le nouvel espace capitalistique berlinois semblait avoir été explosé par la publicité, les grands magasins, le luxe et l'ostentation. Tout ce que je pouvais topologiquement identifier demeurait absolument méconnaissable. Dans le Berlin « communiste », le développement des nouvelles formes urbanistiques était resté limité par rapport à Berlin-Ouest. Berlin-Est était une ville un peu lunaire. Le temps y était ici ou là arrêté aux années 20, les années de guerre, ou bien aux années 50. Je me souviens y avoir retrouvé tels quels certains des lieux décrits par Döblin dans *Berlin Alexanderplatz*, beaucoup plus sûrement que les mêmes quartiers populaires après la chute du mur. Des espaces entiers, des morceaux de ville parfois, demeuraient partiellement à l'état de terrains vagues, de ruines. Tout cela a disparu et je ne sais pas s'il reste aujourd'hui la moindre attestation stratifiée, la moindre trace sédimentée de ce qui a été.

Or, quel travail de la mémoire ou plutôt quel empêchement était donc à l'œuvre dans cette volatilisation, dans le constat de ses conséquences, lorsque je me suis trouvé traverser ces lieux où je ne retrouvais rien, tout en reconnaissant, peut-être, une configuration aussi abstraite qu'un plan ou qu'une carte ? Quel type d'interruption du souvenir, et donc de soi, se joue dans ces étranges voyages ? Une expérience de la défection qui débouche sur une défection de l'expérience. Tout se passe alors comme si l'expérience dont on se croit riche ne servait plus à rien, sinon à procurer l'expérience de l'inutilité de l'expérience, l'expérience d'une mémoire interrompue, défaillante. Sauf trouble momentané ou lésion plus grave, on peut aisément remonter jusqu'à ce dont la mémoire fait remémoration. On y a ses souvenirs, parfois précis, parfois plus flous, parfois vivaces, parfois retrouvés à l'occasion du retour sur les lieux. C'est bien là que se tient certainement la différence entre des lieux que le temps a changés et des lieux que l'histoire a fait disparaître, entre une continuité qui peut supporter la plus grande méconnaissance et une interruption qui barre toute reconnaissance. Quand on revient sur des lieux changés, on parvient, au moyen d'une simple neutralisation de la conscience positionnelle, comme dirait Husserl, à présentifier, à resituer ou à relocaliser un souvenir : dans cette rue, j'ai joué au ballon, dans ce local qui était autrefois un café, j'ai rencontré une femme dont je me souviens. En des lieux disparus, en revanche, la sensation première consiste en une disjonction entre une mémoire assignée à l'immanence d'un vécu particulier et une extériorité objective qui ne peut en aucune manière faire accueil à ce souvenir.

Revenir sur les lieux du passé, au sens de l'expérience la plus commune, au sens du télescopage spatio-temporel le plus habituel, permet et emporte une sorte d'acclimatation et d'ajustement, de domestication progressive, d'accommodation quasi-« optique » opérée par la mémoire dans son rapport à sa capacité de présentification. Peu à peu, même si l'espace s'est beaucoup transformé, on parvient à reconstituer ses souvenirs, à se remémorer au moins fragmentairement ce que l'on a fait à tel ou tel endroit. Dans ce que je cherche à décrire sous ce mot-valise d'ostalgérie en revanche, ceci n'est plus possible, ça ne se recolle pas, la corrélation se brise en deux.

Il ne s'agit donc pas de l'œuvre de l'oubli, lequel a sa part comme il a sa part dans l'expérience du retour sur des lieux que le temps a changés, tels qu'en eux-mêmes. Ce qui ne se rejoint pas, ici, c'est d'un côté les souvenirs avec lesquels on vit sa vie subjective et, d'un autre côté, la transformation de l'espace dans sa dimension strictement historique et politique, et plus seulement comme temporalisation d'une durée. On a affaire à des ordres disjoints et qui ne parviendront plus à se rejoindre : l'ordre politique d'un bouleversement époqual et l'ordre mémoriel d'affects qui ne peuvent plus y trouver place. Du côté de la politique époquale, en vrac et pour ce qui concerne mon seul propos : la lutte anticoloniale du peuple algérien, l'exode des « pieds-noirs », l'exil, le communisme ou le totalitarisme, la lutte des dissidents, l'opposition du camp communiste et du camp capitaliste ; d'un autre côté, l'agglutination des souvenirs directement ou indirectement associés à ces événements. Entre les deux quelque chose comme une souffrance, obliquement évoquée par Derrida dans le *Monolinguisme de l'autre*. Car non seulement les deux ordres demeurent à tout jamais hétérogènes, mais au fond leur séparation sans remède transperce la subjectivité sensible d'un déchirement entre ses souvenirs, les affects dont ils sont chargés, et la justesse d'une cause politique, comme la lutte de libération nationale des Algériens.

Cette lacération emporte la mémoire dans sa pure immanence vécue, elle l'arrache à toute reliaison à une transcendance du lieu, désormais inlocalisable, et la tient dans ce qu'on pourrait appeler une *utopie de la remémoration*. Sous cet aspect, elle surcharge le retour vécu comme non-retour d'une intensité singulière, assignant, plus encore que dans l'habituelle expérience du retour, la présentification à une pure recollection intérieure. Je rapporte au présent, le présent de ce « lieu » que je vois de nouveau, le passé d'un souvenir. Mais ce lieu n'a plus lieu, il est là comme n'étant plus là, radicalement, définitivement. J'ai beau rapporter, le rapport ne se fait pas. La douceur de la retrouvaille cède alors à la douleur de la délocalisation. La ré-apparition n'effectue que la disparition. Le défaut l'emporte sur toute expérience plénière.

Autant pour l'Algérie que pour l'Allemagne, cette faille et cette défaillance de la mémoire, cette défaite de l'expérience et, au fond, du sens – si le sens, c'est bien la rejonction du disjoint, cette douleur dont je parlais à l'instant, et qu'il ne faut ni exagérer ni refouler, je les ai très vite et très intuitivement aperçus dans leur *épaisseur historico-politique*. Peut-être, qui sait, ont-ils en partie déterminé ma jeunesse militante et, de là, des engagements de plus longue durée. En soutenant très activement, à la fin des années 60, la lutte du peuple vietnamien, j'essayais sans doute de réparer quelque chose de la faille d'une subjectivité déchirée, dans le fil distendu de la question de l'Algérie, dans la distorsion du souvenir et de l'actualité et, par conséquent, dans la contrariété de soi avec soi et la tentative de lui « donner du sens », ce qui est toujours vain, à la fin des fins. Un peu plus tard, avec le communisme, même s'il ne se confondit jamais pour moi avec le « socialisme réel » de la R.D.A, ou encore avec l'activisme tiers-mondiste, quelque chose cherchait encore à se suturer de l'ancienne douleur en se structurant en sens souverain et oublieux de soi, de ses particularités, de l'individualité de sa propre mémoire. Puisque celles-ci ne pouvaient prendre place dans le projet historique mondial et universel où je pensais avoir à m'inscrire, il ne me restait plus qu'à les effacer en les tenant pour rien et en les rejetant dans un insensé sans importance. À coup sûr cette inimportance n'a-t-elle cependant jamais cessé de m'importuner. Ce n'est que plus tard, dans les deux retours algérien puis allemand, séparés d'un intervalle de près de vingt ans, que l'insistance contre-politique de la mémoire impossible attesta la vigueur indémentie de son travail de taupe.

Or, pour revenir au point de notre analyse, dans ces deux retours – dont il est inutile de dire à quel point ils sont profondément différents – ce qui est commun et qui suscite la question de l'ostalgérie tient à la disparition et à la nature de cette disparition : il s'agit des lieux d'un engloutissement par et dans l'Histoire, cette Histoire où un moment en absorbe toujours un autre dans la digestion pérenne de l'Esprit, n'est rien d'autre que la disparition des lieux elle-même. C'est son coup de hache, fatal et inexorable, et qui a retranché du monde le petit coin de ville où j'ai grandi en Algérie ou les quartiers de Berlin-Est où j'ai vécu jeune homme. D'une même violence, à laquelle vouloir se soustraire ou tenter d'en deshistoriciser les contenus revient à s'exposer au soupçon d'injustice. Violence de l'arrachement au pays natal, du départ forcé, de l'abandon, du risque, de la menace et de l'exil. Violence ensuite de la vie mutilée en « totalitarisme », violence sourde, constante, permanente, qui contraint les sujets à tenir deux discours : un discours privé et un discours public, une parole pour soi et pour chez soi et une autre pour la scène sociale. Ce fut davantage, et autrement compliqué, que la simple pratique du double discours. Car la duplicité empirique de cet exercice finit par gangrener toutes les relations interindividuelles et par affecter l'amitié et l'ensemble de la sphère qu'on croyait préservée. Le chez-soi n'est bientôt plus chez lui, la conformité de la parole publique gagne les enclaves de l'intime et la méfiance finit par brouiller la frontière entre les deux paroles en une zone grise et indéterminable qui ruine toute position d'existence vraie. Vaclav Havel a très bien parlé de cela dans ses *Écrits politiques*.

J'ajoute encore à ce bref récit en raccourci une circonstance particulière. De ces deux pays sans retour, l'Algérie sur la voie de son indépendance et l'Allemagne sur celle du « socialisme », il se trouve que j'ai été expulsé, dans des conditions évidemment et absolument incomparables. Je ne reviens pas sur le départ d'Algérie, car il a concerné quelques centaines de milliers de personnes et son histoire est notoire. De R.D.A., je suis parti *manu militari*, après de nombreuses péripéties et une fois mon autorisation de séjour non renouvelée, sans que jamais cette décision n'ait été explicitement motivée devant moi. L'expérience, toute petite, que j'ai pu faire du « totalitarisme » se condense dans ces quelques mois qui vont de novembre 1968 à mars 1969. Elle signifie essentiellement quelque chose qu'on pourrait appeler une raréfaction du politique sous l'exacerbation de l'étatique. Dans une société démocratique, la première réaction de quelqu'un dont les papiers l'autorisant à vivre dans le pays où il se trouve ne sont pas renouvelés est de recourir à des réseaux associatifs, à des syndicats, à des partis politiques, sans aucune garantie que la décision administrative pourra être annulée, sans la moindre assurance de sa levée, mais, même dans l'horizon de son possible ou probable échec, l'expérience d'une solidarité se sera nouée, des liens d'entraide se seront tissés. Par où l'on voit, d'ailleurs, comment la politique et la démocratie désignent à peu près la même chose. En R.D.A. en revanche, rien de tel, rien du tout : une logique bureaucratique stricte et sans appel se déroulait implacablement sous l'égide d'un appareil d'État et d'une machine policière dont les syndicats étaient des parties prenantes et des courroies de transmission. En appeler à eux, comme j'ai tenté plus ou moins naïvement de le faire, c'était en réalité en appeler à l'instance expulsante elle-même et n'avait donc aucune chance d'aboutir. J'étais arrivé en R.D.A. entre autres choses pour couper court à un procès en France, pour des délits remontant à mai 1968. Marqué par le maoïsme, c'est-à-dire par une position politique qui combattait le « révisionnisme » ou le « capitalisme d'État » soviétiques, je n'étais pas de la génération des militants communistes qui avaient toujours cru dans le paradis soviétique de la société sans classes, et qui auraient fait là, en République Démocratique Allemande, l'expérience d'une désillusion cruelle. Ceci fut vécu par des communistes plus âgés que moi, et j'en ai connu. Les expériences vécues par ces générations successives ne se sont guère transmises de l'une à l'autre, elles se sont plutôt sédimentées dans leur hétérogénéité. On peut penser par exemple au livre de Gide, *Retour de l'URSS* (1936), où il raconte son voyage en Union Soviétique et explique dans son rapport de voyage à quel point il fut consterné par tout ce qu'il y vit. Cette expérience d'une illusion qui se défait au contact de la réalité soviétique, n'était pas la mienne. Je partais en R.D.A. en sachant d'avance que j'y aurai affaire à un « capitalisme d'État ». Mais mon marxisme chinois ne pouvait pas non plus rester indemne de cette expérience d'un marxisme officiel. On sait bien aujourd'hui que la Révolution culturelle fut une extraordinaire manipulation politique, mais cela nous apparaissait alors comme l'idéal d'une révolution permanente, non pas au sens trotskiste, mais quasiment en un sens anarchiste, « feu sur le quartier général ! ». Mai 68 était venu donner une forme vivante à tout cela, comme un rêve devenant réalité. Tout à coup la grève générale, l'occupation des usines, les drapeaux rouges, tout à coup une parole libérée qui envahissait les rues, les villes, une bourgeoisie et des possédants apeurés, désorientés. C'était quelque chose de très joyeux, une libération vécue. Bien sûr pour nous aujourd'hui Mao n'est rien d'autre qu'un tyran – et quel tyran ! Mais le maoïsme des années 60, ce fut, dans cette distorsion elle-même, quelque chose qui marquait une rupture avec le communisme soviétique, mais une rupture qui entendait en renouveler l'inspiration première, une sorte de néo-bolchevisme joyeux, vivant, qui esquissait les contours d'une espérance. Une espérance pouvait alors se dire, pour des milliers et des milliers de personnes, dans les mots du maoïsme. Mon départ précipité de la R.D.A. (j'y suis revenu plus tard, grâce au P.C.F. et parce que j'y avais laissé mon tout jeune fils) fut le résultat de ce que j'appellerais une *expulsion froide* obéissant à la simple exécution d'une décision opaque et irrévocable. Le départ d'Algérie obéit au contraire à quelque chose qui serait de l'ordre d'une *expulsion chaude*, brûlante même parce qu'elle eut lieu sous la menace incessante de la mort.

Ce qui reste de ces départs, ce qui reste de ces retours sans retour au point de départ, ce sont au fond les rencontres qu'ils ont provoquées. Dans les pires des circonstances, l'expulsion froide ou l'expulsion chaude, il s'est toujours trouvé un petit nombre, un très petit nombre d'inconnus ou, parfois, d'amis pour se porter au-devant du risque encouru. Cette prévenance fait pièce à la disparition. Si les lieux que l'Histoire annule mettent la mémoire subjective au défi d'elle-même et la défont, la trace des visages et des premiers venus rencontrés en refait, même lacunairemennt, la fragile teneur. Là où l'Histoire à tranché dans le vif des vies et des souvenirs, la mémoire d'un geste qui la prenait à rebrousse-poil persiste. Comment comprendre ce geste ? Vient-il après-coup habiter la désertion des lieux pour les maintenir à tout prix ? Signifie-t-il plutôt d'une signifiance déployée *contre* l'Histoire ?

L'ostalgérie, en mettant ensemble, sans ordre ni hiérarchie, et peut-être même sans pouvoir les penser ensemble, le souvenir et ses non-lieux, le biographique et le « phénoménologique », la subjectivité et le quasi-ontologique, l'affect et l'Histoire, prend le pari d'interroger le geste de l'aide et de la solidarité lorsqu'il s'effectue contre la toute-puissance d'un mouvement objectif et irréversible, contre l'Histoire, celle de la décolonisation, celle du communisme triomphant. La question ultime est peut-être celle de savoir si pareil geste, dont on peut étendre l'ampleur et multiplier les exemples, détient ou non une dimension *politique*. Si c'est le cas, qu'est-ce alors que la politique ? Se joue-t-elle aussi contre les grandes déferlantes de l'Histoire Universelle ? Et que signifie politiquement ce *contre* ?

Aicha Liviana MESSINA – Il y a plusieurs façons de raconter une histoire. Je ne fais pas référence aux différentes interprétations qui naissent de l'opposition des vainqueurs et des vaincus. Cette opposition présuppose déjà des partis, des ensembles, des évènements, les noms et les lieux d'une histoire. Quelque chose a eu lieu, quelque part, on en témoigne différemment en fonction de ce qu'ont pu être nos espérances, nos attentes, notre mise peut-être : ce qu'on croit y avoir gagné ou perdu. Mais quand commence-t-on à raconter une histoire ? Certaines choses passent-elles toutes seules, et d'autres se heurtent-elles à la nécessité d'en faire un récit ? Tu nous as dit que les lieux de ton enfance, l'Algérie et l'Allemagne, telles que tu les as connus n'existent plus et qu'il t'est donc interdit d'y revenir. Mais en fait, il ne s'agit pas exactement de simples lieux, mais de ceux d'un moment de ton histoire, et de l'histoire dont tu viens. L'Algérie est le lieu où tu as grandi jusqu'à l'âge de quatorze ans, l'Allemagne celui où tu as dû t'exiler pour des raisons politiques. C'est l'Histoire qui t'a forcé à quitter l'Algérie, et c'est l'Histoire qui a transformé Berlin-Est. Ces lieux sont bien des noms de l'Histoire, ils lui appartiennent, mais puisqu'ils n'existent plus ils semblent avoir interdit une partie de *ton* histoire. C'est l'Histoire contre l'histoire. Tu ne peux raconter l'histoire qu'en sortant de l'Histoire, et en te référant à ce qui n'est plus. Pour cette raison, ce que tu nous dis ne reconstruit pas une vérité finale, comme pourrait le prétendre l'Histoire, mais ne joue que sur le terrain de l'attente, de l'espérance, des souvenirs emportés, au bord de l'oubli.

C'est cela qui est singulier. Tu peux te souvenir des lieux, mais ta pensée t'interdit d'y revenir pleinement. Tu les as quittés, mais ils sont aussi partis. Le passé est devenu utopique au sens du non-lieu. En cela, ostalgérie n'est pas le nom d'une nostalgie : le passé n'est pas regretté, il est toujours, d'une certaine façon, mais interdit. L'enfance ne sera pas oubliée, mais elle est interdite à l'enfant. Tu peux voir l'enfant, mais l'enfant ne peut plus voir ses rues. Ostalgérie évoque sans doute toujours la blessure, la douleur (*algos*), mais ce nom est d'abord celui d'une fissure dans l'ordre sensé que l'Histoire a reconstitué, et peut-être celui de l'ouverture laissée par cette disparition des lieux. C'est en tout cas un autre nom pour l'histoire et pour la géographie qui ne tient pas dans un lieu ou un moment défini et relie à présent des expériences et des mots qui n'ont pas toujours été contemporains. Ostalgérie, c'est l'Est et la méditerranée, c'est aussi l'Orient et des luttes, c'est deux fois l'expérience de la clandestinité, c'est la fuite et l'amitié, une révolution et sa relecture. Étrangement, ostalgérie parle aussi d'une espérance qui a échoué, mais qui ne s'est pas entièrement renoncée.

« Ostalgérie » n'est pas un mot du langage, mais un mot rescapé de la grammaire et de ses idéaux. Peut-être est-ce le mot qui préfigure le besoin d'une langue à venir, si l'on admet que l'on ne peut parler du passé qu'en découvrant une langue autre, dont les noms ne peuvent être inscrits nulle part. Ostalgérie est un nom hétérogène, un nom composé de deux lieux qui n'avaient rien en commun, pas même dans l'Histoire qui t'a mené à l'une et fait quitter l'autre. C'est le nom d'un pays inexistant qui t'habite. Tu nous as dit que tu avais dû oublier la violence vécue en Algérie pour projeter un avenir, mais tu as d'abord raconté l'expérience d'avoir vu, quand tu avais huit ans, un homme se faire abattre. J'imagine que ton regard a dû être transformé, non que tu aies cessé à ce moment d'être un enfant, mais peut-être au contraire ne pouvais-tu plus cesser de l'être. Peut-être que devant un homme qui se fait abattre, personne ne cesse d'être un enfant. Ostalgérie n'enferme pas nécessairement un secret qu'on ne pourrait pas comprendre. Hétérogène, ce nom ne renvoie pas nécessairement à une expérience privée. L'« ostalgérie », l'utopie d'un passé sans lieu a commencé par ce regard de l'enfant détaché des souffrances qui auraient pu être les tiennes, celle de ta famille, celles de ceux qui devaient partir. Ce regard-là était sans parti-pris et l'Ouest, l'Est, la politique, l'histoire, ont procédé de ce regard. Tu racontes l'histoire d'une lutte politique à partir de l'oubli d'une souffrance, mais le regard d'un enfant devant la guerre n'est-il pas différent de l'oubli comme de la mémoire ? Ce que tu avais dû voir n'avait pas à être oublié parce que cela excédait déjà la part individuelle de ton histoire, et ce qu'on croit pouvoir mesurer, nommer des souffrances de cette histoire. Ostalgérie est donc un pays qui habite mais qui ne se trouve sur aucune carte. Ce n'est ni une nation ni une langue. Cela n'a ni frontières, ni constitution. C'est un pays qui naît justement d'un détachement et non seulement de tournants imprévus de l'Histoire. C'est un pays qui ne s'enracine pas, mais comme en attente.

Aujourd'hui, c'est ostalgérie qui t'habite clandestinement, comme une présence qui ne cesse pas, mais qui ne peut pas devenir visible, être dessinée, avoir sa place. Ostalgérie n'est pas un pays qu'on peut aller voir, c'est un pays qui a un regard. Peut-être celui de cet instant qui transforme le regard, ou, peut-être, beaucoup plus simplement, celui du temps qui s'est dispersé dans son passage et qui, au lieu de demeurer sous forme de vestiges, a emporté les lieux dans son exil. Ostalgérie est un non-lieu qui habite. À certains moments, on n'est peut-être pas les habitants de pays ; ce sont les pays qui nous habitent clandestinement, et on en est les passeurs.

En ce sens, ostalgérie n'a sans doute pas d'histoire puisque c'est l'Histoire qui a effacé l'Algérie et l'Allemagne telles que tu les avais habitées. Mais parce qu'ostalgérie n'est pas le nom d'une nostalgie, ce qu'elle donne au souvenir échappe aux catégories de l'Histoire. Ce que l'Histoire a effacé, elle ne l'a pas emporté. Un clandestin vit en secret en attendant de passer.

Andrea POTESTÀ – L'expérience « ostalgérique » de Gérard engage d'abord, bien évidemment, une considération autour du passé, autour de la manière dans laquelle le passé nous habite. Mais il ne s'agit pas seulement de la *vision* ou de la *compréhension* que l'on peut avoir de ce passé après une distance temporelle telle que les 40 ans qui le séparent de son départ d'Algérie ou les 30 qui sont passés depuis la clandestinité berlinoise. L'enjeu ici n'est pas uniquement ni principalement la capacité de « vision », plus ou moins claire ou onirique, que l'on a du passé. Au contraire, et d'une manière très subtile, il s'agit avec l'ostalgérie de la puissance retirée des traces historiques, de l'impasse devant des souvenirs désormais désajustés au mouvement du temps. Ostalgérie est une opération de remémoration empêchée par l'orientation de l'Histoire, elle est le trouble devant un passé qui nous est *propre* et qui est cependant, en un sens, radicalement *inappropriable*. C'est une référence à cette portion du passé qui sort de tout encadrement historique proprement dit.

En ce sens, la question générale qui nous conduit à la nécessité de ce concept d'« ostalgérie » c'est : *que fait-on du passé ?* Je dirais que du passé on peut faire au moins trois *mauvais* usages : le mettre sous silence, le critiquer en le repoussant en arrière (ne se laissant plus toucher par lui), et l'exalter en le mystifiant. « Ostalgérie » est une quatrième piste. Elle ne court certes pas le risque d'exalter le passé, de vouloir le *faire retourner* dans le présent, dans la mesure où le passé s'y présente aussi sous le signe d'une déception, ayant souvent les traits d'une « ingénuité de jeunesse » amplement dépassée par les événements eux-mêmes. Il y a une discontinuité radicale dans le récit de Gérard : il prend toute distances par rapport à quelqu'un comme Badiou, par exemple, qui inscrit une position politique contemporaine dans le fil transformé d'une histoire continue. Ostalgérie nous met devant des événements politiques déterminés, tels que la période coloniale ou la chute des idéaux communistes, en emphatisant le sentiment de désillusion qui s'y est engendré. Quelque chose que Gérard a vécu dans ses engagements politiques, par exemple, prend l'ampleur d'une catastrophe liée au mouvement révolutionnaire. C'est vrai que, vu d'ici, on aurait possiblement la tentation de dire que ce qui avait été pris comme l'attestation d'une liberté, d'un appel à la libération, n'était qu'une manœuvre politique de la pire espèce de réappropriation de l'espace politique comme tel. Ainsi, le récit de Gérard, loin d'exalter le passé militant ou révolutionnaire, assume que quelque chose à un moment s'est rompu et, du coup, que nous devons penser le passé selon une discontinuité radicale. Peu importe si l'on s'est trompé, si la vérité que l'on a incarnée a été *trahie* par l'Histoire – il ne s'agit pas de faire un procès aux événements ; ce qui est certain c'est que tout cela s'est fatalement consommé.

Cependant, en même temps, s'il y a « ostalgérie », c'est que nous ne sommes pas non plus dans une simple discontinuité avec le passé et que nous ne voulons pas le rejeter ou le faire taire. Au contraire, « ostalgérie » prétend lever tout silence sur le passé. C'est la tentative qui demeure dans un certain sillage d'espérance de repenser la politique sans un prisme d'analyse résolutif, sans juger de possibles trahisons, de fidélité ou d'infidélité, du temps, mais sans non plus renoncer à la tâche, peut-être infinie, d'assumer ce qui n'a plus lieu d'être. Ostalgérie c'est la tentative de capturer la résonance d'une sonorité qui s'est dissipée ou qui a été surplombée par une infinité d'autres bruits.

Ostalgérie est alors un rapport au passé qui est en ce sens autant continu que discontinu. S'il y a d'une part méfiance vis-à-vis de ce qui a été (dans l'Histoire évoquée : envers la gauche institutionnelle, les organisations trotskistes ou altermondialistes radicales, « lutte ouvrière », qui ne fait depuis toujours, dans la plus absolue fidélité, qu'appliquer un seul schéma politique, etc.), et donc s'il y a discontinuité, il y a aussi, en même temps, désir de ne pas abdiquer toute politique du passé et au contraire de chercher une remémoration qui est autrement politique. Mais ce désir ne produit pas un seul et unique récit. L'histoire qu'il décrit n'est pas hegelienne : elle est chaotique, constituée par des moments narratifs isolés, qui ne se relient entre eux ni ne se résument à l'histoire des événements en tant que tels, ou à une histoire des ruines, de ce qui a été oublié. Il s'agit plutôt de ce qui est *entre* les deux, entre l'Histoire et l'oubli, ou *au croisement* (impossible) des deux. Ce qui est certain est que l'opération ostalgérique traverse l'histoire des événements, des guerres, des révolutions, etc., mais sans théoriser une structure générale. Cette traversée se fait plutôt par le filtre de l'enfance, par l'évocation de ce qui n'est plus entièrement évocable, par le souvenir fragmenté de ce qui, dans son refus à se laisser comprendre pleinement, déjoue ou excède toute narration historiographique.

Or, cette structure narrative interrompue ou fragmentaire propre à l'« ostalgérie » est ce qui rend la question de sa traduction politique très difficile voire impossible à cerner. Qu'est-ce que ça veut dire traduire politiquement des expériences qui ne sont pas des expériences pleinement politiques ? Et comment ne pas en faire des traductions strictement politiques, en trahissant donc quelque chose de la mémoire et de l'exigence de justice ?

OUBLI ET POLITIQUE

A. P. – On pourrait peut-être commencer en revenant plus en détail sur l'opposition de l'ostalgérie à la nostalgie. Est-ce que la douleur dont on a parlé, la douleur (*algos*) contenue dans le mot « ostalgérie », a quelque chose à voir avec ce que ces lieux disparus auraient pu être ? Autrement dit, est-ce que ces ressouvenirs qui ne trouvent plus le confort du lieu sont douloureux parce qu'ils indiquent que les lieux auraient pu devenir autres ? Et dans ce cas, le spectre de la nostalgie ne survient-il pas de nouveau ? Dans le *Temps messianique* tu parles de deux nostalgies. Une qui indique ce qui aurait été bien, et une qui indique ce qui aurait pu être. On peut déjà lire cela chez Benjamin. Nostalgie de ce qui a été et nostalgie de ce qui aurait pu être et qui a à être. Est-ce qu'ostalgérie est quelque chose de l'ordre du « avoir à être », c'est-à-dire de l'espérance finalement. Et toute espérance nostalgique n'est-elle pas réactive et réactionnaire ?

G. B. – Non, ce n'est pas ça. Ce n'est plus ça. Quelque chose de cet ordre a pu se faire jour quand je suis retourné en Algérie en 1978, seize ans après l'indépendance. J'avais le spectacle d'une Algérie libre, indépendante – dont on sait aujourd'hui, extraordinaire mise en abyme, que c'était une dictature pure et simple – et cela entrait en collision avec des souvenirs d'enfance, liés à la violence du F.L.N. Un exemple, que rappelait Aïcha tout à l'heure : je suis à Alger, je devais avoir 8 ou 9 ans, je descends avec ma mère faire des courses, et je vois un homme courir dans la rue et abattre à bout portant un autre homme. D'Allemagne, je n'ai pas de souvenir aussi manifestement violent, d'une violence de mort, mais l'expulsion fut toutefois d'une incontestable violence, violence du non-sens, du silence, d'une condamnation sans jugement et sans attendus, sans cadavres. Alors que ma mémoire algérienne, celle de cette violence de la guerre dont je parle, car il y en a d'autres, beaucoup d'autres, heureuses aussi, est jonchée de cadavres, emplie de fracas de bombes et de menaces, de peurs, de rumeurs et de chaos. Je me souviens des journées passées à Alger en 1962, à la recherche d'un moyen de partir, dans une angoisse d'autant plus térébrante qu'elle se tenait et se retenait au milieu d'une foule en liesse, environnée de la jubilation d'un peuple qui accédait à sa liberté.

Le douloureux dont je parlais auparavant c'est peut-être cela : au fond tout ce que ma mémoire retenait de cette lutte de libération du peuple algérien, était d'une violence extrême, forcenée, qui venait de cette lutte elle-même. Ainsi, si j'avais voulu être fidèle, comme l'ont été ceux que l'on appelle les pieds-noirs, à cette mémoire douloureuse, je n'aurais à aucun moment reconnu que la lutte du peuple algérien était légitime. Là il y a eu une sorte de basculement. Non seulement je reconnaissais, contre moi-même en quelque sorte que cette lutte était légitime, et que les pieds-noirs – ceux qui avaient les mêmes souvenirs que moi – étaient des « chiens », comme disait Sartre, mais cette mémoire contrariée était relayée par un engagement politique en faveur de la lutte de libération du peuple vietnamien. *Il y eut une sorte d'inversion de la mémoire dans la politique.* Comme dans une chambre obscure. La politique obligeait à s'amputer soi-même de sa mémoire. Je me souviens des discussions familiales, une fois rentrés en France, où je ne voulais rien entendre de cette remémoration, des douleurs, des pertes, des morts, de toute cette violence. Je ne voulais ni ne pouvais pas l'entendre, si je voulais me tenir à même de ce qu'était alors mon engagement politique. *Il fallait être infidèle à cette mémoire*, par un oubli actif, en faisant donc l'effort d'oublier, *pour pouvoir tenir une position politique.*

Longtemps après, succédant à la mise en abyme de la mémoire ou du souvenir, il m'a bien fallu me souvenir du souvenir, et revenir sur l'effacement volontaire. Cette disjonction n'est pas simplement un défaut de l'individu singulier que je suis ou que je fus, de la mémoire personnelle et d'une dimension historique universelle qu'elle ne pouvait porter. Peut-être convient-il de tirer de cela une leçon, pour ainsi dire. Peut-être la politique a-t-elle à assumer la charge (je ne sais pas trop comment) de cette disjonction de la communauté et du sujet, sous peine d'être une politique de la cruauté, mais en s'efforçant de ne pas tomber dans la simple opposition de l'universalité et de la particularité, du nécessaire et du contingent.

A. P. – Tu veux dire que ce serait donc dans la nature même de la politique d'oublier le souvenir des morts pour participer à un présent actif et universel ? La politique implique l'oubli et l'oubli de soi ?

G. B. – …Oui, la politique consiste peut-être à oublier. « Toute action exige l'oubli » disait Nietzsche. Toute politique en tant qu'action inscrite dans un projet exige l'oubli de la mémoire que l'on porte, l'oubli de « soi » – non pas au sens éthique, au sens d'une générosité ou d'une abnégation, mais au sens de l'oubli de ses souvenirs propres, de *sa* mémoire, de *sa* tradition, de sa particularité. Parfois cet oubli signifie simplement une rupture, avec son milieu, sa famille, ses « valeurs » endogènes. S'agissant de l'Algérie, de ce dont je suis en train de parler, il me fallait oublier la violence subie, et dont je gardais secrètement le souvenir précis, pour entrer dans la justification d'une autre violence, légitime et libératrice. J'ajoute qu'à la violence du F.L.N. s'ajouta celle de l'O.A.S. qui tuait ou plaçait des bombes dès que quelqu'un était suspecté de quitter le pays, de déserter. Les gens partaient de nuit, sans valises, ils organisaient leur départ clandestinement, dans la feinte. Il y eut aussi, chacun le sait, les violences infligées aux combattants algériens par la France, la torture, les éliminations. Toutes ces violences s'entre-nourrissaient et s'amplifiaient les unes les autres. Elles ne sont pas exclusives, elles s'additionnent et la mémoire les confond même parfois. Elles se confondent, oui, c'est cela.

C'est la raison pour laquelle *la mémoire ne peut pas peser*. Si je commence à peser et à soupeser les souffrances, les miennes, celles d'un enfant algérien du même âge, celles d'un petit Vietnamien lorsque j'avais moi vingt ans, alors j'entre dans un ordre qui est celui de la politique, de la comparaison, de la restitution et de l'évaluation – toutes choses légitimes, nécessaires peut-être, et qui effaceront certainement la singularité de telle ou telle douleur. Comment faire en sorte que cette singularité ne soit que momentanément abolie, pour mieux être reprise et reprisée, *politiquement*, après-coup ? C'est une question capitale

A. L. M. – Qu'en est-il alors de l'Allemagne ? Qu'est-ce que tu aurais dû oublier de l'Allemagne ? Il me semble qu'au contraire, c'est le souvenir de l'Allemagne qui te bloque, qu'il y a là quelque chose que tu n'oublies pas et qui t'empêche d'aller de l'avant, de te rattacher à une espérance politique.

Par ailleurs, comment peut-on lire ensemble l'oubli chez Nietzsche et la remémoration chez Benjamin. Si on doit oublier « ses » morts, on ne doit pas non plus oublier tous les morts. Qu'en est-il des « vaincus de l'histoire » et de ce qu'oublie l'Histoire, de ce que, justement, elle ne retient pas dans son récit et les configurations géopolitiques qu'elle entraîne et qui se concrétisent à travers elle ?

G. B. – Malgré la littéralité des mots de Nietzsche et de Benjamin que tu rappelles, je ne suis pas sûr qu'il y ait entre eux une opposition aussi tranchée. La phrase de Nietzsche que je tire de la *Seconde Intempestive*, « toute action exige l'oubli », et l'idée benjaminienne de remémoration ne disent évidemment pas la même chose. Mais je ne les entends pas selon une opposition logique stricte. La remémoration benjaminienne, faire mémoire de ce qui aurait pu être et qui n'a pas été, exige aussi quelque chose qui est de l'ordre d'un oubli : il faut oublier la victoire des vainqueurs pour pouvoir faire remémoration des vaincus, les redresser, leur redonner « vie » puisqu'il s'agit pour Benjamin d'une véritable résurrection. En effet, la remémoration benjaminienne est une opération active. Elle n'est pas une commémoration ou un devoir de mémoire. C'est une action, et si c'est une action, elle a à revenir sur ce qui est en y restaurant ce que l'histoire officielle en aura enfoui, elle a à en passer aussi par un oubli et une mémoire, l'oubli d'une mémoire et la remémoration d'une autre. Je ne dis pas que les deux propositions sont congruentes, mais elles ne me semblent pas incompatibles. Nietzsche énonce la condition de possibilité d'une action, Benjamin décrit l'action remémorante. On peut tenir ensemble leurs propos, un peu contre Nietzsche, un peu contre Benjamin, on peut circuler entre les deux.

Sur l'Allemagne, bien sûr, c'est une toute autre expérience que celle de l'Algérie, leurs contenus n'ont rien à voir. Ce qui est commun – et donne son titre à ce texte –, c'est le retour sur les lieux et le constat de leur évanouissement. Je reviens sur des lieux que l'histoire a engloutis. L'engloutissement ou l'évanouissement dont je parle est entièrement produit par l'Histoire. La violence dont il s'agit pour l'Allemagne de l'Est est celle du « totalitarisme », elle est bien connue. C'est une violence sourde, constante, permanente, indéterminée et qui exerce sur les sujets une pression de chaque instant. Elle les contraint à la dissimulation, ce qui gangrène du dedans l'intimité la plus intime, les relations les plus personnelles, l'amour, l'amitié, la parole, la confiance. Le propre de cette situation, c'est qu'elle ne repose même pas sur une séparation sue et bien repérée entre le discours privé et le discours conforme, attendu. Cette frontière qui séparait ces deux espaces n'était jamais claire, toujours floue, vague, et on ne savait jamais de quel côté pouvait bien se tenir l'ami ou l'amie. La seule conduite sociale appropriée, pour éviter suspicions, rétorsions, voire emprisonnement, c'était : se méfier de tous et de personne. Et puis dans le prolongement de cette impossibilité de tout lien social, il y eut aussi, je l'ai déjà dit, la violence de l'expulsion administrativement intimée sans un mot d'explication, alors que j'avais une compagne, un enfant de quelques mois. Deux fois expulsé, et au-delà de ces deux violences, au-delà de leur extension, au-delà de leur extension en totalité au champ des amis, des relations, des liens divers, ce qui demeure, c'est toujours l'éclat singulier des rencontres. Dans ces situations, il s'est trouvé un visage, une main, une aide apportée en dépit du risque couru – un ami de mon père qui nous facilita le passage des barrages au moment où il fallait fuir l'Algérie des foules en liesse, un metteur en scène, inconnu de moi et qui m'hébergea trois mois durant dans son théâtre, à Nordhausen, dans le sud de l'Allemagne. Ces gestes, s'ils relèvent de la rencontre, d'une solidarité éthique immédiate, sont aussi des gestes pleinement politiques, et c'est cette dimension-là de la politique qu'il faut explorer, interroger, scruter.

A. P. – Je voudrais revenir et t'interroger à nouveau sur le rapport ou la correspondance presque absolue que tu as instituée tout à l'heure entre politique et oubli. Tu disais que là où il y a de la politique qui s'exerce et se met en place, il y a forcément oubli de… Tu prenais à ce propos l'exemple de l'Allemagne de l'Est comme figure stéréotypée de cette mise en oubli radicale de tout possible souvenir subjectif. À ce propos je me demande quel poids tu donnes à cette expérience de la clandestinité : n'était-elle pas elle aussi une expérience politique qui permettait de garder toute la force de la subjectivité et des rencontres et dont en même temps tu gardes encore des souvenirs ? Est-ce que tu as par exemple rencontré des gens à cette époque avec qui tu as partagé un sentiment politique et contre-politique et dont tu as bien un souvenir ? Et si c'est le cas, la correspondance entre politique et oubli n'est-elle pas alors interrompue ? L'expérience de la clandestinité qui devait avoir à cette époque un poids politique précis ne fait-elle pas partie de ta mémoire ? Par ailleurs, est-ce que les amitiés de ces années étaient politiques ? Cela m'a frappé que toi, Gérard, tu les définisses de cette façon, car j'aurais attendu de toi que tu nous dises que cela relevait plutôt d'une tout autre expérience qui n'est pas politique et qui doit se garder de l'être, c'est-à-dire d'une expérience « éthique », extra-politique.

G. B. – Oui, je comprends très bien la question. L'expérience du « totalitarisme », dans sa quotidienneté, estompe toutes les différences, entre le politique et l'étatique, entre le politique et le juridique, entre l'éthique et toutes les formes de politique, etc. Dans la mesure même où l'État est omniprésent, omni-englobant, les petites poches qui ici ou là échappent à son emprise sont des espaces de proximité, de socialité amoureuse, amicale, d'où une autre pratique de la politique peut provenir. Le paradoxe du « totalitarisme » est bien là : comme « tout est politique », rien ne l'est plus à proprement parler. Le « tout est politique » ne signifie rien d'autre que « tout est État ». Dans ces conditions, une rencontre où se produit un face à face peut détenir une dimension politique, anti-étatique, une puissance de résistance à l'État. C'est le sens de ce que Havel a thématisé comme politique antipolitique. Les amis, les inconnus parfois, qui acceptaient de m'accueillir alors que je séjournais illégalement en R.D.A. attestaient par là même qu'une épreuve de vérité était par là surmontée. Je ne pouvais mettre en cause la vérité de leur solidarité, de leur amitié et de leur aide. Le geste amical était d'emblée éthique et politique. Il y a des situations où la politique consiste simplement à résister même passivement à l'emprise de l'État, où l'amitié, dès lors qu'elle s'exprime, dégage une force proprement politique. C'est à la fois une tragédie et une chance.

A. L. M. – Dans ton livre, *Le temps messianique*, il y a un moment où tu parles du « souvenir du bien » en citant Saint Augustin. Tu cites sa phrase des *Confessions*, où il dit que le souvenir du bien est comparable au « souvenir de la joie », « car la joie est une chose dont personne ne peut se dire sans expérience, nous la retrouvons dans notre mémoire et la reconnaissons[1] ». Je me demande à ce propos si ton souvenir de l'Algérie te donne de la joie. Je sais par exemple que dès que je me souviens de mon enfance, même si mes souvenirs se rapportent à des

1 Augustin, 1964, p. 225, cité dans Bensussan, 2001, p. 126.

lieux que je peux encore retrouver et qui sont presque les mêmes, il s'agit quand même de souvenirs de non-lieux, qui, comme tels sont de l'ordre de la joie. Avec toi, par contre, on ne sent pas tellement le même affect et en tout cas, de l'affect, tu parles à peine. En te lisant cependant j'ai eu l'impression que les mots de Saint Augustin étaient tes mots.

G. B. – C'est très intéressant ce que tu viens de dire de ta propre enfance et de ton propre retour sur les lieux de ton enfance. Ce que je dis des lieux n'est qu'une façon d'exacerbation d'une expérience commune, celle du retour. J'aurais pu évoquer la joie de l'enfance, associée à la lumière méditerranéenne, entre Camus et Lorca. Mais le lien que j'ai vaguement tissé entre enfance et politique ne passe pas par là, pas immédiatement en tout cas. Il se constitue depuis ce que Benjamin notamment a pu en dire. La joie, ce bonheur lumineux d'un certain être-au-monde, *s'atteste*. Qu'on lise ou relise *Noces* et on comprendra ce que je dis là. Mais il faut y ajouter les premières pages de *L'étranger*. La joie de la lumière du midi et du zénith, c'est aussi, dans les pays méditerranéens, l'heure où se commettent les crimes. La grande chaleur, le silence, les maisons aux volets fermés, la désertification soudaine du monde sont propices à tous les crimes, à tous les assassinats, comme minuit ailleurs. La haute lumière abrite la possibilité imminente d'une violence inouïe et dissimulée. Toujours et encore la violence, associée à l'Algérie, comme le revers ténébreux de la beauté du ciel.

Je reviens à la question d'Andrea. Tu relevais une certaine opposition entre d'une part la construction d'une nostalgie projective et, d'autre part, une autre nostalgie, plus mélancolique liée au retour sur les lieux de l'enfance et de la jeunesse. Or, cette dernière ne correspond pas exactement à ce que j'ai essayé de décrire à propos des retours en Algérie et en Allemagne et qui n'est pas de l'ordre d'un mal du retour, mais plutôt d'une affliction suscitée par la disparition.

A. L. M. – D'ailleurs à ce propos tu ne dis pas « perte de l'enfance », alors que nostalgie, départ, veut dire « perte ».

G. B. – Oui, si perte il y a, ce n'est pas d'un temps, l'enfance, la jeunesse, mais d'un lieu, d'une existence qui n'existe plus. La nostalgie inhibe, elle peut être mortifère, s'opposer à la vie. Ce dont je parle, cette perte dont je parle m'a bien plutôt projectivement « disposé à… » : d'abord à poser naïvement un certain nombre de problèmes politiques, plus tard à y revenir d'une façon plus ambivalente et douloureuse, ou encore à faire de la philosophie. Peut-être ai-je été en partie conduit à la philosophie par l'exigence d'un retour sur une expérience où s'est noué du politique et du non-politique. La préoccupation politique au fond, même dans des textes qui en paraissent très éloignés, ne m'a jamais quitté, au sens où il s'agit sans cesse d'élaborer et de réélaborer ce qui est passé dans cette prime expérience de l'enfance. Une enfance algérienne, faite de cette joie suspecte du midi et de la violence meurtrière qu'elle abritait. Une jeunesse allemande où ces signes s'inversaient et par là se perpétuaient. Je reviens sur un point, s'agissant de l'Algérie. Double peine en quelque sorte, je disais qu'il m'avait fallu reconnaître *a posteriori* l'entière légitimité historique d'une violence meurtrière et sanglante, enregistrée par la mémoire des événements. Comment articuler la légitimité aux *yeux* de l'histoire et la douleur immense aux *yeux* du souvenir ? Si j'essaie de reconstituer comment ceci s'est joué dans les premières années de mon arrivée en France, je constate qu'il y eut un premier temps fait d'oubli et de *neutralisation*. C'est par cet oubli que l'action, anticolonialiste ou anti-impérialiste notamment, fut possible. Il s'agissait d'annuler une mémoire encombrée de violences au nom de l'urgence et de la nécessité supposées d'une lutte. Ensuite, l'oubli a laissé place à autre chose. L'oubli n'était requis qu'au nom d'un engagement politique déterminé. À partir d'un certain moment, à partir d'un certain reflux de cet engagement, tout se passe comme un retour du refoulé, si je puis dire. L'affect revient, la mémoire des violences, qui ne connaît pas le temps, fait retour, intacte. Il ne s'agit pas d'une disposition nostalgique, car ce qui est au centre de ce complexe, c'est la question de la violence. Il s'agit d'une nouvelle question politique ou plutôt d'une façon de revenir à nouveaux frais sur une question ancienne. Benjamin encore : il y eut dans la guerre d'Algérie un vainqueur, le peuple algérien qui s'est émancipé, a conquis son indépendance, trouvé sa voie, faite à son tour d'interminables violences d'ailleurs. Et puis il y eut des vaincus, c'est-à-dire des victimes, les pieds-noirs et les harkis en particulier. C'est une vieille question : que faire de ces vaincus dans le récit historique, quelle place leur assigner dans l'historiographie de la guerre, quel statut leur reconnaître qui puisse excéder à la fois leur victimisation ou leur condamnation du point de vue des vainqueurs ?

A. L. M. – Mais alors qu'est-ce qui reste de l'Algérie en toi ? Tes grands-parents et tes arrière-grands-parents ont vécu là, il arrivait que ta mère parle encore en arabe en France. Tu n'es pas nostalgique de l'Algérie, mais son soleil, sa joie, où sont-ils ? Peuvent-ils être libérés de la violence, du meurtre, de ce que tu dis de la lumière de midi ? Finalement, pour toi, la joie, l'enfance, ont d'emblée été des expériences politiques, mais du même coup, c'est tout ensemble la joie, l'enfance et la politique qui semblent n'avoir plus lieu. Ou bien : comment ce souvenir, cet affect qui te revient maintenant, mais d'une façon non nostalgique, donnent-il lieu à une nouvelle question politique ?

G. B. – C'est exactement cela que je voudrais cerner, penser un peu, exactement. Derrida fait ici référence, en particulier le *Monolinguisme de l'autre*, à propos de l'expérience de la langue. Je n'ai qu'une langue maternelle, je ne connaissais pas l'arabe ni l'hébreu, inscrit dans une tradition familiale pleinement judéo-arabe mais constamment soucieuse d'intégration à la France, à la République française, c'est-à-dire délibérément oublieuse de l'arabe, de l'hébreu. *Je n'ai qu'une langue maternelle et ce n'est pas la mienne.* Il y a certainement là quelque chose qui n'est nullement propre aux Juifs d'Algérie, mais commun à l'expérience juive de l'habitation des nations en général : être dedans et dehors, ne parler qu'une langue, le français par exemple, en sachant très bien qu'elle n'est pas la sienne, ou en parler plusieurs que les autres ne parlent pas, habiter un pays qui n'est pas le sien et qui est pourtant bel et bien le sien, se tenir par la force des choses, jamais par un choix délibéré, dans l'écartement par rapport à toute identité constituée tout en se recentrant sur une sorte d'identité immémoriale. Rosenzweig parle très bien de cela, quand il définit le judaïsme comme un triple écart avec l'identité : par la langue, par la terre, par le peuple.

A. L. M. – Mais dans les sensations, que reste-t-il de la terre algérienne ? Par exemple il y a quelques années, revenant du Liban et tu m'avais dit que tu t'y étais senti chez toi.

G. B. – Oui, c'est une expérience que j'ai faite de nombreuses fois. Les Libanais que j'ai rencontrés m'ont dit qu'ils me trouvaient « fait comme eux », ils éprouvaient une sorte de proximité dont ils se demandaient d'où elle pouvait bien venir. Si en France je suis français, comme tu le disais, quand je me trouve dans un pays d'Orient, ou en terre arabe, je suis comme désidentifié. Mes étudiants arabes perçoivent eux aussi spontanément quelque chose de décalé vers l'Orient et je me sens moi aussi dans une forme de non-étrangeté par rapport à eux. C'est peut-être cela qui me reste de l'Algérie, pour tenter de répondre à ta question. Dans les rues de Beyrouth, de Tunis, je suis comme chez moi. Mais ce « chez moi » n'est ni une patrie, ni une terre natale, ni un enracinement. C'est exactement un lieu réapparaissant, le souvenir, dans cette réapparition, d'une disparition. L'Algérie n'est pas en Algérie, elle est toute où je suis, dans un lieu, une mise en espace, la redisposition d'une mémoire. Ce qui me reste de l'Algérie est une façon d'être dans un lieu.

A. L. M. – Sur cette question du lieu, pour ma part je peux dire avoir une nostalgie de l'enfance au sens où pour moi l'enfance était le moment où j'étais toujours dehors. Tu parlais toute à l'heure de « jouer au ballon », etc. Si j'ai la nostalgie de l'enfance c'est peut-être parce que je ne vois plus personne dehors, plus personne jouer au ballon. Je crois que l'enfance a peut-être été ça, une fiction positive de l'utopie, on joue en faisant de ce jeu et de la rue une fiction positive capable d'inventer des non-lieux capables de déréaliser les lieux. Dans cette fiction on est dehors et donc à un moment donné on peut se constituer politiquement, alors qu'aujourd'hui je n'irais plus jamais dehors, parce que j'ai perdu cette immédiateté des lieux. Je ne veux pas dire que le « dehors » est une solution politique, mais il est en tout cas le lieu où l'on peut s'éprouver politiquement dans l'ambigüité que représentent aussi bien le « dehors » que l'expérience dans ce qu'elle a d'immédiat. En Italie par exemple, on va souvent voir un match de foot, qui est une expérience populaire de crier pour rien. C'est une expérience innocente (c'est un jeu) qui peut perdre son innocence. C'est là toute l'ambigüité politique de l'Italie : l'Italie est un pays populaire, où l'on parle toujours la langue de l'enfance, le dialecte (tous le parlent, même les philosophes érudits !), mais dont la joie, la joie qui est dans la langue (et de cette langue qui est dans le « pour rien » des match de foot) peut toujours virer au fascisme, à la fermeture et du coup à un dehors qui est sans dehors, qui fait loi. Ma nostalgie n'est donc pas celle de l'immédiateté de l'enfance (l'enfance n'est pas immédiate justement, c'est toujours déjà une fiction et le reste d'une fiction) mais de son caractère utopique, de ce que l'enfance peut construire comme dehors.

G. B. – L'enfance est peut-être le seul moment de toute une vie où la question de l'utopie est prise très au sérieux, où elle n'est nullement « utopique ». Je pense à un texte de Benjamin où il parle du jeu des enfants et il est frappé par l'extraordinaire sérieux qu'y mettent les petits. Ce que tu viens de dire sur l'« être dehors », dans des lieux utopiques, à la fois imaginaires et extrêmement concrets, répond très bien à cette possibilité que l'utopie arrive, c'est-à-dire à l'enfance qui est cette possibilité vécue. Une fois adulte, et même si on se réclame d'une utopie, cette possibilité se ferme, peut-être, ou se dépouille de ses dimensions jouées, vécues, expériencées chaque jour au coin d'une rue ou dans la rencontre de compagnons de jeu, tout ceci étant du plus grand sérieux.

A. L. M. – Quelle question politique fait naître cet affect, ce souvenir qui revient, avec son double visage de joie et de violence ? Je garde cette même impression que si tu n'es pas nostalgique, en revanche cette absence de nostalgie interrompt aussi toute espérance politique. L'Allemagne et l'Algérie, pour différentes que soient leurs façons de t'apparaître comme des non-lieux, semble avoir articulé ensemble, un commencement par la politique, un oubli actif commandé par la politique, et l'interruption d'une espérance qui prendrait la forme d'une lutte. Quel rapport y a-t-il maintenant entre l'Histoire et la politique ? Est-ce que d'un coup ne s'interrompent pas, pour toi, doublement, et l'Histoire au sens hégelien d'une relève, d'une paix des vainqueurs, et l'Histoire au sens benjaminien, au sens d'une espérance de ce qui n'a pas été ? Est-ce que ta nostalgie benjaminienne n'est pas nécessairement apolitique, mais du coup aussi anhistorique ?

Ce qui m'apparaît évident à présent, c'est qu'il y a un troisième non-lieu qui s'ajoute aux deux autres : celui des juifs d'Orient. Ta façon de te sentir chez toi au Liban, cela aussi me semble sans retour et par ailleurs, peut-être aussi sans promesse. Est-ce que la présence des juifs en Orient est destinée au conflit ?

JUSTICE ET UTOPIE

A. L. M. – Notre dialogue me fait penser entre autres choses que la justice correspond à un tournant dans « notre » histoire personnelle. Le « mot » justice est neutre ; il devrait signifier non seulement la juste mesure mais aussi l'impartialité. Comme le fait remarquer Nietzsche dans la *Seconde considération inactuelle*, il y a quelque chose de presque inhumain dans l'instant de la justice, ou comme le dit Levinas, la question de la justice (c'est-à-dire la justice comme problème) commence avec le tiers, lorsqu'il faut comparer, mesurer, lorsque, donc, on n'est pas *seulement* devant la singularité, dans un rapport de face-à-face. C'est à ce moment que l'on peut, que l'on doit peser le pour et le contre. Or, il y a une autre exigence de justice qui n'a rien à voir avec cette impartialité, cette neutralité du juge. C'est celle qui appelle le soulèvement des dominés, celle qui demande l'émancipation, celle qui se concrétise non par la juste mesure, l'impartialité de la loi, non par la confirmation de son autorité mais par la liberté. Cette justice-là implique la révolution. Le mot « soulèvement » me semble bien décrire ce mouvement qui ne peut plus compter sur l'impartialité, qui ne finira pas sur une balance, puisque les dominés sont tout autant invisibles qu'innombrables – puisque aussi, comme tu l'as dit, certaines douleurs ne se laissent pas mesurer, soupeser, et enfin, puisque ce soulèvement implique le renversement de la domination elle-même, de sa possibilité, ce qui fait qu'il n'est pas seulement un soulèvement mais aussi un jaillissement d'une infinité de possibilités libérées. Paradoxalement, bien que cette exigence de justice soit de tous les instants et soit véritablement interminable, ce qui fait qu'on se sent concerné par elle n'est pas pleinement objectif. Dans ton récit, tu as dit qu'il t'a fallu oublier et refuser tout ce qui relevait du domaine privé, de vos pertes personnelles, pour participer d'un mouvement politique révolutionnaire, c'est-à-dire d'un mouvement politique qui réclame plus de justice que la juste mesure de la justice ne le peut. Si la révolution est le processus d'une objectivation d'une exigence de justice qui passe la mesure de la justice, s'il nous appelle à participer d'un « commun » qui doit nous faire quitter radicalement le domaine du privé, en revanche cet intérêt pour la révolution, pour la justice révolutionnaire, exige comme une dé-subjectivation qui, à sa façon, n'est pas pleinement objectivable. On pense souvent la politique soit comme un mouvement qui relève d'une objectivité pure, soit à partir d'un sujet, de son pouvoir de décision, d'action, c'est-à-dire à partir d'une prise de conscience qui commande un passage à l'acte. Or, l'oubli dont tu parles et qui n'est pas un oubli de ton enfance mais comme du récit de ceux à qui elle aurait dû appartenir (ta famille qui la protégeait aussi), est à la fois hors sujet et absolument singulier. Comme le dit Nietzsche dans *Aurore* « qu'il existe un oubli, la preuve reste à faire » : on ne peut pas sciemment, consciemment oublier. On n'est pas sujet de l'oubli. Cependant, cet oubli crée des subjectivités politiques. Sans cet oubli, il n'y a pas d'exigence de justice qui passe la justice. Sans cet oubli, on réclame uniquement et strictement son « dû » – ce qu'en fait, je crois, nulle justice ne pourra rendre, et c'est pourquoi aussi la révolution demande plus, infiniment plus et autrement que le « dû ». Elle demande l'ouverture des possibles, non le dû ; elle demande la liberté, non la loi.

Quand je t'ai demandé si « ostalgérie » pouvait être le nom d'une utopie, je ne voulais pas me référer au caractère idéaliste de l'utopie, à ces utopies qui projettent l'impossible, qui œuvrent à sa réalisation. Je pensais plutôt au non-lieu sur lequel ouvrent ces pays qui « n'existent plus ». Au sens littéral, l'« utopie », c'est le « non-lieu », n'est-ce pas ? Catherine Chalier a trouvé cette formule géniale de Lévinas : « l'utopie de l'humain ». Non le Surhomme comme ce qui n'est pas encore là, mais le rapport à l'autre homme comme ce qui excède la clôture du présent, comme ce qui défait et ouvre les lieux. Par « utopie », j'entendais plutôt cette « déclosion », cette ouverture du dedans par ce qui n'est pas là, par ce qui n'est pas réductible à une présence. Il me semble que ce qui caractérise « ostalgérie », c'est justement de n'être pas réductible au passé. Ça n'est pas un pays à venir, mais ça hante ton présent à la façon d'un non-lieu. Ce n'est pas toi qui retournes vers le passé : est-ce alors le passé qui te regarde comme ce qui n'est plus ? Ne pourrait-on pas dire en plus que ce nom porte même la charge d'une destruction du passé ? Il me semble qu'il y a là quelque chose d'inouï : deux lieux se sont imbriqués dans un nom pour dire un effacement radical voire peut-être une destruction, celle, non seulement d'une époque, mais d'une certaine façon de faire histoire, d'une certaine « façon de faire » (comme d'une manière) de l'Histoire, c'est-à-dire d'avoir lieu et de s'inscrire dans des lieux – mais que fait-on alors de cet effacement, voire de cette destruction ? Ici, ce n'est pas l'oubli qui agit malgré « toi », mais, comme tu le dis, la géographie qui se surimpose. L'Algérie se montre à toi telle qu'elle n'est plus.

Tu dis en effet que le lieu qui se surimpose en efface un autre et ne laisse pas de ruines et que *le propre du capitalisme est justement de porter une destruction incessante des lieux mais pas du tout pour ouvrir sur un non-lieu, mais pour empêcher au lieu de se donner lieu.* Est-ce qu'on passe alors à une ère où il n'y a plus d'oubli justement parce que les lieux se surimposent ? Et dans ce sens, qu'est-ce qui peut avoir lieu ? Que veut dire avoir lieu ? Comment un lieu s'ouvre-t-il ? L'exigence de justice est-elle refoulée, bloquée et détruite par un passé que tu ne peux même plus regarder comme une ruine ?

Mes questions, mes réflexions, reviennent toujours à articuler l'exigence de justice qui passe la justice, c'est-à-dire l'espérance révolutionnaire, au rapport entre l'Histoire et l'oubli, à cet oubli qui emporte, soulève une autre histoire, une autre histoire du commun qui doit se donner comme une histoire collective en nous amenant comme à nous resubjectiver hors de nous. Mais peut-être faut-il distinguer l'espérance révolutionnaire du désir de révolution ; ou peut-être même faut-il distinguer cette fois-ci les utopies politiques des utopies quotidiennes, c'est-à-dire de « l'utopie de l'humain ». Ce beau titre qu'a donné Catherine Chalier à ce livre *L'utopie de l'humain* me ramène au fait qu'il n'y a pas que des utopies politiques ou collectives. Si le rapport à l'autre homme ne laisse plus place à une espérance de justice qui serait toujours retirée du présent (et en cela toujours utopique), en revanche, cette espérance a lieu dans ce qui nous déborde quotidiennement, dans ce qui vient quotidiennement déranger notre présent. Si ce dérangement que provoque l'autre homme est déjà une expérience de la justice au sens où il appelle précisément ce qui passe sa mesure, on pourrait dire non pas que la justice est multiple, mais qu'elle démultiplie ses voies d'accès. Comme on est amené à elle par l'oubli, on est déjà soulevé par elle devant Autrui. En quelque sorte, la justice a plus d'une ressource, plusieurs voies d'accès qui sont sans doute, comme l'écrit Nietzsche à propos de la volonté « un *seul* et *même* secret » : l'oubli et l'avenir, l'oubli d'un homme qui en tue un autre et le visage de l'autre homme qui déborde mon présent. Si l'on banalisait ce que j'appelle ici des voies d'accès à la justice, on dirait : l'oubli d'un meurtre et l'interdit du meurtre que me signifie Autrui. Mais en fait, tu n'as pas oublié ces meurtres, tu as plutôt oublié de les nommer, d'en faire mémoire en assignant aux morts des camps, des partis, des raisons et en faisant alors ta mémoire à l'image d'un cimetière où tu aurais pu commémorer « tes » morts en nommant chacune de tes pertes, des tiennes ou de celles des « tiens ». Ici, contrairement au processus que l'on décrit habituellement, il n'y a pas eu une sélection de la mémoire, mais une sélection de l'oubli. Il te reste bien quelque chose de cette expérience d'avoir été témoin de meurtres, mais il ne te reste pas le reste ou la ruine, c'est-à-dire ce qui fut et qui subsiste sous la forme d'un nom, d'un propre, d'une valeur surimposée. Il te reste plutôt le reste du reste : l'anonymat de la mort plutôt que le nom du mort. La mort passe forcément la valeur de la ruine, la valeur de ce qui subsiste sous forme de passé. Je dirais même que la mort ruine toute valeur et qu'elle est, elle aussi, une voie d'accès à la justice : c'est une perte qu'on ne peut pas compter, qui passe toute mesure. Et il est faux aussi de réduire le rapport à l'autre homme à l'interdit du meurtre. L'éthique de Levinas, puisque c'est de lui qu'il s'agit, ne repose pas sur cet interdit, sur cette négativité. Son éthique décrit une sortie, non un interdit. Elle invite à un rapport avec l'inconnu ; elle est un rapport avec un Dehors qu'aucun « dedans » ne peut contenir, nier. C'est cela « l'utopie de l'humain », c'est cette sortie qui passe l'interdit, ce qu'il y a de négatif dans un interdit. Autrui me met devant une surenchère, non devant une limite ; il me met devant un accroissement, non devant une fin, un accomplissement. Et d'une certaine façon, devant Autrui, il n'y a pas d'espérance : l'avenir est déjà présent ; ou bien, mon présent à déjà été débordé, de même que le « je » a déjà été porté hors de soi, resubjectivé hors de ses pouvoirs et de ses assises. Ce que j'appelais des utopies quotidiennes, ce serait ce rapport à la justice qui n'est plus d'espérance mais de désir, de ce qui m'excède, non de ce qui se retire et que je pourrais attendre. Il n'y a pas d'espérance révolutionnaire dans ces utopies quotidiennes, mais il y a pourtant un désir qui ne laisse plus rien intact. Certes, ici on semble s'éloigner des injustices crées par les structures de pouvoir, on semble oublier le rapport entre dominants et dominés. Pourtant le désir met en jeu une liberté qui excède tout pouvoir et qui est sans doute une des réponses, des résistances les plus positives et peut-être aussi les plus révolutionnaires à tout autoritarisme. Quoiqu'il en soit, ce désir de justice n'est pas une attente et a déjà subverti ce qu'il faut pour que toute révolution ne finisse pas, ne s'étatise pas – pour qu'on n'y renonce pas complètement, fatalement. L'utopie de l'humain n'a-t-elle pas *donné lieu* à un désir de révolution qui ne passe pas sans ruiner tout ce qui se conserve, jusqu'à l'homme, sa morale et son accomplissement dans le pouvoir ? Je crois que dans la contrée d'« ostalgérie » il y a bien eu – il y a bien – ce renouvellement de l'utopie.

Pour cette raison, je voudrais comprendre mieux ce moment historique où il y a eu des tentatives de porter une révolution qui ne devait pas s'institutionnaliser. Je me demande comment tu te situes par rapport à cela, car à chaque fois qu'on en parle, ce discours est tout de suite altéré par la façon dont tous ces mouvements auraient ou ont mal tourné. Alors, d'abord je te demande est-ce que tu penses que toute révolution tourne nécessairement mal, et puis ensuite est-ce que tu crois qu'il faille alors renoncer à l'*exigence de justice* que porte ou qui porte ces révolutions. Est-ce qu'il y a une autre façon d'exiger la justice et de faire la révolution ?

Une autre question concerne à nouveau l'idée d'une disparition des lieux, dont on parlait auparavant : est-ce que cette disparition a quelque chose à voir avec l'utopie ? Peut-on partir d'*ostalgérie* pour penser quelque chose d'utopique ? Je me pose cette question en opposition à ce que tu disais tout à l'heure sur le lieu, quand tu parlais d'un État qui s'incarne dans un lieu où chacun est à sa place, sans laisser aucune liberté, alors que le fait qu'un lieu disparaisse implique du coup quelque chose qui s'ouvre.

G. B. – Il faudrait ici distinguer mieux que je ne l'ai fait l'idée d'un non-lieu, et donc d'une utopie, de ce par quoi on a commencé, c'est-à-dire la disparition d'un lieu, son engloutissement par l'histoire et par la révolution. Quand je retourne dans la maison de mes grands-parents, ou bien dans tel ou tel quartier de Berlin, où j'ai vécu par exemple la naissance de mon fils, j'y retourne sans jamais y retourner : cette maison n'est plus, même si elle est, ce quartier est, comme on dit, méconnaissable. Je ne fais pas l'expérience d'une ouverture des lieux, d'un heureux déploiement ou d'un accomplissement de tout ce qu'alors je n'apercevais pas et qui viendrait, là, à se réaliser positivement. Et pas davantage l'expérience d'un non-lieu ayant lieu, d'une utopie de la rue comme j'en parlais pour l'enfance. Cette expérience du retour sur des lieux disparus, et qui prive l'expérience d'elle-même à vrai dire, qui lui ôte son substrat empirique ou représentationnel, on comprend aisément qu'elle est pénible, un peu douloureuse, angoissante. On pourrait dire qu'elle place devant un *sur-lieu*, pour éviter la tangence avec l'utopie, devant la surimposition d'un lieu si écrasant qu'il abolit la mémoire ou la rend évanescente, incertaine, où le sujet de cette mémoire est lui-même comme flouté. Dans un livre sur Berlin, Jean-Michel Palmier explique que la ville est constituée de strates architecturales, ou d'écritures superposées. On peut sans mal y faire une coupe transversale et reconstruire toute l'histoire de Berlin et de l'Allemagne depuis Frédéric II jusqu'à la R.D.A. L'exposition permanente intitulée *Topographie de la terreur* occupe toute une place de Berlin. On peut y discerner ces strates, ces couches, ces sédimentations, ces dépôts historiques jusqu'à leur culmination dans les cachots de torture de la Gestapo. Ce lieu de mémoire, institué comme tel, exhibe des lambeaux de ce qui a disparu afin qu'une archéologie en demeure expériençable. Un terrain vague montre ses entrailles et la mémoire peut s'y engouffrer et se reconstruire, au moins partiellement. Cette expérience est à mi-chemin de l'utopie et du surlieu. L'utopie est ouverture. Le surlieu est clôture. Le lieu qui se sur-impose en efface un autre et ne laisse pas de ruines. On peut songer à ce que dit Heidegger de l'espace, de la mise en place, dans le texte *Bâtir, habiter, penser.* Il décrit un petit paysage dominical, idyllique : le petit pont, la rivière, l'église. Il y a peut-être là une utopie heideggérienne du lieu, si on peut dire, dont la puissance, toujours menacée, serait résistance tenace aux non-lieux qui voudraient l'arraisonner, à la surimposition destructrice-reconstructice, à la transformation du paysage en chantier. Le capitalisme, dès lors qu'il se saisit d'un lieu, comme de Berlin après la chute du mur, emporte une prolifération d'édifices, de lumières, le plein déploiement de la technique dans sa *Wesen* propre. Mais ce même type d'opération, à rebours, se constate dans l'Algérie se réappropriant elle-même après la chute du colonialisme et la fin de la colonisation, par la surimposition d'un lieu « exotique » effaçant « la France », par l'habitation orientale de l'espace, la construction d'une topographie arabo-musulmane qui a ses lettres de noblesse, par la surcharge du monde habitable par des dispositions spatiales et architecturales. Dans l'une et l'autre situation, il y a plus de sur-lieu que de non-lieu.

A. L. M. – Je voudrais revenir à l'exigence de justice. Tu n'y as pas répondu ! Ton évitement est peut-être une réponse. Prenons l'exemple de Che Guevara qui est un nom de l'Histoire, un héros, mais justement, dont tu te méfies. Ce que tu mets dans son nom c'est le contraire de ce que ce nom symbolise. Pour toi, « Che Guevara », ce n'est pas la révolution et la justice de la révolution, c'est la militarisation de la révolte. Mais ne t'arrêtes-tu pas trop vite ou de façon trop partielle sur ce constat ? Ne risquons-nous pas de tomber dans l'inertie en se maintenant toujours en retrait du politique ou de la révolution ou en se maintenant dans une sorte de séparation qui semble former un mur entre une exigence de justice qui serait confinée à l'éthique (au face à face, à la singularité de chaque sujet) et la dimension politique, mais du coup dangereuse, de la révolution ?

G. B. – Je comprends très bien ta question et même je m'y rends entièrement, mais franchement je crois ne pas avoir de réponses. Je suis convaincu comme toi qu'il y a une exigence de justice qui excède toute revendication de ce qui m'est dû et qui n'attend pas – alors que la société des tiers vient après l'éthique. Cette exigence se dit dans une immédiateté qui ne se laisse pas contourner ni tempérer. Mais pourtant ce type d'exigence institue déjà aussi une sorte d'écart ou de décalage d'avec soi. Il a été porté par toutes les grandes expériences révolutionnaires, il les rend possibles, les supporte, les anime, en même temps que ces processus révolutionnaires (comment allier expérience et processus ?) les inscrivent ou les encadrent dans la tradition politique révolutionnaire elle-même. La révolution ne peut jamais être à la hauteur de l'exigence de justice sans laquelle elle n'est rien. Il ne s'agit pas de trahison, même si les conflits entre révolutionnaires se sont toujours dits dans ces mots, dans cette farce. La révolution ne peut pas comme processus rendre justice à l'exigence exprimée par une expérience, une charge d'existence, une expression immédiate. Elle ne le peut pas – il y va ici de pratique, de finitude, de temporalité. J'essaie seulement de fissurer un tout petit peu l'identité que tu indiques entre exigence de justice et modalité révolutionnaire, entre immédiateté déformalisante et forme-parti, entre une voix et un programme.

A. P. – Mais en même temps l'expérience de Che Guevara raconte l'inverse de ce que tu dis, parce qu'après les années de gouvernement et l'expérience qu'il a fait à Cuba, il est revenu chez les paysans boliviens parce qu'il voulait justement retrouver la révolution des paysans et pas la révolution d'un parti. La modalité qu'il avait trouvé pour la révolution, la *guerilla*, était pure opposition, pure lutte, et l'adresse que cette révolution recherchait ne portait pas de contradictions en ce sens. Enfin, cela aussi est probablement voué dès le départ à l'échec, mais à un autre échec, un échec dû plus à des circonstances qu'à l'idéalité utopique de l'État parfait.

G. B. – Oui, sûrement. Si le Che est devenu l'icône qu'on sait, c'est bien parce que sa trajectoire est peu commune. Il était ministre de l'économie à Cuba, numéro deux du parti, et il abandonne sa position dans l'appareil d'État pour aller en Bolivie, et réengager ses forces dans la lutte révolutionnaire jusqu'à y mourir. Il y a là un immense courage, évidemment. Mais qu'est-ce que ça change à ce que j'ai essayé d'expliquer de la non-coïncidence irréductible entre exigence de justice et processus révolutionnaire ? Il y a même eu peut-être aggravation de cet écartement tragique. Le guévarisme est une impatience, d'où le courage du Che, et un désespoir, d'où ce « despotisme moral » comme dit Kant ou cette « furie de la destruction » comme dit Hegel. Au nom de la nécessité politique de réduire la différence entre exigence immédiate de justice et politique révolutionnaire, et de la réduire par tous les moyens, le guevarisme fut un militarisme révolutionnaire qui s'essaya à réduire le temps lui-même, lequel n'a pas manqué de prendre sa revanche.

A. P. – Moi, je dirais que cette « militarisation de la révolution » est une conséquence de l'exigence de justice. Je veux dire par là que le propos n'était pas de militariser la révolution, mais de ne céder à aucun compromis. Prendre les armes n'était qu'un moyen de déstabiliser le système, et non pas le but de la révolution.

G. B. – Ce que je décris comme militarisation, ce n'est pas « prendre les armes », bien sûr ; toute révolution, ce qui s'appelle ainsi, passe par un soulèvement en armes. La question est : quand et comment les déposer ? Sont-elles seulement déposables ? La militarisation, c'est la substitution, peut-être involontaire, d'un appareil militaire, d'une discipline de fer, d'un état d'exception, d'une hiérarchie implacable, à la place de la révolution, au nom de la révolution. La mlilitarisation transforme la révolution et ensuite la formation sociale qui en sort en tribunal militaire permanent. Le parti en a été l'instrument, depuis Lénine – et toute l'histoire de l'Union Soviétique et des pays communistes se noue en entier autour de cette militarisation, et de la révolution, et du parti, et de la société. Le militaro-étatique finit par se substituer, comme critère, au politico-social. L'histoire du Che est inscrite dans ce processus révolutionnaire mondial. Il y a évidemment quelque chose de grandiose dans le fait d'abandonner une position de ministre pour aller mourir dans un maquis bolivien. Mais au-delà de la vertu et de l'exploit personnels, cette situation, je l'ai dit, a exacerbé la militarisation, car le réel des paysans boliviens ne répondait pas à ce que Hegel appelle une « liberté abstraite ». L'impatience est salutaire, contre toutes les petites résignations, mais à condition de demeurer impatience. Si elle redouble le désespoir suscité face à un réel qui s'entête à ne pas plier, elle peut favoriser, dans des circonstances déterminées, ce que j'appelle ici militarisation : le militaire est censé hâter la venue d'un autre réel. L'exigence de justice est au fond insaisissable. Elle est immédiatement requise, sans délai, sans recherche de paix ou de justice avec les tiers. Elle défie toute « politique ». Sa force irréfragable est dans son innocence native, dans son refus de temporiser, de tempérer, dans un certain refus du temps à vrai dire. La politique consiste peut-être à consentir à perdre cette innocence, à assumer cette perte. Je pense à une belle phrase de Rimbaud dans les *Illuminations* où la « démocratie » est dite « restitution de la franchise première ». Il y a là un contraste marqué entre la « franchise », son statut originaire, l'exigence immédiate, « première », et la « restitution » démocratique, c'est-à-dire politique. Ne pas consentir à la « restitution » risque toujours d'emporter un forçage par le militaire, l'étatique, les appareils répressifs. Par où se retrouve la perspective et la thématisation levinassiennes. Seraient en ce sens politiques ou démocratiques, c'est à peu près la même chose, un ensemble de procédures, de mouvements, d'instances qui s'attachent à restituer quelque chose de la franchise première, quelque chose de perdu. Il faudrait à la fois consentir à cette perte et travailler sans cesse à restituer une innocence, une franchise, une immédiateté. À partir de là, comment ne pas voir ce qu'ont d'inconciliable la « révolution », au sens que le marxisme et ses différents avatars ont imposé, y compris rétroactivement, dans l'intelligence de la Révolution française par exemple, et la « politique démocratique » – mais il n'y en a pas d'autre si l'on retient cette question difficile de la « restitution ». Le parti d'avant-garde tout comme l'organisation militaire de la *guerrilla* révolutionnaire revendiquent pour eux l'innocence ou la franchise mais refusent toute transaction restitutive. Cette collision ne débouche que sur l'exercice plus ou moins légitime de la violence car « parti » ou « armée » s'installent dans la fonction de représentation, voire d'incarnation de ce qui est premier, immédiat, originaire.

A. P. – Je voudrais connaître des détails biographiques qui permettront peut-être de mieux comprendre des passages. Quand t'es-tu dit pour la première fois que tu avais « perdu du temps » en faisant de la politique ? Et puis est-ce que cela va de quelque manière avec ton changement de registre philosophique de Marx à Levinas ? Et si c'est le cas, si donc la rencontre avec Levinas a eu ce sens et ce poids, quelle compréhension avais-tu avant de passer à Levinas des lieux, de l'Algérie, de l'exil et de l'oubli ? Je le demande parce que j'ai eu l'impression que tout ce que tu nous as dit à ce propos, tu le racontes comme un événement qui a commencé lorsque tu étais très jeune, mais que tu racontes *de cette manière* seulement depuis quelques années.

G. B. – Je comprends très bien ta question. Elle cherche une cohérence, un ensemble, et rien n'est plus légitime, rien n'est plus intègre. Je ne sais pas, vu de mon côté, si on peut séquencer comme tu le fais mes rencontres avec Marx, avec Levinas, mais peu importe. Je dirais que l'événement de l'enfance, du départ, de l'exil, furent frappés d'oubli, en bloc. La nature de cet oubli est ambiguë. Est-ce un refoulement, au sens de Freud ? Si la séquence oubliée, traversée par une violence polymorphe et incessante, n'avait pas été refoulée, je n'aurais jamais pu soutenir fermement et entièrement la lutte du peuple vietnamien comme je l'ai fait, parce que son non-oubli aurait constamment fait écran à la solidarité, au soutien militant. La mémoire des violences, légitimes, aurait barré la possibilité d'un militantisme actif en faveur d'une autre lutte de libération nationale, avec son cortège de violences, non moins légitimes. C'est cette question de la légitimité des violences qui est complexe et qui doit être réglée d'un seul coup, une fois pour toutes, pour autoriser une position claire et tranchée. Telle est la fonction de cet « oubli », de ce refoulement politique, si je puis dire. Ce qui fera inéluctablement retour, c'est la violence qui demeure et qui surnage à la surface de sa légitimité, intacte, pure si l'on peut dire. Si j'ai été frappé par l'oubli d'abord puis frappé par sa désoccultation, c'est moins en fonction de lectures, Levinas après Marx, qu'à des désinvestissements politiques, sans doute obscurément nourris de ces lectures et d'autres encore. Il s'agit d'une histoire et de sa subjectivation, irréductible aux processus historiques, ou même à l'historialité d'un événement collectif. Ce qui manque à la pensée de l'histoire subsumante, du progressisme, de l'optimisme historique, c'est la saisie, la prise en vue d'une dimension forcément tragique, c'est-à-dire d'une reconnaissance d'un conflit entre des légitimités hétérogènes, entre des aspirations, des temporalités et des volontés irréconciliables et pourtant pleinement existantes. Les contradictions tragiques ne se relèvent jamais, car elles n'ont rien à voir avec la logique ou avec la dialectique, elles déchirent. L'oubli est le seul mode, momentané, de fuir ce tragique – pour moi en tout cas.

A. P. – Il y a alors une double identité : *politique* et *oubli* d'un côté, et *désengagement politique* et *dés-oubli* d'un autre. D'une part, l'exil est exil des lieux ainsi que des souvenirs – ce qui permet la politique ; d'autre part, le retour est retour aux lieux et aux souvenirs – ce qui suspend la politique.

G. B. – Oui, je n'ai pas d'objections particulières à ce que tu décris très justement. Une remarque : je n'ai pas parlé de « désengagement », mais de « désinvestissement ». Et je l'ai dit par rapport à la politique révolutionnaire, et non par rapport à la politique tout court. À aucun moment je ne me suis désengagé par rapport à la question de la politique, à la question qui cherche à savoir ce que « faire de la politique » veut dire. Ce désinvestissement n'a pas été un mouvement de dépolitisation, certainement pas, ce qui est arrivé à beaucoup d'autres, passés d'un hyperactivisme politique à un repli plus ou moins progressif sur des questions purement métaphysiques. Que ce soit avec Marx ou plus tard avec Rosenzweig, avec Levinas, la question du politique et de la politique reste centrale pour moi. Il se trouve que les auteurs que je viens de mentionner, et quelques autres, Schelling par exemple, ne sont pas des philosophes politiques, au sens classique, canonique, de ce qu'est dans notre tradition la philosophie politique. Ils pensent tous la politique dans sa non-autonomie radicale.

Ce désinvestissement par rapport aux grands mouvements révolutionnaires a été graduel, mais avec des moments de forte rupture. Je me souviens par exemple du XXIIe congrès du parti communiste français, au cours duquel il y eut un grand nombre de débats autour du concept de « dictature du prolétariat », pour savoir s'il fallait le maintenir dans les statuts du parti ou pas. Ces discussions n'ont plus aucun intérêt, je n'en évoquerai donc pas le détail. Ce fut en tout cas un moment de vraie rupture politique, parmi d'autres. C'est que la méditation sur l'histoire emportée par le retour sur les lieux disparus est aussi, est surtout, en profondeur, une méditation sur le désastre du communisme. Une pensée comme celle de Levinas permettait d'affronter cette question ou en tout cas fournissait quelques concepts, quelques éléments théoriques pour le faire. Levinas engageait à séparer le politique de l'étatique en pensant une certaine équivalence entre le politique et le démocratique. Il se tient dans une position de méfiance, relative mais très forte selon moi, devant l'État. Levinas m'a permis de mieux saisir, au-delà de son simple constat, la schizoïdie entre l'anti-étatisme marqué de Marx, qui va jusqu'à une pensée antipolitique, et l'étatisme effréné du mouvement communiste, en Union Soviétique, en Chine. À partir du visage, de la responsabilité pour autrui, de l'hétérogénéité de la proximité du face à face et de la justice, j'ai essayé de penser une sorte de double mouvement, de double détente. D'une part cette idée que toute politique finit mal, qu'il y a un tragique de la politique dans sa destination, ses moyens, dans sa finitude. D'autre part, et malgré tout, cette autre considération selon laquelle la politique, l'agir politique, est nécessaire. Et ceci implique un geste éthique de recul, de réserve et de critique, incessant, et qui se découpe cependant sur le fond qu'« il faut » la politique. Le risque ne s'interrompt pratiquement jamais, la menace pèse, le tragique pointe. Toute politique est néfaste, pourrait-on dire en un certain sens, et pourtant elle est indispensable. L'État est toujours une catastrophe éthique et en même temps il faut bien en passer par lui, pour la justice par exemple, et quoi qu'il en coûte, et à nos risques et périls. Ce dispositif « éthique », et il y a bien chez Levinas une tragédie de l'éthique, cernait quelque chose de l'aporie marxienne du « dépérissement de l'État ». On peut bien expliquer doctement pourquoi le communisme promeut le dépérissement de l'État avec l'extinction des classes, on finit quand même par soutenir des formes de concentration ultra-étatique, en U.R.S.S., en Chine, à Cuba et dans les expériences soviétisantes de certains pays du tiers-monde. Le résultat le plus tangible de toutes ces expériences et révolutions fut un renforcement effréné de la puissance de l'État au nom du principe du dépérissement de l'État. Staline a même théorisé cette folie : plus on renforce immédiatement l'État du prolétariat et de ses alliés, plus et mieux il dépérira dans l'avenir !

A. L. M. – Quand tu parlais du dépérissement de l'État en rapport à Levinas, je me suis demandée si l'on pouvait continuer, voire reprendre (au sens de donner un nouveau départ) la pensée de Marx en passant par Levinas. Je le dis en particulier pour la question de l'histoire, parce que chez Marx il y a une fin impossible ou désastreuse, alors que chez Levinas il y a quelque chose qui nous permet de nous passer de cette fin, sans pourtant abandonner l'exigence de Marx.

G. B. – Je ne crois pas avoir jamais tenté de lire Marx à travers Levinas ou l'inverse, même si ce rapport/non-rapport s'impose forcément à qui a longuement séjourné dans ces deux pensées. On lit ou on relit Marx tout autrement quand on est passé par Rosenzweig ou Schelling, c'est certain. Mais y a-t-il un rapport Marx-Levinas ? N'est-ce pas une construction fragile ? Cependant, et je te donnerai raison là-dessus, il y a entre ces pensées quelques affiliations, un ou deux partages, quelques occurrences dans Levinas. Le refus des belles paroles d'abord, du « sermon », l'impérieuse requête qu'impose la faim des autres. Un certain type de rapport à la justice ensuite, comme exigence et impératif catégorique, ce qui vaut peut-être davantage pour certains marxismes, Bloch par exemple, que pour Marx lui-même. Et enfin l'invention d'un schéma où la politique est excédée par autre chose qu'elle-même, sans quoi elle court le risque de s'abîmer en hypocrisie comme dit Levinas, en idéologie de classe dirait Marx. Quant à la question de la fin, elle se pose, je crois, dans le marxisme, dans ses différentes variantes, mais pas tellement, au fond, chez Marx.

A. P. – Dans *Quelques réflexions sur la philosophie de l'hitlérisme*, Levinas reprend aussi la critique de l'idéalisme qu'il y a chez Marx. Il reprend même le mot « matérialisme ». On pourrait penser alors que c'est à travers Levinas que l'on peut tenter de déjouer la nostalgie encore présente dans le marxisme d'une volonté de produire une fin et d'arriver à mettre en oubli l'histoire.

G. B. – Oui, bien sûr, et pas seulement dans le texte que tu cites, dans *Totalité et infini*, dans *Sécularisation et faim*, c'est ce à quoi je pensais à l'instant en le suggérant trop elliptiquement. Il y a chez Levinas un constant éloge de la matérialité, de sa « gloire », de son hyperbole (il parle d'hypermatérialité), il y a un matérialisme de la faim, c'est certain. Ce qui est absent dans la pensée de Levinas, et chez Marx tout autant, c'est une téléologie. Pas de philosophie de l'Histoire, ni chez l'un, ni chez l'autre.

A. L. M. – Est-ce que tu as dit cela après avoir lu Levinas, ou tu voyais déjà ça quand tu lisais seulement Marx ?

G. B. – Non, ce fut le cas d'emblée pour moi. Le Marx que je lisais à dix-sept ou dix-huit ans, c'était le Marx d'Althusser et le Marx d'Althusser est un Marx très fortement dés-hégélianisé. Donc ce que Levinas m'a mieux montré, peut-être, était là d'emblée, et bien avant que je me mette à lire Levinas : qu'il n'y avait pas de reprise marxienne de Hegel (ce fut l'enjeu des discussions autour du jeune Marx), pas de téléologie dialectisante, pas de procession historique, que la pensée de Marx se présentait au contraire comme une analytique des formations sociales structurées autour de rapports de détermination complexes, qu'un « anti-humanisme » était salutaire pour défaire les idéologies bourgeoises, les morales, les pratiques, les alliances douteuses. Levinas rendit hommage à sa façon à cet « anti-humanisme », en lui reprochant seulement de n'avoir pas été assez radical ! Il faut ajouter que les militants de ma génération, c'est une différence fondamentale, politique et existentielle, avec les plus âgés, sont entrés en communisme dans un moment historique de crise extrême du mouvement communiste, à l'époque de la scission entre l'U.R.S.S. et la Chine. Crise voulait dire aussi qu'une déhiscence entre la théorie de Marx et la pratique politique marxiste devait être pensée. Tout Althusser part de ce constat que camouflait tant bien que mal le marxisme officiel.

HISTOIRE ET NOSTALGIE

A. P. – Je voudrais chercher maintenant à établir une correspondance entre des expériences et des situations politiques. Je pense par exemple à la correspondance entre la *joie* et la *révolution*, dont on a parlé. Mais aussi à celle entre le *désespoir* et le *totalitarisme*, dont on a parlé aussi. Je me demande quelle « situation » ou « connotation » politique pourrait correspondre à la *nostalgie*. Il est clair que s'il s'agit par exemple de la nostalgie que l'on voit sur les t-shirts Che Guevara, ou dans le fait que l'on a encore aujourd'hui les mêmes slogans qu'en 68, je mettrai cela au compte d'un sentiment de la dérision, et d'une dérision qui masque peut-être un désespoir qui serait plus fécond. Il s'agit de penser quelque chose d'autre dans la nostalgie et qui ne soit pas justement lié à ce sentiment de dérision et de désespoir. Cette « pathologie de la mémoire » fait perdre la joie de la révolution, en perdant la joie de l'instant. Mais si par « ostalgérie » on entend un mot du présent qui nous redonnerait de l'avenir, tout cela bascule. Contre la « mauvaise nostalgie » qui fait œuvre dans le présent d'un passé perdu, il y aurait l'autre type de nostalgie, un peu comme la mélancolie de Goethe, qui fait œuvre dans le présent d'un avenir, car elle installe une ouverture vers ce qui n'est pas encore – et qui peut-être ne sera pas (c'est bien pour cela qu'elle est mélancolique). Il y aurait en ce sens une vertu de transmission de la nostalgie afin de ne pas répéter les mêmes expériences politiques, mais sans non plus s'en détacher. Dans la nostalgie du deuxième type on chercherait ainsi à penser le renouvellement de l'expérience politique.

G. B. – L'acception la plus commune de ce terme de nostalgie est évidemment celle d'une nostalgie *pour* le passé, qui commanderait un devoir de mémoire, une commémoration. En ce sens elle consiste à prendre acte de quelque chose qui est passé, révolu, et qui ne reviendra pas. C'est une façon de deuil. On fait son deuil de ce qui a eu lieu, désastreux ou grandiose. Et cela signifie que c'est terminé, tout simplement.

Cette nostalgie dit : c'est fini, il faut passer à autre chose, et si vous ne le pouvez pas, tant pis pour vous, demeurez dans cette nostalgie, dans cette mise aux arrêts du temps. Il y a une autre nostalgie, *saturnienne*, à la Benjamin si on veut. Elle contreviendrait à tous les progressismes, aux optimismes révolutionnaires, à tout ce mouvement qui va des Lumières au communisme, et qui est toujours méfiant vis-à-vis de la nostalgie, soupçonnée d'entretenir une idéologie passéiste, réactionnaire. Pour le progressisme et les progressistes, en rapport avec le socialisme aussi bien qu'avec le libéralisme, la nostalgie revendiquerait un retour en arrière, ou en serait l'expression, le désir. En revanche la nostalgie productive, comme dit Goethe, la nostalgie prise « sous le signe de Saturne », associe en elle-même tristesse, mélancolie, deuil et énergie propulsive, comme un élan vers l'avant : quelque chose n'a pas eu lieu, mais quelque chose de ce qui n'a pas eu lieu peut encore avoir lieu, doit encore advenir.

A. P. – C'est comme s'il ne fallait pas situer l'utopie dans l'avenir, mais faire de cette utopie passée l'élément de l'avenir. Je me demande en ce sens, pour reprendre un argument vaguement derridien, comment mettre en jeu cette œuvre du souvenir, comment se rapporter par la mémoire à quelque chose du passé, restant ainsi *fidèle* à ce qui est passé, mais en lui étant en même temps *infidèle*. On pourrait prendre l'exemple de l'« amour perdu » : si j'en ai souvenir comme dans un deuil, je le trahis parce que j'en garde une image idéalisée qui en tant que telle m'empêche de le perdre définitivement. En ce sens, il est seulement nié. J'aime alors l'image de l'autre que j'ai en moi, en trahissant en même temps l'amour que j'aimais. Au contraire, c'est seulement si je l'oublie, si je l'anéantis, que je peux rester fidèle à l'amour perdu. La vraie fidélité serait ainsi indissociable d'un certain oubli, qui oublie justement afin de pouvoir se souvenir. Est-ce qu'alors cette nostalgie saturnienne est porteuse d'oubli ? Et est-ce bien cela qui la rend capable de sortir de la pure idéalisation du passé ?

G. B. – Oui, je suis convaincu que la mémoire active passe par un oubli dynamique, et que cet entrelacs de fidélité et d'infidélité permet seul un se-rapporter vivant au passé, un agir. Je me souviens d'un passage des thèses *Sur la philosophie de l'histoire* de Benjamin où, pour parler d'un rendez-vous secret entre les générations passées et nous-mêmes, entre le passé et la rédemption, il évoque les femmes que nous rencontrons comme si elles étaient les sœurs et les compagnes de celles qui furent autrefois, comme un écho de voix éteintes. Ce sont des lignes bouleversantes Et qui confirment pleinement l'usage que tu fais, Andrea, du paradigme de l'amour perdu. Mais je marquerais une réserve devant la notion de « fidélité » pure et simple à un événement passé, ce qui n'est le cas ni chez Benjamin ni chez toi, Andrea. Le paradigme des voix éteintes et des femmes que nous aimons aujourd'hui dans la mémoire involontaire de celles qui furent autrefois se déploie dans une tout autre direction. Je songe surtout à ce que dit Badiou de cette « fidélité », sans infidélité. On parlait tout à l'heure de mai 68. Comment être fidèle à cet évènement révolutionnaire, et à l'amour perdu de cet événement ? Je considère pour ma part que la nostalgie propulsive, projective, ouverte, dont nous parlions, dans ses différences multiples mais aussi son côtoiement avec la nostalgie réactionnaire, ne se peut que si elle passe par une infidélité foncière, comme le disait Andrea. Le problème de la fidélité, si on peut dire, est qu'elle court constamment le risque de l'enrayement, de la répétition, au nom de ce qui fut, dans l'illusion de la reproduction. Il s'agit sans doute avec la fidélité d'une attitude morale respectable, mais dans l'exercice de la politique il y a quelque chose qui est de l'ordre de l'infidélité, voire de la trahison, toutes choses associées d'ailleurs à l'oubli. Une pratique politique vivante devrait être capable de faire œuvre de remémoration, c'est-à-dire de maintenir côute que côute quelque chose du passé, mais en même temps d'en « trahir » l'essence pour empêcher le présent d'être l'itération mortelle de ce passé. On voit bien comment les politiques mémorielles risquent de stériliser la mémoire, de l'embaumer, alors qu'elle croit se tenir dans une fidélité à l'événement passé.

J'ai souvent évoqué le registre de la traduction pour expliquer cette question. Traduire, c'est trahir, comme on sait – et cette trahison de la traduction est évidemment salutaire car elle rend possible la multiplication des langues. À rebours, en politique, « trahir », c'est traduire, en tout cas la « bonne » trahison s'en va en traduction ; la « mauvaise » ne serait qu'infidélité, sans aucun souci de la restitution, sans obligation de fidélité. Si je veux traduire, inventer un nouvel idiome pour le présent, si je veux que des milliers et des milliers de nouveaux locuteurs accèdent à un texte, j'en passerais par la « trahison » d'une langue dans l'autre. Cette trahison, cette infidélité remémorante, ce travail de transfert et de passage est une vertu politique, la tâche même de la politique peut-être. L'écart entre vertus morales et vertus politiques est justement le lieu de la trahison/traduction politique, l'indice productif d'un jeu entre les deux qu'il faut à chaque fois évaluer avec lucidité, avec perspicacité, et sans se leurrer sur les énormes marges d'erreur qui s'y dessinent. S'il n'y avait pas cet écart, d'une certaine façon il n'y aurait pas de politique, il y aurait juste un « despotisme moral » comme dit Kant.

A. P. – Je voudrais reprendre les lignes générales de notre discours, car une chose m'échappe à propos de l'articulation entre, d'une part, le travail de mémoire vis-à-vis des lieux, que proposait Gérard et, d'autre part, la question de la nostalgie politique qui se démarque du pur revenir en arrière en vue de re-proposer le passé, et se veut pulsion vers l'avenir. Comment donc ce sentiment d'un lieu qui n'existe plus se rapporte à cette poussée vers l'avenir ? Car toute poussée vers l'avenir semble impliquer que la nostalgie ne se distingue pas d'une espérance, et en revanche l'expérience des lieux que tu racontais était une expérience où il n'y avait pas vraiment de l'espérance, ni non plus une projection. Ce qui s'exhibait relevait plutôt d'une absence de mots ou d'un sens unique de cette histoire.

G. B. – C'est une question cruciale, mais difficile. D'abord les éléments que tu croises montrent bien que cette expérience des lieux engloutis dont je parle n'est pas de l'ordre d'une histoire privée, personnelle, d'une sorte d'autofiction, de récit d'enfance ou de jeunesse. Ce n'est pas *mon* histoire, même si c'est aussi mon histoire, bien sûr. Dans les deux cas de figure, l'Algérie coloniale, l'Allemagne communiste, il y va de l'Histoire, de processus collectifs, de luttes massives, de géopolitique aussi – et cette Histoire se donne phénoménalement dans la disparition, l'effacement et le vide. C'est comme si les biographèmes, l'enfance algérienne et la vie berlinoise, ceux-là en tout cas, détenaient d'emblée et sans que le sujet n'y soit pour rien, une dimension *geschichtlich*, historique ou historiale, ce qui les inscrit dans une épaisseur tragique singulière que les progressismes, on l'a dit, sont incapables d'assumer et de comprendre. Les retours que ces morceaux de vie vécue auront suscités, étant donnée la nature « immédiatement » historique des biographèmes, algérien et allemand, ne sauraient du coup se réduire à une simple nostalgie réactive, à une déploration de ce qui fut et ne reviendra plus jamais. Au-delà de cette nostalgie du passé, commune, quelque chose est emporté par ces deux expériences de lieux désertés par l'histoire, désertifiés en raison de l'événement historique, quelque chose de projectif ou, pour le dire avec emphase, quelque chose qui aura suscité une méditation sur l'histoire. Cet affect n'est pas une lamentation sur le passé qui a passé, c'est une considération au présent de ce qui a disparu dans l'effet accéléré de la décolonisation et de la fin du communisme. Il ne s'agit pas non plus d'une reprise de la tradition romantique de la méditation sur les ruines. Même si ce dont je parle a aussi à voir avec tout cela. Le retour ne consigne pas la ruine de ce qui fut, le spectacle d'une dégradation matérielle, d'une usure « normale » du temps. Les lieux du retour ne sont pas des lieux ruinés, qui sont là comme ayant été, à l'état de vestiges, de lieux que la mémoire peut aisément investir. Ils offrent au contraire la vision évanescente de lieux fantômes. Ils ne sont plus là, les lieux, leur localisation est ineffective. On pouvait croire qu'ils y seraient encore d'une manière ou d'une autre, et non, il n'y a rien du tout qui puisse topologiquement attester que ce fut – ça n'existe plus et il n'est pas difficile de laisser croire que ce ne fut jamais. C'est cela qui emporte forcément une considération singulière sur l'histoire en tant qu'elle détient une extraordinaire puissance de dérévélation, si je puis dire, une puissance de disparition, d'évanouissement topographique. Cette considération méditative a évidemment à voir avec le passé, mais avec un passé historiquement chargé et aussi avec l'expérience strictement contemporaine d'un retour. Elle porte sans doute une nostalgie, mais une nostalgie enracinée dans une disparition pure et simple, et dans le mouvement actuel d'un revenir sur les lieux qui abolit le revenir puisque les lieux sont ensevelis dans l'histoire, personnelle et universelle.

A. P. – Telle est donc la question qui nous est ouverte par « ostalgérie ». Ce mot parle des lieux qui n'existent plus, mais aussi du saut de la remémoration qui est un saut douloureux ou même impossible. On a fait de ce mot le mot signifiant d'une nostalgie-sans-nostalgie politique, précisément dans la mesure où l'« Ost » de l'Allemagne et l'Algérie coloniale n'existent plus. C'est comme si la disparition des lieux empêchait la nostalgie et ouvrait une question politique inouïe.

G. B. – C'est exactement cela, Andrea. Le projet Ostalgérie vient au départ de ce récit originaire : revenu sur les lieux, ils avaient disparu. Il s'est ensuite coulé dans le lit d'une réflexion sensible sur l'histoire. Pourquoi et comment l'histoire abolit-elle physiquement des lieux, des espaces, des sites où des hommes, des femmes, vécurent pendant des générations et au fil de leur succession ? De là ce que je disais, une réflexion sur la liaison de l'histoire et de la politique, non pas depuis une nostalgie éprouvée au moment du retour, mais comme méditation, considération actuelle autour de la disparition. Pourquoi tout cela a-t-il disparu ? L'Algérie, pendant et après la colonisation, l'Allemagne, pendant et après le communisme, indiquent deux circonstances historiques très lourdes qui se rapportent à deux séquences majeures de l'histoire du XXe siècle, à des scansions universelles de cette histoire, où ma vie, une partie de ma vie, fut prise, comme dans des glaces. Après le dégel, pour reprendre une expression devenue classique, l'exil, le retour, la reconsidération, le souvenir transfiguré, le temps, firent leur œuvre. Et produisirent, à partir d'affects nostalgiques et non-nostalgiques, toute une série de réflexions, étrangères au rétroactif, au rétroprojectif, et orientées vers une projectivité propre de la nostalgie elle-même. En raison des considérants historiaux que j'indiquais tout à l'heure, il ne pouvait pas y avoir dans ce courant de réflexions le désir de revenir au bon vieux temps, à ce qui n'est plus et qui ne sera plus. Pas davantage de place là-dedans à la répétition, à un autre désir, que ça se reproduise, que ça revienne. Peut-être notre discussion aura-t-elle eu pour effet majeur un déplacement significatif de la notion de nostalgie et de tout ce qu'elle charrie habituellement. Ostalgérie semblait la contenir en son cœur et il me semble qu'elle n'est plus si centrale, si originaire, que quelque chose a bougé de ses contenus.

A. P. – Par « ostalgérie » il faut alors entendre une prise de conscience du fait que l'histoire efface, choisit, sélectionne, qu'elle donne du sens et aussi qu'elle en enlève. Ostalgérie est ainsi le mouvement paradoxal de retour à ce qui n'a plus de sens dans l'histoire, à ce à quoi l'histoire l'a enlevé, à ce qui n'est même pas pour l'histoire un fait historique. « Ostalgérie » serait en ce sens la mise en avant de ce qui ne fait pas l'objet d'un quelconque discours de l'histoire, de ce qui lui échappe constitutivement. Mais où « ce qui est mis en avant » n'est pas quelque chose de défini (comme l'histoire des vaincus), ni même d'indéfini comme une simple ruine oubliée. « Ostalgérie » met en avant ce qui ne peut pas être mis en avant sans être pour le coup transformé en mémoire nostalgique – et elle le fait sans nostalgie ! « Ostalgérie » serait donc le sentiment qu'on éprouve devant le constat que des faits qui appartiennent à sa propre histoire ont été rejetés par l'Histoire, le sentiment devant des faits qui appartiennent à l'histoire et qui ont pourtant été perdus dans l'Histoire.

G. B. – Oui, je ne saurais mieux dire. La question qui se pose et qui demeure, en dépit ou en raison de son extra-historicité, c'est : que fait-on de ces pertes, de ces rebuts, que fait-on de ces riens de la disparition, de l'effacement et de l'évanescence ? Et là encore la figure de Benjamin revient. Est-ce qu'on peut faire comme le chiffonnier qui avec son crochet récupère des déchets, des rebuts, pour les faire flotter au vent, et pour en faire quelque chose de politiquement signifiant, opératif ? Je crois pouvoir dire que j'en ai fait quelque chose de ces disparitions, de ces rebuts ou de ces déches, de ces pertes : ils m'ont offert une considération de l'histoire qui peut être habitée par une nostalgie ou par une mélancolie devant ce qui a disparu – devant ce qui a disparu non pas à cause de l'usure du temps, mais à cause d'une sorte de cataclysme historique.

A. P. – Ce qui est exactement l'inverse des ruines ou des reliquaires : il s'agit là de la mise en valeur de ce qui reste du temps passé n'ayant pas un sens pour l'Histoire et pourtant *faisant sens*. Ce qui reste du passé ayant le sens moins d'une narration que d'une disjonction.

G. B. – Je reprends les trois modes de se rapporter au passé. On a exclu la mythisation. Je dirais que le silence n'a pas été la tonalité dominante de cette histoire. Je sais que j'ai fait silence, mais en vous écoutant je me rends compte que, plutôt que le silence, il y a eu un oubli actif. C'est moins une sorte de contournement ou d'évitement par le silence qu'un oubli nietzschéen. C'est-à-dire la condition d'une réappropriation, mais non pas une réappropriation du passé, mais de l'avenir. De cet oubli, de cette expérience critiquée, quelque chose peut être joué quant à l'avenir. « Ostalgérie » est alors la commodité d'un double mot-valise qui n'a pas comme moteur la nostalgie : c'est peut-être l'oubli, ou peut-être la mélancolie, ou encore ce rapport méditatif sur l'histoire en tant que c'est par l'histoire qu'adviennent des évanouissements, des disparitions. Enfin c'est peut-être l'exil : un exil qui est un faux retour. Cet exil est bel et bien un exil, mais non nostalgique. Au sens étymologique, la nostalgie n'est que le désir du retour. Or ces retours « chez moi », n'ont pas été signifiants de ce désir : je revenais d'une façon immémoriale. L'exil peut être douloureux, et je pense au réfugié politique, ou au travailleur immigré, car il produit la nostalgie de son chez soi, mais avec la perspective toujours ouverte d'un vrai retour au pays. Ou bien l'exil peut être douloureux – et peut être encore plus douloureux – car on n'a même pas la perspective de ce retour. Moi je dirais que de cet exil j'ai fait un accueil. Peut-être que s'il n'y avait jamais eu exil et si j'étais toujours resté en Algérie, je n'aurais jamais fait de la politique – et j'aurais peut-être moins perdu de temps…

A. P. – Je voudrais revenir à ce que l'on disait auparavant. Il y a eu une séquence de notre conversation où tu as reconnu, Gérard, que tu es nostalgique d'un moment où tu avais un espoir politique, et en particulier de l'expérience de mai 68. Je voudrais savoir plus de cette nostalgie-là : de quel type de nostalgie s'agit-il ? J'entends souvent des gens qui ont même vécu ce moment avec une forte participation qui disent que cela a été un moment d'une extrême naïveté, que c'était beau, mais presque de l'ordre d'une rêverie. Or celle-ci est encore évidemment une nostalgie mortifère, mais en même temps je me demande que veut dire être nostalgique d'un moment de joie, sans être pour le coup mortifère, en lui enlevant toute consistance et toute force. La tentation peut-être la plus forte devant un souvenir est celle de le repousser dans un passé mort, de se dire que cela a été au fond un éclat de jeunesse. Il me semble qu'une fois tu m'avais dit ça : avoir cru, t'être à un moment investi dans un espoir politique précis qui cherchait sa forme, qui n'était qu'une naïveté de jeunesse.

G. B. – Ce qu'il y a de mortifère dans la nostalgie est à mon avis la *fidélité*, la reliaison au passé par sa perpétuation extra-temporelle, si je puis dire. Pour revenir précisément à ton propos : j'ai certainement, par intermittences, la nostalgie des journées de mai, la mémoire d'une effervescence, le souvenir d'une beauté de chaque instant. Mai 68, ce fut l'irruption extraordinaire mais quotidienne de la liberté dans les rues. Tout se passait dehors, comme dans l'enfance. Mais si j'étais dans la pure et simple commémoration, si aujourd'hui, au nom de la fidélité à ce qui s'est passé en mai 68, je tentais de me tenir dans l'attente d'une répétition, l'espoir d'une réitération, même en tenant compte des différences de conjoncture, de situations, comme on dit bêtement, alors il y aurait là, sûrement, quelque chose de mortel, quelque chose d'une rigidité cadavérique de la mémoire d'un événement. Je ne veux pas dire pour autant, mais alors pas du tout, que c'est l'espérance qui relève de cette léthalité du souvenir. L'espérance est toujours là, vive, vivante, intense. Elle est espérance de ce que jamais nous ne connûmes, espérance du Bien, comme dit Goethe, inquiétude pour la fragilité et la finitude, chargé de tragique, mais espérance « tout de même », selon l'expression traditionnellement associée aux prophètes, espérance « malgré tout ». Cet investissement espérantiel ne se dément pas, il ne se renonce pas. C'est la politique qui en ouvre sans cesse les possibilités, c'est la question de la justice, comme ce qui est au centre de toute politique, qui en renouvelle les œuvres, les pratiques.

A. P. – Mais je me demande si la question de la politique, ou de la justice, ne se pose pas justement à partir d'une certaine naïveté. Je veux dire par là, et je parle en particulier de l'expérience que l'on peut faire aujourd'hui dans la lecture de textes de cette époque de mai 68 sur la révolution (je pense par exemple au texte de Khayati *De la misère en milieu étudiant*), que ce qui apparaît à distance est une énorme naïveté : on n'écrirait pas des textes de la même façon aujourd'hui. Mais en même temps en lisant ces textes, ce qu'ils suscitent en moi est justement une nostalgie, une nostalgie pour la naïveté qui y est contenue et que l'on n'a presque plus le droit d'avoir. La nostalgie d'une simplicité qui va même à l'encontre des contradictions, des paradoxes, mais qui ose, qui cherche, qui tente des pistes, qui a une certaine inventivité suspendue à son aporie. Tout cela provoque une véritable nostalgie chez moi, et justement à partir de la reconnaissance de la naïveté, ou d'une innocence de la pensée qui a été perdue et qui pourtant parle encore. Je suis profondément intrigué, par exemple, par l'enchantement de Pasolini devant la simplicité du peuple. Il cherche dans les jeunes des classes prolétaires une vitalité qui n'est pas encore dominée par la société capitaliste ou par les modèles de domination capillaire de la morale bourgeoise. Pasolini cherche l'innocence des corps qui lui semble résister à l'œuvre de la massification culturelle. Dans ses films des années 60, par exemple – je pense par exemple à *Comizi d'amore*, un documentaire de 1963 –, il décrit la sexualité de l'Italie bourgeoise des années 60 en pleine croissance d'après-guerre, en montrant à quel point elle est marquée par le conformisme généralisé, mais il le fait dans le but de retrouver ce qui excède les présupposés moraux qui ont figé les relations sociales. Pasolini cherche à filmer le dernier – agonisant peut-être, mais encore présent – résidu d'une sexualité innocente. On voit bien en cela sa nostalgie pour un passé qui est sur le point de disparaitre. Bientôt le même Pasolini changera d'avis, et dans sa filmographie des années 70 tout se renversera. Dans *Il decamerone* (1971), *Il conte di Canterbury* (1972) *Mille e una notte* (1974), mais surtout dans *Salò* (1975), Pasolini montre une violence archaïque des corps et la manière dont les organes sexuels prennent en charge les relations interpersonnelles en les structurant de violence. Pasolini veut à ce moment montrer la sexualité comme scène primordiale du pouvoir fasciste, ce qui ne laisse plus d'espace à une quelconque nostalgie.

G. B. – Je te suis, je crois, sur tous ces points et l'exemple de Pasolini est particulièrement approprié pour parler de Mai 68, car la question des corps et des sexualités y fut intimement associée. Tu indiques deux aspects de la nostalgie, liés sans doute mais distincts : d'un côté la nostalgie de l'innocence ou de la simplicité, la nostalgie d'une écriture ou d'une pensée capable de la dire, de lui donner voix ; mais d'un autre côté, et en même temps, tu dis toi-même qu'il serait impossible aujourd'hui de dire, de faire, de penser de cette façon. J'y retrouve la différence que je marquais tout à l'heure entre nostalgie projective et fidélité à la mémoire d'un événement. J'aurais à mon tour une question : comment se détermine selon toi la consistance politique de cet écart entre le simple et le non-répétable ?

A. P. – Dans l'articulation de cette contradiction interne ou de ce paradoxe qui s'expose, je vois bien l'intérêt d'une nostalgie non mortifère.

A. L. M. – Je vois bien de quoi vous parlez, mais je crois qu'il n'y a pas que l'innocence perdue qui nous attire ou nous fait éprouver de la nostalgie, mais aussi un contexte déterminé qui rendait possible une action. Aujourd'hui on n'a plus l'impression de pouvoir vraiment agir. Je me souviens que j'ai vécu des moments où j'ai senti la possibilité et l'enthousiasme de l'action, par exemple en 1997 quand on manifestait contre les expulsions.

A. P. – Mais là tu dis simplement qu'en 1997 tu as vécu une possibilité concrète d'action, disons, pour exagérer, « comme » en 68. Mais dans ce cas de figure, il n'y a pas de nostalgie proprement dite, c'est plutôt une situation similaire, dans la mesure où tu as éprouvé le même sentiment qui te pousse à un faire tel qu'en 68. Tout à l'heure, je parlais plutôt de la nostalgie qu'on peut avoir aujourd'hui pour ce moment-là et du fait qu'on puisse la *jouer politiquement*. C'est grâce à cette poussée perdue, qui s'est abîmée dans une époque passée, que l'on peut interroger le présent et trouver une autre poussée (tel que le faisait Pasolini en 1963). Il ne s'agit pas de la pure commémoration, ou de la simple reproduction de ce qui s'est passé – on ne cherche pas seulement une *analogie* avec ce passé. On n'est pas du tout dans la fidélité, qui ne fait au fond que transformer la nostalgie en une volonté active de revenir au perdu. Si l'on est « nostalgique », c'est justement au sens où l'on arrive à interroger le présent à partir de traces d'un passé qui sont encore à même, justement car elles sont passées, de filtrer le présent.

G. B. – Il y a peut-être un risque dans la nostalgie comme tu viens de la décrire, une nostalgie active et non pas une simple réaction, une nostalgie qui essaie de travailler à une transposition, à une reviviscence, à une remémoration d'une certaine façon – toutes choses que je partage avec toi. Je parle de risque pour me faire un peu l'avocat du diable. Ce risque serait celui d'un ratage, d'un manquement, d'un défaut. Au fond, au nom d'une nostalgie qui se voudrait fidèle, plus ou moins, et même si elle dit le contraire, serait manqué le présent d'une conjoncture, l'actualité d'un rapport de force, la force présente d'une requête, d'une exigence, lesquelles ne sont jamais à la hauteur d'un passé remémoré et rendu prestigieux ou grandiose par le simple effet de cette remémoration. Marx se posait déjà cette question à propos de la répétition historique, les révolutionnaires de 89 mimant la République romaine, puis, ajoutons-le, les bolchéviks mimant la Terreur ou aujourd'hui certains dirigeants politiques mimant encore ces derniers, par une sorte de mimétisme au énième degré, un mimétisme épuisé. Le risque serait tout simplement l'oubli de la politique. La posture de répétition n'est qu'un geste. Et ce geste risque de se délier de lui-même de « l'analyse concrète d'une situation concrète ». La répétition n'est peut-être pas qu'une « farce », selon le mot de Marx. Elle peut avoir des vertus subversives, de refus, de déni, de révolte, d'appel à la mémoire historique. Et sans doute est-elle inévitable, voire indispensable. Mais, c'est le risque, ce geste laisse intacte la politique, sa pratique ou son exercice, ses attendus et son champ. C'était aussi sans doute le cas en 1968 bien sûr, dans le rapport imaginaire à la Résistance. La différence tient à la conjoncture, à la situation. La plupart des acteurs entendaient évidemment ne plus jamais faire de la politique comme on en faisait depuis toujours, rompre avec les pratiques anciennes, y compris avec leurs mimétiques singulières. Mais ce désir n'était pas neuf. Ce sont les conditions extérieures qui changent tout. D'un seul coup ou presque, cette nouvelle façon de faire de la politique hors les institutions, avec les masses, comme on disait, pour elles, à leurs côtés, devenait vivante, réelle, et quotidienne. Parce qu'il y avait eu un grand mouvement étudiant, parce qu'on vivait en pleine grève générale, parce que les usines étaient occupées, parce que la rue était devenue une gigantesque arène et que tout à coup la parole devenait foisonnante, chaotique, libre et folle, parce que le temps fut pendant quelques semaines, un temps de désoccupation, du désœuvrement, de la cessation de toute activité productive. La question que nous nous posons tous les trois est celle de savoir ce qu'il en est aujourd'hui. D'un côté, la mémoire porte en elle quelque chose de politiquement agissant, de fécond, cette nostalgie productive que nous essayons de circonscrire. D'un autre côté un risque menace, celui que je mentionnais, le risque que le geste se substitue aux pratiques.

CAPITALISME, CRISE ET RÉVOLUTION

A. P. – Je suis d'accord sur le fait que la conjoncture particulière de mai 68 avait produit un type de résistance extérieure au lieu de la politique et je partage aussi l'idée que ce n'est plus le cas. Mais je crois qu'aujourd'hui il y a une pluralité de lieux où le même « schéma » peut fonctionner, sous la forme des micro-politiques, dans des domaines particuliers, par rapport aux effets de la mondialisation par exemple, où il y a une injonction forte à agir, mais de telle sorte que cette action ne soit pas forcement d'ordre institutionnel, et qui pourtant demande à mon sens une action de la même « nature » qu'en mai 68. Il s'agit là d'une révolution, ou d'une infinité de micro-révolutions, qui demandent à ce qu'un point de vue extérieur vienne casser le point de vue politico-institutionnel. L'action de ces micro-politiques dont je parle est peut-être vouée à opérer des marges de résistances qui ne prennent pas de front le système politique tout court, comme c'était le cas en 68, mais qui produisent des enjeux délimités qui demandent une résistance extérieure à l'institution du pouvoir. On parle souvent par exemple des abus de l'industrie pharmaceutique et des lobbies médicaux qui ont un tel pouvoir politique et économique qu'ils peuvent fixer les prix d'un médicament ne reflétant pas le prix de production mais le prix maximum que le marché peut payer ou qui, encore pire, peuvent se permettre d'ordonner la production des maladies pour créer du marché. Ils peuvent ensuite faire pression sur les médecins pour qu'ils prescrivent ces médicaments et ils créent ainsi une circularité qui leur donne un pouvoir total et incontestable. Alors, là par exemple, c'est un contexte où le système se prête à une résistance. Ce n'est pas une résistance totale, comme en mai 68, mais ça demande tout de même une résistance du même type, une résistance « extérieure », pour laquelle on pourrait penser à un usage propulsif de la nostalgie.

G. B. – Je vois très bien, Andrea, ce que tu veux dire et qui est d'une grande cohérence augumentative et politique. Mais il y a peut-être entre nous une divergence qui tient peut-être à l'analyse que nous pouvons faire du capitalisme, de sa nature profonde. Le capitalisme pour être vivant et se reproduire, pour faire en sorte que tourne indéfiniment sa propre circularité autoreproductive, a besoin qu'on lui résiste, si j'ose dire un peu rapidement. Il appelle une résistance, il est lui-même résistance, c'est-à-dire qu'il détruit ses propres formes sociales, qu'il en créé sans cesse de nouvelles, en expansion. Le capitalisme, et là je me réfère aux analyses de Marx, est une sorte de mouvement impétueux qui emporte tous sur son passage et qui se rétablit d'autant mieux qu'on lui résiste, il est une force qui détruit toutes les forces anciennes, qui « volatilise », c'est le mot de Marx, les situations sociales stables, les rapports de classes établis. Il est révolutionnaire par nature et par nécessité. Il a besoin d'obstacles, de résistances, pour mieux « récupérer » ce qui lui a résisté et s'en fortifier. Le capitalisme c'est ça, un obstacle, une résistance, une récupération. Un mouvement qui ne s'interrompt jamais, à la différence de tous les modes de production antérieurs qui craignaient le mouvement comme leur pire adversaire. Quoi faire face à lui ? Ou bien on s'oppose frontalement au capitalisme, on conteste globalement le « système », c'est la vieille politique léniniste qui continue de hanter de nombreux acteurs politiques à l'extrême gauche et au-delà – mais le capitalisme a montré à quel point il savait y résister. C'est que *l'essence du capitalisme se détermine au fond comme crise*. Par conséquent, la mise en crise du capitalisme par la contestation globale, par la révolution, donc, est la continuation du capitalisme par d'autres moyens. Ou bien on pense, comme tu l'indiquais, des micro-révolutionnements de telle ou telle institution, dans telle ou telle instance, en y produisant des poches de résistance ou de contestation, des séquences interruptives, des mises en crise localisées. Mais le capitalisme mondialisé a trouvé des parades, non pas toujours et partout au sens où il chercherait à les éviter, mais, parfois, en les suscitant. La mondialisation produit des bouleversements gigantesques, comme on n'en a jamais vus auparavant, et cela est passé par des séquences de micro-révolutionnement qu'il faudrait étudier géopolitiquement, dans les pays « émergents » comme on dit. Ces émergences se sont accompagnées de processus semblables à ceux dont tu viens de parler. Ceci n'implique ni conscience ni préméditation ni stratagème.

Les représentants politiques du système capitaliste, si on peut dire ainsi, ne se sont pas mis eux-mêmes en quête de ces résistances, mais si on considèrait le capitalisme d'une façon quasi-organique, comme un organisme vivant, on arriverait à voir que ces résistances sont sa vie même.

A. P. – Je vois bien le schème de ton argument, et je le suis, mais tout de même ceci n'exclut pas que l'on puisse tenter de mettre le capitalisme en porte à faux contre lui-même, dans des circonstances déterminées, comme je le disais toute à l'heure. Quand, dans mon exemple de l'industrie pharmaceutique, je disais qu'elle profite de la circulation capitaliste du système qu'elle a mis en place, production d'un médicament, création d'une pathologie, prescription et vente, etc., je suggérais que cette circularité pouvait être mis en crise et révolutionnée. En ce sens, au-delà de la marchandise, il y a d'autres intérêts qui sont « mondialisables » et peuvent mettre une valeur en valeur contre une autre. Ces marges d'intervention, qui appellent forcément encore une fois un révolutionnement, sont praticables et politiquement sensées.

A. L. M. – Dans ce cas de figure, sommes-nous encore dans la « révolution », au sens de la révolution des valeurs ? Ne sommes-nous pas plutôt dans le cas de figure du boycottage ? Pourquoi appeler cela « révolution » ? Il me semble qu'il s'agit là de *corriger* le système plutôt que de le révolutionner.

G. B. – Et même si on admet qu'il s'agit encore de « révolution », est-ce encore de révolution « anticapitaliste » qu'il s'agit ? Si le capitalisme est le « révolutionnement incessant des rapport sociaux », comme dit Marx, toute résistance, même « anticapitaliste », est encore capitaliste. L'utopie ou l'espérance d'une révolution qui pourrait abattre et mettre fin au capitalisme ne peuvent plus être reconduites. Dans les processus que décrit Andrea, en prenant l'exemple de ce que pourraient susciter les actions et les méfaits des grands laboratoires pharmaceutiques, on n'est pas dans une « révolution », mais dans un simple « révolutionnement » interne aux *limites illimitées du capitalisme.* Mais ceci, et c'est un point capital, ne suffit nullement à invalider, délégtimer ou négliger ce type de luttes. Je dirais même : au contraire. Il s'agit de combats menés au nom de la justice, contre les intérêts dominants, et qui sont si impérieux qu'ils n'ont pas à attendre une révolution qui mettrait à bas le capitalisme et qui finit par se présenter comme un « horizon », infranchissable, différé, s'éloignant plus on s'en approche. Cet horizon n'a pas assez de force pour empêcher les pas du marcheur. C'est peut-être le capitalisme, après tout, qui n'a pas été pensé sérieusement par le marxisme, par les mouvements communistes et par les mouvements révolutionnaires, car son extraordinaire plasticité a été méconnue, et c'est toujours le cas. Les mouvements révolutionnaires le présentent encore comme un dispositif consistant et substantiel qui articulerait un appareil d'État centralisé et faisant usage d'une violence continue au service des intérêts de la bourgeoisie et de ses diverses alliances. À l'époque de la mondialisation, on voit bien que le capitalisme, pour autant qu'on puisse encore dire comme cela, en faisant usage d'un article défini singulier, agit par flux et fluctuations, par diffusion, capillarité, se rendant ainsi en grande partie insaisissable.

A. L. M. – L'idée de « micro-révolution » relève-t-elle vraiment d'un désir révolutionnaire ? Je t'ai plusieurs fois entendu dire que pour toi s'il n'y a pas une transformation des institutions il n'y a pas un réel changement. Mais la révolution veut-elle transformer les institutions ou nous porter au-delà de l'institutionnel ? Et puis peut-être cela ne rentre pas dans le chapitre « ostalgérie » !

A. P. – Moi, je crois en revanche que la question s'y rapporte bien, car la biographie de Gérard est liée à sa participation révolutionnaire. La question était donc : que fait-on de la nostalgie d'un moment passé qui a été un moment d'investissement politique ? Ensuite, il est possible que je fasse un usage maladroit du mot « révolution », mais la question de fond était : quel usage faire aujourd'hui de ses propres souvenirs et en particulier d'un moment où la notion de révolution avait un poids.

A. L. M. – Quand je te dis que ce que tu voudrais est qu'il y ait des changements d'ordre institutionnel, plutôt que révolutionnaires, j'ai plutôt tendance à penser qu'on n'a pas tout le temps besoin de révolution. Par contre si l'on considère par exemple l'Inde, où il y a des situations féodales, on ne peut pas ne pas reconnaitre qu'il y a bien une exigence de révolution. Mais ici, dans l'Europe du XXIe siècle, je n'en vois pas en fait. Si tu prends la question des sans-papiers, qui est une question très urgente politiquement, je me demande quelle révolution faire devant ça, parce que je ne vois pas vraiment de frontières complètement ouvertes, et je ne vois pas ce que voudrait dire autrement révolutionner ce problème. J'ai l'impression que plutôt que d'être révolutionnaire, là, il faut être inventifs, propositifs. Il faut être tous ensemble : dans l'invention et dans l'institution, dans l'imagination, la création de possibles, et donc aussi dans des propositions politiques concrètes.

A. P. – Mais la révolution ne sait jamais ce qu'elle fait, justement. Elle est une exigence de rupture, d'interruption du sens qui agit politiquement, qui n'en a pas encore trouvé un autre. Ou qui n'en a pas un du même ordre. La révolution est l'action délibérée de brisure de l'ordre, non pas au nom d'un autre ordre, mais de son absence.

A. L. M. – Oui mais ça revient à ce que l'on disait tout à l'heure : peut-on encore être innocent de cette innocence ?

A. P. – Je vois ce que tu veux dire, et je suis bien d'accord pour dire que la révolution n'est pas le seul niveau politique. Mais je crois qu'il ne faut pas oublier le niveau où l'exigence de justice équivaut à une exigence de rupture, sans condition et sans compromis. Il y a une infinité de degrés du « réformisme », mais il y a aussi ce qui les excède tous.

G. B. – Je comprends très bien ce que tu dis, Andrea, c'est très clair. Mais je t'adresserais alors une question qui reprend plus ou moins celle d'Aïcha : crois-tu que l'excès dont tu parles, sauf à le considérer comme un « à gauche du possible » comme disait Benjamin, crois-tu qu'il traverse vraiment les pratiques politiques de l'extrême gauche d'aujourd'hui ? Vois-tu quelque chose de cette inconditionnalité dans les politiques « progressistes » contemporaines ? Ou alors tu songes à tout autre chose ? Pour moi le risque qui ne cesse de se reproduire sous une rhétorique de l'extériorité ou de l'intraductibilité de l'éthique en politique, c'est bel et bien celui de l'oubli de la politique, d'un abandon, d'un renoncement à investir ses terrains car il y faut toujours une aptitude à la transaction. C'est la raison pour laquelle les organisations d'extrême gauche ont une position au fond syndicale et revendicative, non-politique. Elles sont dans la contestation et la manifestation, pour l'interdiction des licenciements par exemple, pour la défense de la classe ouvrière et de ses intérêts, pour la satisfaction des revendications. Ce qu'elles avancent est lié à la représentation d'une lutte classe contre classe et elles espèrent, d'une mauvaise espérance, plutôt stérile, une sorte de conversion des revendications matérielles en situation de double pouvoir, par où la politique révolutionnaire ferait enfin retour. C'est la fameuse « traduction politique des luttes », laquelle ne parvient jamais à son terme comme toutes les traductions, principiellement inachevées. Mais ces organisations se tiennent ainsi délibérément dans une position stricte d'extériorité par rapport au champ politique, ce qui est sans doute requis pour un syndicaliste, mais est extrêmement problématique pour une organisation politique Faire de la politique, militer, engager et s'engager dans un agir, implique une capacité, une volonté et une aptitude par où s'assumerait quelque chose d'une traduction – non pas en l'attente improbable que des « luttes » se métamorphosent en « prise de pouvoir », mais une traduction pensée, agie et vécue comme une pratique de chaque jour depuis ce qui s'offre à penser à la politique en une forme singulière à inventer, à traduire précisément, instable mais impérative. Faire de la politique, c'est traduire en ce sens-là, prendre le risque de la « trahison », ce qui répugne toujours aux « révolutionnaires » et vire en quiétisme, lequel après près de deux siècles d'histoire devient grotesque ; prendre le risque de donner à un certain moment une forme politique à une revendication, quitte à la recommencer, à la reprendre, à la réinventer, comme toutes les traductions qu'il faut remettre sur le métier tous les quarante ou cinquante ans. Il y a une bonne et une mauvaise espérance comme il y a une bonne et une mauvaise « traduction ».

A. P. – Je me souviens d'une blague que faisait Nanni Moretti dans le film *Journal intime.* À un moment donné, il s'interroge sur les raisons de l'échec de la gauche, et enfin il a une illumination, il descend de sa Vespa, arrête quelqu'un dans la rue qu'il ne connaît pas et lui dit : « j'ai passé toute ma vie à me demander pourquoi j'étais tellement convaincu politiquement de quelque chose dont seulement une minorité de personnes était convaincue, et maintenant je comprends finalement que j'ai cru ce que j'ai cru *parce que* c'était l'idée de la minorité. Je crois dans les gens, mais je ne crois pas dans la *plupart* des gens. Je serais toujours d'accord avec une minorité ». C'est emblématique d'un paradoxe, naturellement, mais je revendique quelque chose de sa logique : il y a des luttes qui demandent une rupture avec la raison dominante, qui ne peuvent qu'être minoritaires et inspirées par des principes inconditionnels qui excèdent les arguments et les démonstrations approuvées par la raison publique. Devant ces luttes, on ne peut ni refuser la responsabilité politique, ni l'assumer complètement. On est dans l'entre-deux.

A. L. M. – Mais justement, ce que nous désignons comme impuissance ou comme nostalgie, n'est-ce pas justement l'insatisfaction devant le fait que la seule réponse soit la micro-politique. À mon avis il y a une nostalgie de quelque chose qui n'est pas de l'ordre des petites révolutions qui maintiennent l'écart entre l'action et la vie. La nostalgie que nous aurions tient au fait de ne plus avoir le sentiment que tout se joue dans la révolution. Par rapport à ça justement, Gérard, la seule fois où tu as concédé avoir été nostalgique c'est par rapport à mai 68, qui, tu as dit, était un moment de liberté. Alors c'est de ça que tu es nostalgique, Andrea : la nostalgie de quelque chose que tu n'as pas vécu, mais que tu trouves dans les textes qui se résume au mot « liberté », mais qui ne signifie peut-être pas aujourd'hui de la même façon qu'en 68. Nous serions nostalgiques d'un signifiant qui n'a plus lieu d'être, parce que les conditions de son émergence n'ont plus lieu d'être. Par ailleurs, je me demande dans quelle mesure la révolution ne met pas en jeu aussi des corps, des façons nouvelles de vivre la corporalité mais aussi de l'exposer (je pense aux têtes coupées de la révolution, au rapport à la mort, et puis à la sexualité en 68, au rapport au plaisir, à l'interdit). Quels désirs de révolution habitent nos corps ? Je pense à ce que dit Freud de la guerre dans sa lettre à Einstein. Il y dit deux choses à la fois : que la guerre est inévitable, mais aussi qu'une paix sera peut-être possible à la longue, mais pas pour des raisons positives, plutôt parce que nous devenons de plus en plus sensibles (ou insensibles ?) à la mort, des petites natures en somme. Nous devenons allergiques (au sens que lui donne Lévinas, mais aussi au sens que lui donne Evelyne Grossman). Par contraste, je pense à un épisode révolutionnaire que m'avaient raconté deux amis en Inde. Ils n'étaient pas mariés mais ensemble depuis plusieurs années. Un jour, dans le train, le partenaire masculin s'était étalé sur les genoux de sa copine. C'est anodin « chez nous », mais voilà que « chez eux », ce geste se voulait révolutionnaire. Il s'est effectué dans la violence. Ce geste les a exposés, pas seulement au regard des autres, mais à la violence d'une réprimande possible. Je ne veux pas dire qu'en Inde la révolution est plus possible ou plus exigée qu'ailleurs, mais disons qu'on peut la sentir latente dans les corps, là où une violence est trop grande aussi. C'est peut-être très simple de le dire ainsi, mais ça a du poids : dans la révolution il y a une transformation sémantique qui va de pair avec une libération physique.

A. P. – Tu proposes l'Inde comme le modèle d'un lieu où quelque chose se passe qui rendrait accessible la révolution et que nous ne vivons pas aujourd'hui. Et tu dis que le mot liberté se réfère pour eux à quelque chose que nous ne connaissons pas. Mais – et je le dis comme autocritique, parce que finalement je partage la difficulté que tu énonces et je vois bien en quoi c'est problématique de savoir de quoi il s'agit quand on dit vouloir lutter pour la liberté – c'est peut-être trop facile de projeter les enjeux politiques dans d'autres lieux où les situations ressemblent à celle de notre passé et de conclure que nous sommes tellement « bourgeois » que ne savons plus rien de la « vraie lutte ». Ceci est de la mauvaise nostalgie, dans la mesure où l'on finit par croire que c'est seulement dans ces circonstances que l'on peut assumer des responsabilités de justice « authentique ». Je vois bien qu'en Inde la chose peut se donner à voir d'une façon plus globale, mais peut-être est-ce justement parce que cela ne nous est pas donné qu'un révolutionnement est nécessaire. Ce qui s'offre à nous n'est pas un enjeu clair, mais quelque chose qui nous touche d'une façon plus angoissante. Or, que fait-on politiquement de cette angoisse ? À l'époque de mai 68 ou dans l'Inde d'aujourd'hui c'est clair : l'angoisse appelle à une révolte générale *contre* un certain nombre de « noms » et *en faveur* d'un certain nombre d'autres (par exemple « *contre* le système des castes, et *en faveur* de la liberté »). Mais nous aujourd'hui, qu'en faisons-nous de l'angoisse ? J'ai tendance à croire que l'angoisse que nous vivons est de même « nature », mais que l'absence de noms la rend peut-être plus intense.

G. B. – Je suis tout à fait d'accord pour penser avec vous la dimension, la portée et l'efficace des affects dans la poussée et l'élan politiques. Il y a l'angoisse dont vous venez de parler. Il y a aussi le désir, et ce désir du ou dans le politique est de l'ordre de l'espérance, d'une espérance. Il est inéradicable, il demeure à même ces angoisses, au fond du désespoir, ce qui assure à l'espérance une sorte de fond, on n'espère jamais que contre tout espoir, l'espérance n'a guère de sens à espérer ce qui est espérable. Il ne s'agit pas de restaurer la vieille espérance ou le vieux désir de révolution, mais de ne pas perdre de vue qu'ils sont là, en nous, à demeure. Il y a là quelque chose qui se transforme et qui demeure. Dans ce que j'appelais traduction/trahison, à savoir dans un réinvestissement de la politique par des formes qui ne sont pas des instances révolutionnaires prétendument propulsives, dans l'invention de pratiques. Cette espérance ne se renonce pas, elle n'est plus celle de 68, mais elle se rejoue, se transforme, dans des pratiques qui désautonomisent la politique et fonctionnent par écartements, décalages, comme une traduction qui ne trouve jamais sa perfection, son statut idéal et définitif.

A. L. M. – J'avais l'impression que tout à l'heure quand tu parlais du capitalisme il n'y avait pas d'issue et qu'il n'y avait même pas de sens à penser une ou des issues possibles. Maintenant tu parles de désir et dans tes livres tu t'orientes sur un Marx qui serait « le sortant ». Je me demande s'il n'y a pas une contradiction entre ces positions. Est-ce que malgré tout, malgré le fait que le capitalisme est l'horizon indépassable de notre temps, il n'y a pas une contradiction à penser la sortie de Marx ?

G. B. – Mais il y a plus d'une contradiction, il y en a plusieurs, nous ne parlons que de cela, les contradictions qui déchirent du dedans nos propos sur la politique et la révolution et l'espérance. Quand je disais du capitalisme qu'il est devenu l'« horizon indépassable de notre temps », je suggérais une sorte d'inversion ironique, à l'ère de la mondialisation, de la fameuse formule de Sartre, « le marxisme est l'horizon indépassable de notre temps ». Ce que je veux dire, c'est d'abord qu'on n'a pas prêté suffisamment attention à ce que Marx dit du capitalisme. Il insiste beaucoup sur la différence spécifique qui distingue tous les modes de production antérieurs, esclavagiste, féodal, du mode de production capitaliste. La différence principale – il y en a d'autres, nombreuses – c'est que toutes les « sociétés » historiques (pour simplifier l'expression « modes de production ») fondées sur des luttes de classe ont toujours tenté de se préserver, de maintenir les rapports hiérarchiques entre les classes qui les structuraient, entre les forces sociales qui les constituaient. Autrement dit, toutes les sociétés que nous connaissons dans et par l'histoire ont tenté de se perpétuer, de se conserver, de se préserver contre toutes les propositions ou les contre-propositions de réforme, d'amendement, voire de transformation. Elles ont toutes été répressives par nature. En revanche, le mode de production capitaliste ne se reproduit que par une sorte d'autodestruction permanente, il ne cherche pas à se perpétuer à l'ancienne, à se protéger de l'extérieur, à se conserver tel quel. Or, en règle générale, les grands mouvements révolutionnaires analysent le capitalisme comme ils feraient de la féodalité ou de l'esclavage. Ils le décrivent en se servant de métaphores très significatives, le salariat comme nouvel esclavage, les dominants comme seigneurs de la finance. Et ils croient ou feignent de croire que la classe dominante se maintient au pouvoir par la force. Tout ceci, cet appareil militant d'agitation et de propagande n'a aucune réalité. Le capitalisme se serait effondré depuis longtemps s'il n'était que ce système d'oppression et de domination violente. Sa longévité – je ne sais pas si c'est un horizon indépassable – s'explique par ce trait spécifique. Les entreprises capitalistes ne se perpétuent pas comme les vieilles familles aristocratiques : elles naissent et elles meurent, elles se créent et se décréent, elles prospèrent et font faillite, entraînant dans ce tourbillon incessant des existences gâchées, des vies mutilées, des destins et des angoisses. Personne n'est à sa place, chacun peut en changer, pour le pire le plus souvent, pour le meilleur parfois. Il me paraît important de ne pas ignorer cette spécificité si singulière, si étonnante au fond, et inédite : le système change tout, à chaque instant, pour ne rien changer. La meilleure façon de conserver, c'est de ne pas conserver, Lampedusa le dit dans *Le Guépard* comme on sait. Si on pense que le capitalisme n'est qu'un ordre hiérarchisé entre des classes, un système fixe d'articulation des intérêts, une structure socio-politique où les dominants tiennent les dominés à leur merci par un appareil répressif impitoyable, on n'en saisit pas le fonctionnement. Les dominants tiennent évidemment à leur domination, mais cette vérité est si générale qu'elle ne dit pas la vérité du capitalisme. La domination de classe s'y perpétue par la destruction incessante des formes anciennes et la reproduction de la domination par des porosités et des fluences qui excluent toute fixité, toute substantialité des positions et de leurs institutions. Le mythe des « 200 familles » qui règnent sur la France, tel qu'il a été diffusé au moment du Front Populaire, par exemple, s'il peut avoir une fonction idéologique et politique forte, et sans doute même nécessaire au combat (une contradiction !), ce mythe plaque sur le vivant du capitalisme la mécanique du féodalisme. Dans le *Capital*, on ne trouve rien de tel, il y a même des passages où Marx explique qu'il ne parle du capitalisme qu'en termes de structure. Pourquoi ? Parce que le capitalisme est le règne de l'abstraction par excellence, d'où la nostalgie du passé « concret », incarné, personnalisé où demeure quelque chose d'un rapport entre sujets, qu'il ne manque jamais de susciter contre les « eaux glacées » du calcul et des équivalents généraux. Au fond les agents sociaux que distribue la lutte des classes, les prolétaires ou les bourgeois, ne sont rien d'autre, pour reprendre l'expression de Marx, que des « supports de fonction ». La réalité effective du capitalisme ne serait, selon l'analyse marxienne, que l'effet d'un procès d'incessante disparition. On n'y a à faire qu'à des abstractions impersonnelles, la valeur, la marchandise, les classes, et à des formes anonymes et interchangeables.

A. P. – Le capitalisme est en ce sens « nietzschéen » : la mort de Dieu donne lieu à la transvaluation infinie des valeurs. Le nihilisme ne peut avoir de vérité historique que dans le capitalisme. Au fond on pourrait même dire qu'il n'y a pas de vrai nihilisme avant le capitalisme. Mais je me demande s'il ne s'agit pas de trouver un autre nihilisme, tout comme Nietzsche parle de deux formes de nihilisme. Il y a le nihilisme qu'il appelle « nihilisme incomplet » et qui finit par se retourner quand, devant le constat de l'anéantissement des valeurs du réel, on finit par instituer une valeur insaisissable et idéale, suprasensible ; l'autre forme du nihilisme est celle qu'il appelle le « nihilisme accompli » et qui serait capable de porter l'inversion de la valeur de toutes les valeurs anciennes jusqu'à la négation du monde suprasensible, sans que dans ce renversement la place laissée vide par la mort de Dieu ne soit remplie par une nouvelle valeur. Ainsi je me demande si le capitalisme n'est pas un nihilisme relatif au premier sens, dans la mesure où il ne fait à chaque fois que créer des nouvelles dominations, par le capital justement qui place le tout sous une unité, le marché, et qui, même si cette unité est infiniment destructible et renouvelable, assujettit quand même le rapport de production à la valeur économique, à la valeur « suprasensible » de la richesse ; et je me demande s'il n'existe pas un mouvement d'« anéantissement » de la valeur qui serait capable de ne pas ordonner la société à la loi du marché. Ainsi, si le premier nihilisme ne fait que « nier les valeurs », et du coup joue le même jeu de la valeur, à l'envers (tout comme le capitalisme joue le même jeu que la féodalité en gardant sa structure mais en effaçant les classes), peut-être un autre nihilisme « positif » ne suivrait pas ce jeu des valeurs renversées, mais arriverait à suspendre la valeur de la valeur, en ne cherchant pas à la remplacer.

POLITIQUE ET TRADUCTION

A. L. M. – Qu'est-ce qu'on pourrait entendre par « révolution pure » ? Comment à une époque donnée a-t-on pu désirer la révolution pure ? Qu'est-ce qu'on mettait derrière le mot « révolution pure » ? Je le comprends très bien au niveau théorique – et ma question ne porte pas non plus sur la pratique de la révolution – mais étant donné que la « révolution pure » est intangible puisqu'elle ne se ramasse jamais dans une forme, je me demande comment elle peut relever d'un projet politique.

A. P. – J'entends dans ce partage presque un piège, au sens où la notion d'idée régulatrice implique l'idée d'une perfectibilité qui en tant que telle implique la poussée vers un avenir qui n'est pas là et qui reste toujours à l'écart. L'idée régulatrice est une pure tension qui risque de ne pas être porteuse de la force de rupture qui est propre à la révolution. En ce sens, non, je ne crois pas que la révolution, qu'elle soit pure ou impure, puisse se rapprocher d'une idée régulatrice. La révolution n'est pas d'abord orientée vers un but, un en-vertu-de-quoi-on-agit, mais c'est ce qui pousse à agir avant même de savoir où l'on va. La révolution ne vient pas d'une réflexion sur ce que l'avenir pourrait devenir, elle est une façon d'insister sur le présent, qui désire travailler la présence pour la rompre et la faire sortir d'elle-même. En ce sens il n'y a aucune *idée* régulatrice ou aucune présomption de *perfectibilité* dans la révolution.

A. L. M. – Oui, je te comprends et te suis d'un point de vue théorique, mais je ne sais pas comment articuler cela politiquement, pour ce que je disais tout à l'heure, qu'on n'est peut-être plus innocent de l'innocence de la révolution.

G. B. – La question est celle de l'écart entre le désir et la politique, entre la justice et tout ce qui joue d'une indéconstructibilité et le droit et tout ce qui s'offre à la déconstruction. Il s'agit plus donc d'un écart que d'une idée régulatrice au sens strict, même s'il a pu m'arriver d'utiliser cette expression de façon un peu commode. Peut-être mai 68 a-t-il été ce moment improbable où l'écartement entre désir et politique n'est jamais apparu si étroit, par où se rejoindrait d'ailleurs l'angoisse éprouvée face à ce qui est étroit. Quelque chose de l'ordre du désir de révolution pure passait en 1968, trouvait une forme, une expression, une manifestation, des figures d'organisation, plus ou moins adéquates au désir, lequel, provisoirement sans doute, ne s'abandonnait jamais, ne voulait pas se sacrifier au profit de… Aujourd'hui on est dans le grand écart entre le désir et la politique. La question que je vous pose alors à tous deux est la question de la politique. Le désir ne sera jamais une politique, et donc, si l'on accepte de faire de la politique, et de traduire quelque chose de ce désir dans des figures politiques, des partis, des associations, des groupes, des organisations, on renonce, mais pas complètement bien sûr, au désir, ou à la révolution pure. Comment accueillir ce « pas complètement » ? Comment alors faire du désir une politique ? Comment traduire ce non-renoncement ?

A. P. – Je suis d'accord, mais je me demande s'il n'y a pas, caché dans ton argumentation, quelque chose qui finit par introduire dans la politique une sorte de désespoir mortifère. Je tiens cependant à penser l'expression du désir comme un moment politique, sans le classer immédiatement dans la catégorie du « hors-politique ». Je crois qu'il y a un schème qui n'est pas explicité dans ton discours et qui en revanche le soutient. Au fond tu dis : on a vu de quoi on était capable quand le désir a pris une forme politique, on a vu toutes les catastrophes des régimes socialistes, et du coup comme ceci était dû à l'identité du désir et de la politique, alors tu conclues que les deux choses sont à tenir rigoureusement séparées. Mais si on n'assigne plus du tout au désir un statut politique, je ne comprends plus ce que veut dire par exemple « résister », « lutter », quel usage faire de l'« exigence de rupture ». Toute rupture est en effet rupture de quelque chose qui est institué, et en ce sens est une contre-politique, ou même, si l'on veut, une non-politique, mais en même temps cette rupture est porteuse d'une requête politique. J'arriverais presque à dire que cette exigence de rupture est plus politique que toute institution, parce que c'est peut-être seulement au moment d'une rupture que la question de l'institution politique est posée : dès que l'institution est créée, par contre, la question qui l'a rendue nécessaire est déjà perdue, ainsi que l'exigence de justice qui l'a ouverte.

G. B. – Je n'ai pas dit que désir et politique étaient deux choses séparées. Je me suis au contraire posé la question de leur articulation, la question du « comment » faire pour aller de l'un à l'autre, par d'étroits passages, question éminemment politique, bien sûr, comme tu l'indiques. La question du désir s'articule à la question politique d'une façon très étroite, en tout état de cause. Selon toi la résistance et l'interruption sont des formes de désinstitutionalisation qui sont par elles-mêmes et immédiatement politiques. Tu évacues alors la question du « comment ? », qui est celle où le lieu des pratiques politiques se dessine, tu forces ce passage par les modalités, les exercices, les façons de faire. Je vois bien ce que cela veut dire, le désir de révolution, je vois très bien ce que signifie résistance, mais entre ce registre, absolument fondateur, originaire, et tu as raison de le rappeler, et le rapport politique proprement dit, il y a une faille, un gouffre peut-être, je ne sais pas. Résister, lutter, rompre, exiger ici et maintenant, parler l'impérieux, l'exigence immédiate, précisément parce qu'ils ne sont pas intrinsèquement « politiques », appellent une politique, une forme, une traduction, une positivité en quelque sorte, c'est-à-dire une existence. Comment les faire exister, et les faire exister politiquement bien sûr, voilà la question à mon avis.

A. P. – Mais pourquoi fais-tu de la « réussite » la mesure de la valeur politique d'une action ?

G. B. – Pas de la réussite, de la politique, de l'incorporation politique. Mais je n'en fais même pas forcément une mesure, un étalon, une unité. J'essaie de prendre acte de l'extrême difficulté du passage d'un registre à l'autre, du désir à la politique, de la résistance à la politique, de la lutte à la politique. Et cette difficulté me paraît être celle-là même de la politique, laquelle se trouve assignée à sa profonde non-autonomie par la question même du passage. Peut-être faut-il consentir à cette difficulté, ne pas s'engager dans l'ubris d'un passage réussi, justement, d'une articulation effrénée, d'une recherche effrénée de l'articulation des registres. Nos pratiques sont finies, au sens où elles sont limitées par notre finitude. Nos pratiques politiques ne peuvent peut-être pas s'ajointer à d'autres registres, l'éthique ou le désir.

A. P. – Moi je vois là, dans ce que tu viens de dire, le risque de créer une sorte de zone de confort : on se confine dans l'éthique ou dans ce qui échappe à la politique et là on trouve un espace de perfection de la révolution et de l'instance de rupture, mais au fond on ne fait plus rien, parce que dès qu'il s'agit de faire quelque chose, de passer à l'acte « politique », on sait que l'instance de rupture de la révolution est à suspendre. On crée ainsi là un hiatus et on doit enfin choisir : on bien on est dans le « juste » de la révolution et alors on ne fait rien, ou bien on est dans l'institution et du coup on fait « mal ». Dans la représentation que j'ai de l'histoire des dernières 30 années, c'est ce principe paradoxal qui a travaillé la façon de pratiquer l'instance de rupture. Car en effet on coupe ici trop vite, en trouvant même une lucidité incontestable et « juste », mais qui éloigne indéfiniment le sens même de ce qui s'appelait il y a 30 ans « révolution ».

G. B. – Pourquoi cette lucidité éloignerait-elle ? Pourquoi ne produirait-elle qu'un différemment infini, comme le mauvais infini de Hegel ? Et où serait le confort dans le constat d'une difficulté de fond, puisque liée à la finitude de notre condition. Il n'est pas forcément aisé de bien vivre une séparation, entre Hegel et Levinas on le comprend. J'ajoute que Marx fut à la fois un très grand analyste politique, peu marxiste d'ailleurs, des grandes conjonctures qu'il a traversées, les révolutions de 1848, le coup d'État de Louis-Napoléon Bonaparte, la Commune de Paris ; qu'il fut par ailleurs le théoricien de la révolution prolétarienne, je dirais même que le Concept de Révolution est central dans sa pensée de l'État, du mode de production capitaliste, de l'histoire ; et que les deux ne se rejoignent guère, par où s'explique qu'il n'y ait pas chez lui de philosophie politique. Je ne dis pas qu'il faut se tenir à ce geste, ou qu'il serait exemplaire bien sûr. Mais il est tout de même l'indice symptômalement très fort de cette « difficulté » dont je parlais, et le mot est faible évidemment. La dimension proprement politique de ce que tu appelles résistance, et qui est bel et bien indéracinable comme tu le vois très bien, reste à déterminer.

A. P. – Je te demande cependant si là il n'y a pas là au moins le risque – et moi je le vois nettement – d'un romantisme, ou d'un esthétisme de l'« instant perdu » : tout est perdu, on est désormais dans l'impossible.

Ou alors, ce qui revient au même, je ne suis pas certain d'avoir compris l'usage que tu fais de l'« impossible ». On a à faire à un impossible, c'est-à-dire à l'échec ou la nécessité de l'échec, mais celle-ci est à mon sens la nécessité d'un *non-possible* plus que d'un *impossible*. L'impossible qui s'inscrit dans le sens même de la révolution n'est pas ce qui se détache ou qui s'éloigne infiniment du possible, c'est-à-dire de l'instance politique, mais l'impossible est ici ce qui se rejoue dans le possible, et a en ce sens une portée éminemment politique.

G. B. – Il faut ici, je crois, revenir à un certain nombre de choses qu'on peut trouver, entre autres, chez Derrida et ce qu'il a pu dire de la « négociation ». La justice ou l'hospitalité sont inconditionnelles et cette inconditionnalité seule permet de les penser avec rigueur. Mais cette inconditionnalité, théoriquement requise, ne forme en aucun cas une politique, car elle serait prise comme telle, comme inconditionnalité, dans un irénisme qui est toujours, vraiment toujours, porteur de catastrophes politiques, Il faut donc, d'un « il faut » tout lévinassien, il faut transiger avec l'hospitalité, c'est-à-dire rapporter son inconditionnalité à des conditions qui sont par elles-mêmes politiques. Pas n'importe quelles conditions, des conditions qui tâchent de s'articuler, sans y parvenir, à l'inconditionnalité dont elles procèdent. On ne peut pas dire : « j'ouvre les frontières à tous, à qui veut entrer, et ceci sans aucune condition ». Ce geste ne serait en aucune façon politique, il en serait même l'oubli, l'oublie des conditions au fond, et un oubli en général non assumé. On, c'est-à-dire l'État, ne peut pas dire davantage : « Je contrôle intégralement les entrées et j'édicte mes conditions ». Ce geste serait, lui, politique, bien sûr, mais oublierait ou feindrait d'oublier la non-autonome de la politique, tout ce qui l'inspire, tout ce dont elle provient, les affects, les impératifs, les exigences inconditionnelles qui l'inspirent et la rendent possible. C'est dans cette indispensable transaction de chaque instant entre inconditionnalité et détermination des conditions où cette inconditionnalité va se traduire, tant bien que mal, c'est dans cette zone mouvante que s'inventent des politiques et où le destin des uns et des autres va se jouer, dans telle ou telle politique d'immigration par exemple. Il est de la plus haute importance de ne pas abandonner cette zone intermédiaire de la politique, de ne jamais la déserter au nom de principes inconditionnels. Il faut au contraire, comme tu le disais, lutter, résister. Et où le faire sinon sur ce terrain ? Où inventer des formes politiques qui soient des formes de transaction avec l'inconditionnalité de l'hospitalité, des politiques de l'immigration non-répressives, non restrictives, accueillantes, mais qui sont des politiques, c'est-à-dire qui passent par un certain nombre d'éléments pratiques, juridiques, matériels, financiers, qui viennent forcément limiter l'inconditionnalité du principe d'hospitalité. Il faut redouter comme la pire des choses une lecture de l'inconditionnalité qui finirait par mettre d'un côté la justice, l'hospitalité, le désir, la révolution, l'incondition, l'immédiat et l'absolu, et d'un autre côté les politiques pragmatiques, les contrôles, l'abandon de la question de l'accueil et leur réduction à des instances administratives, et entre les deux rien. Impossible de faire transitivement de l'hospitalité une politique ; impossible de sanctuariser l'inconditionnalité en la laissant à elle-même, sans effet politique. La traduction dit quelque chose d'une négociation avec cette double impossibilité et elle est propositions, pro-positions politiques à partir de l'inconditionnalité de l'hospitalité.

A. P. – Évidemment je partage entièrement ce que que tu viens de dire. Au point que je ne vois plus en quoi nous sommes en désaccord : en effet, si tu arrives à penser cette urgence de la traduction du principe de l'hospitalité dans une forme politique, alors tu reconnais qu'il y a le problème de l'usage politique de l'instance de rupture, ou de l'inconditionnalité. L'aporie, prise comme pur mécanisme, comme celui de l'hospitalité, produit une urgence d'action dans la sphère politique.

G. B. – Oui, bien sûr, mais en disposant la non-congruence entre l'inconditionnalité de l'hospitalité ou de la justice et telle ou telle pratique politique qui ne se tiendra plus strictement à l'inconditionnalité. C'est l'écart dont je parlais tout à l'heure. Celui qui se tient tranquillement et par-devers soi au principe inconditionnel, estimera toujours que la politique qui tente de s'en inspirer est désastreuse, c'est ce que fait la « belle âme ». À vrai dire, il ne s'agit pas vraiment d'articulation, selon le mot que j'utilisais tout à l'heure. Le principe n'est pas articulable. D'où la politique, d'ailleurs, d'où la nécessité de la politique. Et pourtant la non-articulation ou l'inconditionnalité du principe ne peuvent rester en l'air, dans le ciel des idées, ils appellent à leur traduction politique, comme à une urgence. Et c'est bien cela qui détermine une décision, un engagement, une lutte ou une résistance. C'est à partir de cette recherche par l'inconditionnalité de ses conditions propres, si l'on peut dire, qu'on jugera d'une politique, d'une politique de l'immigration par exemple. On ne peut pas faire du principe inconditionnel de l'accueil une politique. Mais on ne peut pas davantage faire de cette dernière une simple pratique d'administration des hommes et des choses qui serait coupée de tout ce qui se tient en amont d'elle-même. Je viens d'utiliser deux fois le verbe pouvoir à la forme négative, on ne peut pas. On peut bien sûr – mais ce serait à chaque fois une catastrophe : ou bien le champ de la brutalité politique serait laissé libre par l'angélisme de l'incondition, ou bien le cynisme de la condition administrativo-pratique serait sans limite. Le principe n'est pas une politique, mais la politique ne se soutient pas d'elle-même, sans principe externe. Il y a là la description d'un combat, l'esquisse de ses modalités politiques, l'affirmation d'une position de résistance – qui n'épuisera pas l'exigence et ne réglera pas la question de l'articulation entre politique et justice, politique et hospitalité, politique et révolution. Ce rapport entre politique et révolution – que nous avons plusieurs fois évoqué – ne s'articule pas, tout simplement. Or tout l'effort du XXe siècle, tout l'effort du communisme, aura consisté justement à faire de la révolution une politique.

A. L. M. – Moi aussi je pense qu'on ne peut pas assimiler l'éthique ou le désir de révolution à la politique. Sur ce point-là Andrea, tu es d'accord avec Gérard, mais il me semble que tu refuses qu'on s'en tienne là. Il ne s'agit ni d'être dans une position de réconciliation (la révolution est politique) ni dans une position de pure séparation (la révolution ne sera jamais politique) où, au nom de la pureté du séparé (la révolution, l'éthique), on finit par ne plus agir, mais de trouver des points de rencontres créatives. Au fond, on peut dire que c'est l'éthique qui appelle sans cesse des formes politiques, mais tout en nous mettant à l'épreuve de l'insuffisance de ces formes. En ce sens, l'éthique, dans son aspect extra-politique, n'est pas ce qui empêche d'agir ou qui préserve, mais au contraire ce qui oblige à s'exposer.

A. P. – Oui, je dirais les choses de la même façon, mais aussi en sens opposé. Je ne pense pas que le mot « politique » désigne seulement ce deuxième moment d'institution d'une forme déterminée. Si l'on commence en effet en disant qu'entre révolution et politique il y a « inarticulabilité », et bien on a déjà trop simplifié les termes du discours, en perdant l'essentiel. L'essentiel est que la révolution ne se tient pas à une instance purement éthique, mais demande à sortir d'elle et à « transformer le monde », comme dirait Marx. La révolution et le désir de révolution ne sont politiques que quand ils cherchent à sortir d'eux-mêmes.

A. L. M. – Prenons l'exemple des manifestations qui me semblent bien exprimer ce mélange et à la fois cette séparation entre des instances politiques et des instances extra-politiques : une manifestation n'est pas un moment de retrait, mais ce n'est pas forcément un moment politique. Elle peut être un moment éthique. On peut aller dans la rue sans avoir des revendications précises, et même n'avoir aucune revendication.

G. B. – Oui mais quand on descend dans la rue, quand on est tous « ensemble dans un lieu », à une heure précise, quand on se retrouve pour manifester, il y a forcément là la « manifestation » d'une volonté politique de marquer un rapport de forces et de peser sur lui, de créer une situation nouvelle qui sera favorable à ce qui est manifesté, et défavorable à l'État, au gouvernement, à la polis telle qu'elle se limite en elle-même dans l'exclusion. La politique est forcément liée à la constitution de rapports de forces. C'est pour cela qu'on ne peut pas l'articuler à l'inconditionnalité d'un principe. Construire un rapport de forces, c'est déterminer des conditions qui s'imposeront à l'adversaire. C'est ensuite la nature, la substance et les contenus de ces rapports ou de ces conditions qui feront office de traducteurs plus ou moins fiables, plus ou moins efficaces, plus ou moins fidèles de l'incondition.

A. L. M. – Oui, en effet je reconnais qu'il peut ne pas y avoir de force dans les manifestations. Dans ce cas, et pour revenir au thème de la nostalgie, ne sommes-nous pas confrontés à une sorte d'incapacité politique, de renouveler les formes politiques, en raison d'une incapacité de réunir, trouver, ou renouveler les forces, voire un terrain de confrontation des forces ? Je pense par exemple aux manifestations qui ont eu lieu à Rome contre la guerre en Irak : il y a eu des milliers de gens, mais il s'agissait de manifestations sans force. Elles ont été inefficaces.

G. B. – Tous ces manifestants étaient tout de même dans la rue parce qu'ils espéraient que leurs forces réunies auraient des effets politiques. L'envergure et l'amplitude politiques d'une manifestation est aussi conditionnée par l'envisagement d'un rapport de forces à venir, par l'espoir que la situation après la manifestation ne sera pas celle qui prévalait avant. Les manifestants contre la guerre en Irak voulaient créer un mouvement tellement large qu'à un certain moment, sous l'effet d'un rapport de forces écrasant, le gouvernement ne pourrait pas faire autrement que retirer ses troupes d'Irak. En 68, les manifestations avaient à la fois des objectifs révolutionnaires généraux, faire plier le pouvoir, faire cesser la répression, créer une situation de double pouvoir, commencer à démembrer l'État ; et des demandes de satisfaction des revendications sur tel ou tel point. La plus grande grève générale de l'histoire de France était à l'intersection de ces registres, car il y eut à l'intérieur de Mai 68, plusieurs Mai 68, selon les déterminations de classe, les histoires sociales différenciées, la difficulté d'alliances, etc. Ce que les dirigeants syndicaux avaient en vue, et ce qu'ils ont d'ailleurs obtenu, c'étaient pour dire vite les accords de Grenelle, qui ont certainement bouleversé les rapports entre dirigeants et dirigés à l'intérieur des entreprises ; pour les étudiants et aussi une partie de la classe ouvrière, il y allait de tout autre chose. Toujours cet écartement, cette dissension, et la nostalgie qui en sourd.

A. P. – Mais ainsi tu réduis tout le mouvement de ces années aux revendications politiques. Au contraire les gens ou l'ensemble de ce que l'on appelle Mai 68 n'étaient pas représentés pas ces revendications. Il y avait là un écart fondamental.

G. B. – Oui, nous sommes d'accord sur l'écart entre désir et politique – qu'il faut bien déterminer comme telle, sans forcément la réduire à elle-même. Cet écart ne fut jamais aussi peu sensible qu'en 68, traversé à la fois et sans cesse par le désir et par la politique, l'un dans l'autre, l'un avec l'autre. Et si au joli mois de mai a succédé l'immense déception de la rentrée de septembre, c'est parce que ce moment fusionnel désir-politique était en train de se défaire, de retrouver ses morceaux séparés. Je me souviens d'une séquence filmée, je ne sais par qui, vue des années plus tard, une scène absolument émouvante, où une jeune ouvrière en larmes explique qu'elle ne veut pas retourner à l'usine, que tout va recommencer comme avant, avec les petits chefs, les vexations, et elle pleure son immense colère. Aïcha parlait tout à l'heure de contradiction. Il y eut plusieurs semaines où les « séries » firent place aux « groupes en fusion », pour reprendre les analyses sartriennes, des semaines de « fusion » du désir de révolution et des pratiques politiques quotidiennes, comme celle de l'assemblée générale. Puis la vie sérielle a repris ses contraintes et ses forçages. La « contradiction » a été effective dans et par la fusion suivie de la séparation. Comment ne pas garder le goût de ces deux mois inoubliables où tout semblait aller ensemble, les affects et les manifs, la vie réelle et la politique, l'existence quotidienne et l'innovation révolutionnaire ? Dans ces moments-là, la politique comme traduction se fait chaque jour, simplement, par soi-même dans la *manifestation*. La manifestation fut l'instance de traduction politique immédiate des affects pré-politiques.

A. P. – Oui, mais ne doit-on pas considérer la portée *politique* de l'inconditionnalité ? Je cherche par là à relier les deux choses : politique et principe inconditionnel. Dans ton discours, il semble clair en effet qu'il s'agit d'une séparation nette : ou bien il y a politique, ou bien il y a inconditionnalité « éthique », et dès que cette inconditionnalité éthique cherche une traduction dans la politique, alors elle n'est plus inconditionnelle. Mais j'aimerais que l'on considère la portée explicitement politique de l'inconditionnalité.

G. B. – Non, pas de « séparation nette », je dis seulement que tu ne peux pas rabattre l'une sur l'autre l'inconditionnalité et la politique, et que tu ne peux pas davantage les articuler selon une procédure logico-dialectique. La politique est exactement là, en ce lieu intermédiaire où les séparés ont à se déséparer. La politique consiste à traduire quelque chose de l'inconditionnalité dans une pratique. Il est évident que si tu traduis, tu ne te tiens plus inconditionnellement à l'inconditionnalité. Sinon, il n'y a pas de traduction, il n'y a plus le risque de la trahison inhérent à la traduction. Je ne dis pas qu'entre inconditionnalité et politique, il n'y a rien, je dis qu'il y a la politique, qui n'est pas rien. Le travail de la traduction consiste à passer d'une langue à une autre langue, à transporter de l'un à l'autre des matières intransportables. Dans ce transfert, inévitablement, quelque chose se perd, irrémédiablement, et il faut y consentir – ou alors renoncer à la traduction. Je songe à tous ceux qui disent qu'on ne peut bien comprendre Platon et Aristote ou Hegel et Heidegger qu'en leurs langues, le grec, l'allemand, ce qui contient une part de vérité, incontestablement, mais qui signifie à la longue une désertion, une capitulation. Je préfère dire qu'on peut très bien entendre ces philosophes et ces philosophies sans les lire dans le texte original, mais qu'il faut savoir qu'on est exposés à des dangers, à des pièges, à des malentendus, qui doivent informer la lecture qu'on en fait dans des traductions. Il me semble qu'Andrea consent à la traduction, mais sans vouloir rien perdre de ce qu'implique son mouvement.

A. P. – Ceci serait une idéologie, je suis bien d'accord avec toi sur l'impossibilité d'une traduction qui se tienne à l'original et sur le fait que traduire soit perdre quelque chose. C'est bien pour cela que la révolution ne s'achève pas, comme on le disait. Mais la question que je pose est une question de « noms » : qu'appelle-t-on « traduction » ? Par exemple, entre A, mettons, un texte russe de Dostoïevski, et B, la traduction en français de Dostoïevski, qu'appelle-t-on traduction ? Il faudrait à mon sens ne pas qualifier B seulement de « traduction ». Certes, A ne l'est pas, mais la traduction est d'abord la transition, le *passage* de A à B. Et non pas seulement B. « Traduction » en effet veut dire en français, certes, le résultat de l'opération du traduire, comme quand on dit « j'ai choisi cette *traduction* plutôt que l'autre ». Mais « traduction » peut vouloir indiquer aussi l'activité, l'action du traduire, comme quand je dis « je fais une *traduction* ». Ainsi, quand nous disions « la traduction politique de l'inconditionnalité », cela peut vouloir dire deux choses que je tiens ici à séparer résolument. D'un côté « la traduction politique » indique le choix que l'on a opéré, le choix politique pour telle ou telle institutionnalisation ; d'un autre côté, la « traduction politique » peut indiquer le moment où l'on assume la nécessité d'un choix à faire, qui est un choix que l'on n'a pas encore fait, mais dont on a juste assumé la responsabilité. Dans ce moment d'action, qui ne sait pas encore quelle action institutionnelle sera accomplie, on garde quelque chose de l'inconditionnalité, on ne l'a pas encore perdue, même si on sait qu'on devra faire un choix. Or, ce moment de « transition », cette action qui se tient encore à l'inconditionnalité, n'est pas un pur moment de refus. De la même façon au niveau politique, A pris tout seul, donc l'inconditionnalité en elle-même, ne veut « politiquement » rien dire. Je suis d'accord. Mais « politique » n'est pas non plus l'achèvement institutionnel de B qui a tout perdu de l'inconditionnel, parce que politique est d'abord le passage de l'un à l'autre, la nécessité d'incarner la tension des deux extrêmes. Ici, dans la traduction entendue comme opération, l'inconditionnalité joue son rôle, parce que je l'assume, je dois l'assumer, sinon je ne traduis pas ; et j'assume aussi la responsabilité d'un choix à faire, d'un mot politique institutionnel à trouver pour traduire. Je crois donc que le mot « traduction » est ambigu : moi je voudrais en effet me tenir au schème traductif, à condition de distinguer le moment de suspension du choix qui est celui de l'opération et le moment d'accomplissement définitif de la traduction qui n'est que le résultat de l'opération. Cette traduction en tant qu'action est à mon sens « politique ». La transition, le passage de l'inconditionnalité à la politique institutionnelle est politique car c'est là que se joue toute la question – et pas dans le choix final qu'on fait. Celui-ci est en effet forcement en manque, car il aura perdu l'inconditionnalité. Sur ce point on est d'accord. Mais j'ose dire : peu importe que l'on ait perdu l'inconditionnalité dans le choix, car la question politique proprement dite se joue avant le choix. Or, si on se tient à ce principe, on n'est plus confiné au hiatus, à la pure opposition de l'inconditionnalité et de l'échec. Cette opposition existe, bien sûr, et elle est fondamentale, mais elle ne dit pas le tout de l'action politique.

G. B. – Là, je suis entièrement d'accord et il me semble même que ce que tu dis ajoute à mon propos de très profondes précisions. Il faut tenir, je crois, aux deux significations de la traduction que tu distingues : une opération et un résultat. Il faut les tenir ensemble, au moyen peut-être du « devenir-résultat » de Hegel. Si je t'ai bien compris, tu dis, toi, qu'il faut entendre la traduction comme une opération et jamais comme un résultat. Est-ce seulement possible ? Peut-on délier le devenir, le travail, l'opérativité d'un procès, et ce qui en sort comme « résultat », mais comme résultat provisoire, instable. Le résultat trahira toujours l'opération, car il est lié, comme tu le dis, à un choix, à une décision, tel mot plutôt qu'un autre, tel acte plutôt qu'un autre, telle alliance, telle figure institutionnelle. Si la politique est une opération de traduction, elle ne peut pas se tenir à l'homogénéité ou la continuité du principe inconditionnel et de la pratique politique. Ce sont des moments hétérogènes qu'il faut faire passer l'un dans l'autre. Il y a du coup une tristesse du choix, un désespoir de la traduction, une finitude de l'action.

A. P. – Mais par exemple, quand tu parlais toi-même de ton expérience de la clandestinité en Allemagne, tu disais que tu n'en avais pas de souvenirs politiques, mais à la limite contre-politiques ou éthiques. Tu ne donnais pas un statut politique à l'expérience de la clandestinité et à l'amitié...

A. L. M. – Au contraire, ce qui m'avait surprise c'est que Gérard dise que l'amitié avait un poids politique, car j'aurais attendu qu'il dise qu'elle relevait plutôt de l'éthique (de la singularité – mais aussi de la fragilité – de la rencontre) et il rajoutait que c'était juste une des conditions particulières du totalitarisme, n'est-ce pas ?

A. P. – Oui, c'est vrai.

A. L. M. – Je pense que vous êtes finalement d'accord sur le fait de dire que l'inconditionnalité éthique implique toujours qu'elle soit traduite en politique et aussi pour dire qu'elle ne s'épuise pas dans la politique. Et là tous les deux vous trouvez l'inverse du désespoir car vous cherchez par le hiatus à relancer l'enjeu de la politique.

A. P. – Oui, mais en même temps il y a là un désespoir, car on assume le manque de traductibilité.

G. B. – Je pense qu'on voit peut-être mieux le désaccord entre nous. Par exemple sur ce que j'appelais tout à l'heure l'hétérogénéité, le désespoir. C'est là aussi que se tient et que croît l'espoir – « contre toute espérance ». Si la politique consiste à traduire, cela veut dire aussi qu'elle oblige à prendre sur soi, à endurer la difficulté de ne pas traduire autant et aussi bien qu'on voudrait, dans le transfert de l'un à l'autre. Choisissant et ne pouvant faire autrement que choisir, le traducteur garde la nostalgie d'autres choix, il sait bien qu'il ne peut pas tout faire tenir dans sa proposition traductive. Choisir, c'est renoncer. Et si le paradigme traductif est sensé, agir politiquement signifie non seulement renoncer mais encore acquiescer à ce renoncement, car il est la condition de l'agir.

Ma critique de l'extrême gauche, dont je fais abusivement un seul et même bloc ici, vient de là. L'extrême gauche refuse le renoncement dont je parle, elle refuse de traduire. Elle se tient aux principes et refuse d'en sortir, elle exprime une indignation, une colère, un refus, mais elle est hors d'état d'en faire de la matière politique. Elle est tout entière dans un refus de la politique. La traduction politique consiste en un choix, elle ne peut pas ne pas choisir, ou alors elle ne traduit pas. Elle implique une acceptation, un acquiescement, un engagement dans une décision dont l'impact sera aussi institution, car elle est portée par l'intuition qu'on va pouvoir traduire ou faire passer dans l'institution quelque chose d'intraductible institutionnellement. Ceci emporte constamment le risque de l'échec, bien sûr, comme un risque que l'agir politique a toujours à courir. C'est pour cela que l'opération et le résultat ne se laissent pas facilement séparer, le plus souvent ils s'entre-contaminent. Ou alors il faudrait en passer par un suspens volontaire de l'action. La traduction ne se peut que comme choix et comme exclusion d'autres choix. La langue de Dostoïevski, le russe de Dostoïevski est sublime, et je peux demeurer dans sa contemplation et sa méditation si je connais la langue russe. Mais je peux aussi considérer que cette grammaire, ce style, ces mots, ces protagonistes sont si extraordinaires qu'ils m'obligent, si je le peux, à le trahir dans une restitution, à les rendre en français ou en italien. Ce moment de « trahison » interrompt dans une certaine urgence la suspension de l'acte.

A. P. – Je comprends ce que tu veux dire, et pourquoi tu t'opposes à cette « temporalité de la suspension » de la traduction. Il est peut-être naïf de croire pouvoir isoler le moment de suspension. Mais la croyance d'une temporalité de la pure coupure, de la pure interruption, de l'un et du deux sans aucun rapport, isolés et sans partage, l'est aussi. C'est là peut-être un usage trop immédiat de l'aporie. Comme il y a là une aporie, et comme de celle-là on ne peut pas sortir, ce qui s'en suit est une justification d'une posture inerte et fataliste. À ce moment-là, la traduction ne sert plus à rien. Il faut apprendre le russe si l'on veut lire Dostoïevski. Et cependant l'enjeu de la traduction est celui du « malgré » : bien que ce soit une traduction, malgré cela, elle est vraiment une traduction *de* Dostoïevski et pas autre chose.

G. B. – Bien sûr, mais je n'ai pas défendu la thèse d'une séparation que tu me prêtes. Dans la détermination de la politique que je te proposais, en en empruntant la formule à Schelling, je disais qu'il s'agissait de « faire traduction de l'intraductible ». Mais cela veut dire aussi assumer la tragédie, la trahison, l'échec et le désespoir qui s'en suit. En ce sens la politique est une traduction qu'il faut sans cesse recommencer – c'est d'ailleurs ce que disent les traducteurs des grandes œuvres littéraires ou philosophiques. La politique ne détient aucune autonomie, elle ne se tient pas en elle-même, elle n'est pas consistante, elle n'est pas close, elle n'est pas achevée et elle est inachevable, toutes choses qui sont au fondement de la discipline dite « philosophie politique ». Bien sûr qu'il y a un suspens, une interruption, sinon il n'y a pas de passage d'un texte à un autre, d'un affect à une politique. Il faut un instant qui soit un instant d'arrêt. J'ai l'impression que nous n'insistons pas sur les mêmes points de l'opération. Moi, j'ai plutôt tendance à partir de là pour m'interroger sur l'instance qui suit l'instant du suspens, sur l'instant d'une reprise, ce qui tient peut-être à des représentations différentes de la temporalité du politique. Devant l'inconditionnalité, je m'interromps, je suspends toute méditation des conditions, car si celle-ci est trop hâtive, alors c'est terminé. Mais il faut quand-même suspendre la suspension, et ceci n'a rien à voir avec la dialectique, mais tout au contraire avec le temps, ses séquences, ses temporalités stratifiées. Qu'y a-t-il après l'interruption ? Voilà le geste interrogatif qui préside à l'interruption elle-même.

A. P. – Et dirais-tu que ce geste autre est politique ou pas ?

G. B. – Non, l'arrêt ou la suspension sont comme le rappel, pour ainsi dire, de la « loi ». On est presque dans un ordre mosaïque ou biblique. Il y a quelque chose d'une instance de l'inconditionnalité qui se rappelle à moi et si la loi de l'inconditionnalité ou de l'hospitalité ou de la justice se rappelle à moi, je suis dans le temps d'une suspension, je me tiens dans le suspens. Et ce moment est par excellence le moment pré-politique. Le geste politique consiste, lui, après l'arrêt et après le rappel de la loi, à reprendre quelque chose d'un chemin, d'une tradition, d'un risque.

LE PASSÉ COMME ENFANCE

A. L. M. – J'aimerais revenir sur les thèmes de l'enfance et de l'innocence qu'on a abordé. Ces termes ne sont pas nécessairement équivalents. Penser leur différence pourrait nous éclairer sur l'enjeu de la différence entre l'éthique et la politique ainsi que sur la dimension encore politique qu'on peut trouver à l'espérance et l'attente. On a vu qu'il y avait nécessairement de l'innocence dans la révolution. Le désir de révolution, en tant qu'il est le désir de quelque chose de tout autre, implique une forme d'innocence, un certain non-savoir qui est un moteur, voire un enjeu ou même la structure de l'action révolutionnaire. Mais on a dit aussi (en tout cas c'est ce que je pense) qu'on ne pouvait plus aujourd'hui être innocent de cette innocence. Dans le côté téléologique des révolutions, il y a comme un savoir de ce non-savoir. Ce non-savoir finit par être subordonné à une fin ou, s'il est fin en lui-même, il est terrifiant. C'est cela la terreur, le goût de couper des têtes. Mais lorsque l'on dit que la politique exige l'oubli plutôt que l'immobilité dans une mémoire *privée*, je me demande si l'on décrit la politique comme perte d'innocence ou comme exigeant encore une forme d'innocence. Il y a quelque chose d'innocent dans l'oubli, non ? Par ailleurs, on a parlé d'un enfant qui voyait un homme se faire tuer dans la rue. On a dit que pour faire de la politique il fallait oublier la violence, c'est-à-dire en fait ne pas la juger. Alors, comment un enfant voit-il la guerre ? Est-ce que l'enfant voit la guerre innocemment ? Que se passe-t-il dans son regard ? Est-ce que son regard n'a pas perdu l'innocence au point d'être comme enfermé dans l'enfance ? Ou bien est-ce que son regard trouve une forme d'innocence précisément parce qu'il n'est pas dans le jugement ? Est-ce qu'il oublie parce que là, l'innocence, la suspension du jugement, demande de quitter l'enfance (c'est-à-dire la violence de ce moment) ?

G. B. – Pour un enfant, il n'y a pas de juste et d'injuste. Ce sont des catégories qui viennent après-coup structurer les récits qu'on leur fait, les grandes narrations qu'ils reçoivent des adultes. Mais la vision d'un homme qu'on abat n'obéit pas à ce partage. L'enfant éprouvera sûrement l'insupportable du meurtre et il demeurera pétrifié devant ce corps qui s'effondre. Mais de façon « éthique », si je peux dire, de façon « pré-morale », c'est-à-dire sans que soit mobilisés le juste ou l'injuste, dans un effroi qui fige toute parole et qui gèle tous les mots qui pourraient venir à la bouche.

A. L. M. – Je pense au récit de Duras qui dans les cahiers raconte que sa mère et ses frères la battaient, mais elle le raconte absolument sans jugement. Ou je pense aussi au film *Io non ho paura* de Gabriele Salvatore où l'enfant protagoniste mène une enquête complètement innocente autour de l'enfant qu'il trouve dans un trou dans la campagne et ne suppose à aucun moment que quelqu'un ait pu mettre cet enfant dans cette situation. Qu'est-ce qui reste de l'enfance quand on fait de la politique ?

G. B. – Je ne sais pas, la politique exige peut-être l'oubli de l'enfance, contrairement au travail artistique par exemple, ou même peut-être à celui du philosophe. L'oubli a sûrement été pour moi la seule façon de sortir de la communauté, la seule façon de m'ouvrir le monde, un monde. Oublier veut dire se donner les moyens d'échapper à son groupe, à son milieu, à ses appartenances et à la chaleur qu'elles assurent. Ne pas oublier en revanche, faire constamment mémoire de ses « racines », implique une fidélité, une perpétuation, un attachement, qui inhibent toute tentative d'évasion hors de cet être communautaire. Je parle pour moi, tout au moins. Je voulais impérieusement me délier, élargir l'angle de tout ce que je pouvais voir, fût-ce, là aussi, en trahissant quelque chose de ce qui me liait aux miens, comme on dit. C'est bien ce qu'explique Arendt dans *La crise de la culture* lorsqu'elle évoque le grand privilège qu'ont les peuples parias, celui d'être déchargés du souci du monde. À seize ans, je voulais très exactement me décharger de ce privilège, trouver ou retrouver le monde, l'humanité, loin de cette proximité de l'appartenance et de la chaleur entre frères qu'elle procurait. Ce souci, ce vœu, coïncidèrent avec la rencontre de la politique, et en l'occurrence de la politique communiste. Mais, à bien suivre Arendt, c'est la même chose : le souci du monde, c'est la politique. Lié à ce peuple paria que sont les Juifs, il me fallait donc rompre avec le privilège et la chaleur. La politique, c'est cette rupture, laquelle est certainement aussi une rupture avec le charme de l'enfance.

A. L. M. – Si je cherche à comprendre ce que voit un enfant quand il est exposé à la violence, c'est parce qu'il me semble qu'un enfant peut vivre quelque chose de très douloureux et en même temps ne pas incarner le tragique : il ne se dit pas « je souffre ». Ce qui me frappe dans l'enfant, c'est tout de même la capacité qu'il a de souffrir pour l'autre, à savoir de reconnaître quelque chose de l'ordre de la souffrance, mais sans être dans un discours. L'enfant ne se dit pas « ça ne devrait pas arriver » ou « la vie est lamentable ». C'est pour ça que je m'oppose par exemple aux psychologues quand ils disent que les enfants doivent mettre un nom sur ce qu'ils ont vécu. Cette façon de vouloir tout nommer – et tout nommer tout de suite – peut être terrible. La chance de l'enfant c'est qu'il ne va pas avoir besoin des noms et il peut laisser moins déterminée et moins nommable son histoire, sans être pour autant inconscient de ce qui lui est arrivé. Ainsi l'enfance dont il y va dans « Ostalgérie » n'est pas l'enfance joyeuse que l'on aurait oubliée. L'oubli est l'oubli de la violence en tant qu'elle impliquerait des jugements définitifs sur ce qui a eu lieu. Ce qui a été oublié n'est pas l'enfance tout court, mais les jugements possibles liés à cette violence. Ce qui donc peut être de l'ordre de la joie dans « Ostalgérie », c'est l'enfance qui ne s'oublie pas parce qu'on ne s'en rappelle pas, qui rend possible encore un troisième récit qui ne soit ni de l'ordre de l'oubli, ni de l'ordre de la simple remémoration de la violence.

G. B. – Oubliée, remémorée, rappelée, toujours l'enfance et ses « verts paradis » me paraissent associées à une « algie » du temps. Mais si la nostalgie signifie bien la douleur du retour, il y a aussi dans le geste « ostalgérique » quelque chose comme une contre-nostalgie, une nostalgie qui n'est pas déploration du passé, mais vie vivante du « retour », une chose mentale qui peut s'ouvrir à tout moment. L'engagement politique se sera amputé d'une partie de sa propre mémoire, pour se constituer comme tel, pour être actif et militant. Mais, à un moment indéterminé de sa propre vie, de sa trajectoire comme on dit, une réappropriation s'impose, le retour mémoriel à l'enfance retrouve une fonction d'activité, de propulsivité, et pas simplement de nostalgie improductive. Et alors, il peut y avoir dans cette assomption une sorte de joie, une réparation. Ces scansions sont celles de toute une vie et elles demandent et appellent leur description, leur analyse.

A. L. M. – Oui, mais ce n'est pas la joie de retourner dans les lieux familiaux, au contraire *c'est la joie d'être ailleurs*. Tout à l'heure, tu disais que, rentré en France, tu avais dû mettre en sourdine voire même oublier activement ce que tu avais vécu en Algérie pour trouver une position vis-à-vis du Vietnam. Est-ce tu avais une conscience de cet oubli ? Est-ce que l'oubli peut-être lucidement choisi ? Est-ce que tu t'es dit tout de suite que tu t'abstrayais de ton histoire pour pouvoir chercher la justice politique ?

G. B. – Non, l'oubli dont je parle grâce à ce que m'en dit Nietzsche n'est ni conscient ni actif ni délibéré, ni, surtout, su. Il ne sait pas, il ne se sait pas, mais il s'enfonce cependant dans un profond jadis.

A. P. – Tu as quand même dû comprendre pendant ces années que cette violence, dont tu avais fait l'expérience à Alger, dans des circonstances déterminées, « vaut la peine » politiquement, n'est-ce pas ? Et que « ça vaut la peine » parce que ce qui se passait en Algérie demandait une économie différente (justement « politique »).

G. B. – Oui, si tu veux, mais ce n'était pas une intention, une délibération, un projet d'intelligibilité, l'effort serein de qui veut « comprendre ». Je me suis violemment amputé d'un membre pour me sauver, j'ai coupé une part de moi-même, retrouvée bien plus tard, pour que le tout survive. La seule façon que j'avais, adolescent, de régler ces comptes dont je ne pouvais m'avouer à quel point ils étaient douloureux était de me dire, dans des conflits familiaux assez violents : c'est très bien comme ça, les Algériens ont tué, mais ils étaient du côté de la justice, les autres étaient des oppresseurs. Je ne voulais rien entendre d'autre, ni sur l'innocence de nombreuses victimes, ni sur la sauvagerie d'un combat, ni sur le caractère endémique d'une violence qui dure jusqu'à ce jour en Algérie. J'eus en 1967, lors de la guerre des Six Jours, la même attitude. Je pouvais calmement expliquer, en famille, qu'Israël, en tant qu'État, devait être détruit, comme Carthage ! Mais au fond, et de façon très confuse, je sentais plus ou moins que ce faisant ou ce disant je me faisais violence à moi-même. Mes propos, mes positions, mes explications arrogantes devaient affermir mes engagements politiques et confirmer la rupture avec les « parias ». Tout ceci eut donc lieu dans un déni permanent. Que la violence des peuples colonisés en lutte pour leur libération fût légitime, je le pense encore. Mais, à seize ans, cette légitimité affirmée avec une très grande violence rhétorique finissait par nier qu'il y ait pu seulement y avoir la moindre victime. Les vaincus mouraient une seconde fois, et tant pis pour eux. Leurs morts ne valaient pas, pas davantage en tout cas que celle de tous les tyrans de l'histoire. Face à tous les événements politiques chargés de violence, y compris l'histoire sanglante du communisme, j'eus longtemps la même attitude. Je ne niais pas la violence, mais, la mettant au compte des grandes nécessités historiques, je l'inscrivais dans un processus mondial, universel, et, ainsi, je la niais sans la nier, en faisant usage des pires poncifs de la pensée utilitariste bourgeoise. Il m'a fallu longtemps, des années, avant de me défaire de ces schèmes commodes et meurtriers.

A. P. – Donc, on pourrait dire que l'œuvre de mémoire qui t'est possible maintenant, ce qu'on appelle ici entre nous « Ostalgérie », n'est en fin de compte – à l'opposé de toute justification des victimes de l'histoire – qu'un anti-hégélianisme : « Ostalgérie » signifie l'intention de sortir de toute justification, et de bloquer la machine de l'Histoire qui prétend toujours être sans faute et sans victimes.

G. B. – Oui, Hegel ! Le *Weltgericht*, l'histoire comme tribunal, oui, c'est bien de tout cela qu'il s'agit. Comment relever la « contradiction » – c'est de tout autre chose qu'il s'agit en fait, où la logique et la dialectique ont peu à faire – entre la légitimité d'une lutte et la mort de tous ceux qu'elle emporte, aussi simplement et aussi bêtement qu'« étêter un chou » comme dit Hegel, qui n'est donc pas tout dans Hegel et qu'on ne ramène pas aussi aisément à ce qu'Althusser appelait un « hégélianisme du pauvre » ! Il nous faut faire avec ce qui n'est pas une contradiction, mais une donnée foncière de ce que j'associais tout à l'heure à notre finitude. Inutile d'attendre une relève entre la légitimité historique des uns et la mort des autres, il faut qu'à son heure la défaite dise son mot et que les vaincus retrouvent la parole.

BIBLIOGRAPHIE

ADORNO, Theodor, *Trois études sur Hegel*, trad. Collège de Philosophie, Paris, Payot, 2003.

AUGUSTIN, *Les confessions*, trad. J. Trabucco, Paris, Flammarion, 1964.

APPELFELD, Aharon, *Histoire d'une vie*, trad. V. Zenatti, Paris, Éditions de l'Olivier, 1999.

BENHAÏM, André, *Panim. Visages de Proust*, Villeneuve d'Ascq, Presses universitaires du Septentrion, 2006.

BENJAMIN, Walter, *Écrits autobiographiques*, trad. C. Jouanlanne, J.-F. Poirier, Paris, Christian Bourgois, 1990.

BENJAMIN, Walter, *Œuvres*, v. I, trad. M. de Gandillac, Paris, Gallimard, 2000.

BENJAMIN, Walter, *Sur le concept d'histoire*, trad. O. Mannoni, Paris, Payot, 2013.

BENSUSSAN, Gérard, *Questions juives*, Paris, Osiris, 1988.

BENSUSSAN, Gérard, *La philosophie allemande dans la pensée juive*, Paris, PUF, 1997.

BENSUSSAN, Gérard, *Le temps messianique*, Paris, Vrin, 2001.

BENSUSSAN, Gérard, *Qu'est-ce que la philosophie juive ?*, Paris, Desclée de Brouwer, 2003.

BENSUSSAN, Gérard, « La politique et le temps. Autour de J. Derrida et du messianisme », *Actuel Marx Intervenciones*, n. 3, 2005, p. 77-88.

BENSUSSAN, Gérard, « Levinas et l'exercice de la philosophie », *Levinas*, éd. D. Cohen-Levinas (éd), Paris, Bayard, 2006a, p. 257-275.

BENSUSSAN, Gérard, « L'oubli, une vertu prophétique », in *Enjeux d'histoire, jeux de mémoire. Les usages du passé juif*, éd. J. M. Chouraqui, G. Dorival, C. Zytnicki, Paris, Maisonneuve et Larose, 2006b.

BENSUSSAN, Gérard, *Marx le sortant*, Paris, Hermann, 2007a.

BENSUSSAN, Gérard, « Mouvement, immémorial, amour », *Emmanuel Levinas et les territoires de la pensée*, éd. D. Cohen-Levinas et B. Clément, Paris, PUF, 2007b, 293-303.

BENSUSSAN, Gérard, « Beides, Herr General. Heidegger, der Nazi, Heidegger, der Philosoph und umgekehrt », éd. B. H. F. Taureck, *Politische Unschuld ? In Sachen Martin Heidegger*, München, Fink Verlag, 2008a, p. 83-94.

BENSUSSAN, Gérard, *Éthique et expérience. Levinas politique*, Éditions de la Phocide, Strasbourg, 2008b.

BENSUSSAN, Gérard, *Dans la forme du monde. Sur Franz Rosenzweig*, Paris, Hermann, 2009.

BENSUSSAN, Gérard, COHEN-LEVINAS, Danielle, *L'impatience de langues*, Paris, Hermann, 2010.

BENSUSSAN, Gérard, « O Jogo do Alor e da Etica », *Emmanuel Levinas entre Reconhecimento e Hospitalidade*, éd. M. L. Marcos, M. J. Cantinho, Lisbonne, Edições 70, 2011, p. 27-40.

BENSUSSAN, Gérard, « Heidegger : l'introduction de la philosophie dans le nazisme », *La règle du jeu*, n. 58-59, 2015a, p. 81-107.

BENSUSSAN, Gérard, *Les âges du monde. Une traduction de l'Absolu*, Paris, Vrin, 2015b.

BENSUSSAN, Gérard, « Le rêve, l'amour », *Ostium*, n. 3, 2016, p. 9-21.

BENSUSSAN, Gérard, « Amour et justice. Peut-on tout pardonner ? », in *L'amour. Rencontres philosophiques de Monaco*, 2017a, p. 131-142.

BENSUSSAN, Gérard, « Le coup de couteau du réel. Notes sur Proust et (un autre) Schelling », in *Revue d'études proustiennes*, n. 6, 2017b, p. 125-146.

BENSUSSAN, Gérard, « Heidegger entre antisémitisme, philosophie et pensée », *Heidegger « Schwarze Hefte » im Kontext*, éd. D. Espinet, G. Figal, T. Keiling, N. Mirković, Tübingen, Siebeck, 2018, p. 209-233.

BENSUSSAN, Gérard, *Être heureux ? Ce qui dépend de nous et ce qui n'en dépend pas*, Paris, Mimesis, 2019a.

BENSUSSAN, Gérard, *Les deux morales*, Paris, Vrin, 2019b.

BENSUSSAN, Gérard, *L'Écriture de l'involontaire. Philosophie de Proust*, Paris, Classiques Garnier, 2020.

BIZUB, Edward, *Proust et le moi divisé : la "Recherche", creuset de la psychologie expérimentale (1874-1914)*, Genève, Droz, 2006.

BLANCHOT, Maurice, *L'attente, l'oubli*, Paris, Gallimard, 1962.

BLANCHOT, Maurice, *La Folie du jour*, Saint-Clément-la Rivière, Fata Morgana, 1968.

BLANCHOT, Maurice, *L'entretien infini*, Paris, Gallimard, 1969.

BLANCHOT, Maurice, *L'Amitié*, Paris, Gallimard, 1971.

BORGÈS, Jorge Luis, *L'or des tigres*, trad. N. Ibarra, Paris Gallimard, 1976.

CATTEAU, Jacques, « Du grand pécheur au grand inquisiteur », *Europa orientalis*, n. 12, 1993, p. 87-94.

CATTEAU, Jacques, « De l'esprit du nihilisme chez Dostoïevski », *Revue Russe*, n. 10, 1996, p. 21-34.

CHALIER, Catherine, *Le Rabbi de Kotzk, Un hassidisme tragique*, Paris-Orbey, Arfuyen, 2018.

CHANCES, Ellen, *Conformity's Children : An Approach to the Superfluous Man in Russian Literature*, Columbus, Slavica Publishers, 1978.

CHÂTELET, Francois, MAIRET, Gérard (éd.), *Histoire des idéologies*, Paris, Hachette, 1978.

COHEN-LEVINAS, Danielle, TAUB ROBLES, Lena, « The corporeal meaning of time : Phenomenology and literature. Lévinas, reader of Proust », *CR : The New Centennial Review*, vol. 17, n° 2, 2017, p. 25-42.

DAVID, Alain, « Ce que Bensussan dit au nom de Levinas », *Iris. Annales de philosophie : Études sur* Le temps messianique *de Gérard Bensussan*, n. 52, 2004, p. 111-116.

DAVID, Pascal, *Essai sur Heidegger et le judaïsme*, Paris, Cerf, 2015.

DE LEY, Herbert, *Marcel Proust et le duc de Saint-Simon*, Londres, University of Illinois Press, 1966.

DERRIDA, Jacques, *L'écriture et la différence*, Paris, Seuil, 1964.

DERRIDA, Jacques, *De la grammatologie*, Paris, Minuit, 1967a.

DERRIDA, Jacques, *La voix et le phénomène*, Paris, PUF, 1967b.

DERRIDA, Jacques, *Spectres de Marx*, Paris, Galilée, 1993.

DESCOMBES, Vincent, *Proust. Philosophie du roman*, Paris, Minuit, 1987.

DOSTOÏEVSKI, Fiodor, *Les démons*, trad. B. de Schlœzer, Gallimard, Paris, 1972.

DOSTOÏEVSKI, Fiodor, « Povesti i rasskazy. 1862-1866 », *Polnoe Sobranie Sochinenij, v 30 tomah.* vol, 5, Leningrad, Nauka, 1973a.

DOSTOÏEVSKI, Fiodor, « Prestuplenie i nakazanie », *Polnoe Sobranie Sochinenij*, vol. 7, Leningrad, Nauka, 1973b.

DOSTOÏEVSKI, Fiodor, « Podrostok », *Polnoe Sobranie Sochinenij*, vol. 16, Leningrad, Nauka, 1976.

DOSTOÏEVSKI, Fiodor, « Stat'i i zametki », 1845-1861, *Polnoe Sobranie Sochinenij*, vol. 18, Leningrad, Nauka, 1978.

DOSTOÏEVSKI, Fiodor, « Dnevnik pisatelya », 1873, *Polnoe Sobranie Sochinenij*, vol. 21, Leningrad, Nauka, 1980.

DOSTOÏEVSKI, Fiodor, *Correspondance, Tome 2, 1865-1873*, trad. A. Coldefy-Faucard, Paris, Bartillat, 2000.

DRYZHAKOVA, Elena, *Dostoevsky, Chernyshevsky, and the Rejection of Nihilism*, Oxford, Oxford Clarendon Press, 1980.

DUBOST, Matthieu, « Lire et commenter selon Maurice Blanchot et Emmanuel Levinas : le statut de la critique littéraire », *Emmanuel Levinas-Maurice Blanchot : penser la différence*, éd. É. Hoppenot, A. Milon, Presses universitaires de Paris-Nanterre, 2008, p. 449-460.

DURAS, Marguerite, *La maladie de la mort*, Paris, Minuit, 1982.

ELTCHANINOFF, Michel, *Dostoievski et le roman du corps*, Grenoble, Jérôme Million, 2013

FINKIELKRAUT, Alain, *La sagesse de l'amour*, Paris, Gallimard, 1984.

FRAISSE, Luc, *L'œuvre cathédrale – Proust et l'architecture médiévale*, Paris, Corti, 1990.

FRAISSE, Luc, « Les vices et les vertus de Padoue : Proust et le problème de l'allégorie », *Revue d'Histoire littéraire de la France*, 2012-2, p. 421-430.

FRAISSE, Luc, *L'éclectisme philosophique de Marcel Proust*, Paris, PUPS, 2013.

FRAISSE, Luc (éd.), *Saint-Simon et Proust, Actes de la journée de Versailles du 12 mars 2016*, Cahiers Saint-Simon, n° 44, 2016.

FRAISSE, Luc, *Introduction*, in Marcel Proust, *La Fugitive*, Paris, Classiques Garnier, 2017a, p. 7-293.

FRAISSE, Luc, « Proust et le livre à venir. Hommage à Philippe Chardin », *Revue d'études proustiennes*, 2017b, n° 6, p. 13-15.

FRAISSE, Luc (éd.), *Proust et Versailles*, Paris, Hermann, 2018.

FREUD, Sigmund, *Introduction à la psychanalyse*, trad. S. Jankélévitch, Paris, Payot, 1969.

GERACI, Silvia, « Messianicité structurelle et temps messianique. Entre révélabilité et révélation », *Les Cahiers philosophiques de Strasbourg*, n. 37 (2015), p. 87-108.

GLATZER, Nahum, *Franz Rosenzweig*, New York, Schoken Books, 1976.

GOETHE, Johann Wolfgang, *Erfahrung der Geschichte*, Francfort, Insel Verlag, 1982.

GOLDMANN, Lucien, *Le Dieu caché. Étude sur la vision tragique dans les Pensées de Pascal et dans le théâtre de Racine*, Paris, Gallimard, 1959.

GRANEL, Gérard, *De l'université*, Mauvezin, TER, 1982.

HEIDEGGER, Martin, « Reden und andere Zeugnisse eines Lebensweges », *Gesamtausgabe*, vol. 16, Francfort, Vittorio Klostermann, 2000.

HENRY, Anne, « Le kaléidoscope », *Cahiers Marcel Proust*, n° 9, 1979, p. 26-67.

HENRY, Anne, *Marcel Proust. Théories pour une esthétique*, Paris, Klincksieck, 1981.

HERZEN, Alexandre, *Yeshcho raz Bazarov*, Moskva, Litres, 2017.

JANET Paul, SÉAILLES Gabriel, *Histoire de la philosophie. Les problèmes et les écoles*, Paris, Charles Delagrave, 1887.

JANKÉLÉVITCH, Vladimir, BERLOWITZ, Béatrice, *Quelque part dans l'inachevé*, Paris, Gallimard, 1978.

JANICAUD, Dominique, *La phénoménologie dans tous ses états*, Paris, Gallimard, 2009.

JONES, Malcolm, *Dostoevsky and the Dynamic of Religious Experience*, London, Anthem Press, 2005.

JULLIEN, Dominique, *Proust et ses modèles. Les "Mille et Une Nuits" et les "Mémoires" de Saint-Simon*, Paris, Corti, 1989.

KELLY, Aileen, *Toward Another Shore. Russian Thinkers Between Necessity and Chance*, New Haven, Yale University Press, 1998.

KLIGER, Ilya, « Tragic Nationalism in Nietzsche and Dostoevsky », *Nietzsche and Dostoevsky. Philosophy, Morality, Tragedy*, éd. J. Love, J. Metzger, Evanston : Northwestern University Press, 2016, p. 143-172.

KNOWLES, Anthony Vere, *Tolstoy : The Critical Heritage*, Boston, Redwood Burn, 1978.

LACOUE-LABARTHE, Philippe et NANCY, Jean-Luc (éd.), *Les fins de l'homme*, Paris, Galilée, 1981.

LEVINAS, Emmanuel, « L'Autre dans Proust », *Deucalion*, n. 2 (1947), p. 117-123.

LEVINAS, Emmanuel, *Quatre lectures talmudiques*, Paris, Minuit, 1968.

LEVINAS, Emmanuel, *Humanisme de l'autre homme*, Paris, Le livre de poche, 1972.

LEVINAS, Emmanuel, *En découvrant l'existence avec Husserl et Heidegger*, Paris, Vrin, 1974.

LEVINAS, Emmanuel, *Sur Maurice Blanchot*, Saint-Clément-la Rivière, Fata Morgana, 1975.

LEVINAS, Emmanuel, *Difficile Liberté*, Paris, Albin Michel, 1976a.

LEVINAS, Emmanuel, *Noms propres*, Saint-Clément-la Rivière, Fata Morgana, 1976b.

LEVINAS, Emmanuel, *Du sacré au saint*, Paris, Éditions de minuit, 1977.

LEVINAS, Emmanuel, *De Dieu qui vient à l'idée*, Paris, Vrin, 1982a.

LEVINAS, Emmanuel, *L'au-delà du verset*, Paris, Minuit, 1982b.

LEVINAS, Emmanuel, *À l'heure des nations*, Paris, Minuit, 1988.

LEVINAS, Emmanuel, LYOTARD, François, *Autrement que savoir*, Paris, Osiris, 1988.

LEVINAS, Emmanuel, *Autrement qu'être ou au-delà de l'essence*, Paris, Le livre de poche, 1990a.

LEVINAS, Emmanuel, *Totalité et infini*, Paris, Le livre de poche, 1990b.

LEVINAS, Emmanuel, *Éthique et infini. Essai sur l'extériorité*, Paris, Le livre de poche, 1991a.

LEVINAS, Emmanuel, *La mort et le temps*, cours de 1975-1976, in *L'Herne. Emmanuel Levinas*, 1991, p. 21-74.

LEVINAS, Emmanuel, « La réalité et son ombre », in *Les Imprévus de l'Histoire*, Montpellier, Fata Morgana, 1994.

LEVINAS, Emmanuel, *Hors sujet*, Paris, Le livre de poche, 1997.

LEVINAS, Emmanuel, *De Dieu qui vient à l'idée*, Paris, Vrin, 1998.

LEVINAS, Emmanuel, *Le temps et l'autre*, Paris, PUF, 2009a

LEVINAS, Emmanuel, *Œuvres 1. Carnets de captivité et autres inédits*, Paris, Grasset/IMEC, 2009b.

LEVINAS, Emmanuel, *Œuvres 2. Parole et silence et autres conférences inédites*, Paris, Grasset-IMEC, 2009c.

LYOTARD, François, *Discours, figure*, Paris, Klincksieck, 1971.

MARTY, Éric, « Emmanuel Levinas avec Shakespeare, Proust et Rimbaud », *Les Temps modernes*, n° 649, 2008-3, p. 224-243.

MONTAIGNE, Michel de, *Essais*, Paris, Gallimard, 1973.

NIETZSCHE, Friedrich, *Aurore. Pensées sur les préjugés moraux*, trad. E. Blondel, O. Hansen, T. Leydenbach, Paris, Flammarion, 2012.

NOVALIS, *Fragments*, trad. M. Maeterlinck, Paris, Corti, 1992.

PASCAL, Blaise, *Pensées*, Paris, Sellier, 2000.

PÉGUY, Charles, *Victor Marie, comte Hugo*, in *Œuvres en prose*, Paris, Gallimard, 1957.

PROUST, Marcel, *Essais et articles*, Paris, Gallimard, 1971.

PROUST, Marcel, *Correspondance de Marcel Proust*, Paris, Plon, vol. IX, 1981.

PROUST, Marcel, *Correspondance de Marcel Proust*, Paris, Plon, vol. XIII, 1985.

PROUST, Marcel, *Correspondance de Marcel Proust*, Paris, Plon, vol. XX, 1992.

PROUST, Marcel, *Matinée chez la princesse de Guermantes : cahiers du "Temps retrouvé"*, Paris, Gallimard, 1982.

PROUST, Marcel, *À la recherche du temps perdu*, vol. I, Paris, Gallimard, 1987.

PROUST, Marcel, *À la recherche du temps perdu*, vol. II, Paris, Gallimard, 1988a.

PROUST, Marcel, *À la recherche du temps perdu*, vol. III, Paris, Gallimard, 1988b.

PROUST, Marcel, *À la recherche du temps perdu*, vol. IV, Paris, Gallimard, 1989.

PROUST, Marcel, *Du côté de chez Swann*, Paris, Bookking international, 1993.

RAVAISSON, Félix, *De l'habitude*, Paris, H. Fournier et Cie, 1838.

RICŒUR, Paul, *La mémoire, l'histoire et l'oubli*, Paris, Seuil, 2000.

ROSENZWEIG, Franz, *On Jewish learning*, éd. N. N. Glatzer, New York, Schoken Books, 1965.

ROSENZWEIG, Franz, *Der Mensch und sein Werk, Briefe und Tagebucher*, Den Haag, Nijhoff, 1979.

ROSENZWEIG, Franz, « La pensée nouvelle », *Cahier de la nuit surveillée : Franz Rosenzweig*, éd. O. Mongin, Paris, Le Cerf, 1982.

ROSENZWEIG, Franz, *Confluences. Politique, histoire, judaïsme*, trad. G. Bensussan, M. Crépon, M. de Launay, Paris, Vrin, 2003a.

ROSENZWEIG, Franz, *Étoile de la rédemption*, trad. M. de Launay, A. Lagny Paris, Seuil, 2003b.

ROUDAUT, Jean, *En quête d'un nom : écho à quelques citations de "À la recherche du temps perdu" par Marcel Proust : fable*, Chêne-Bourg, La Dogana, 2012.

RUSSELL, Bertrand, *Ludwig Wittgenstein : Cambridge Letters*, Oxford, Blackwell Publishers, 1995.

SARTRE, Jean-Paul, *Situations 1*, Paris, Gallimard, 1947.

SCHELLING, Friedrich Wilhelm Joseph, *Les âges du monde*, trad. P. David, Paris, PUF, 1992.

SCHULTE NORDHOLT, Annelise, « Tentation esthétique et exigence éthique. Levinas et l'œuvre littéraire », *Études littéraires*, vol. 31, n° 3, 1999, p. 69-85.

SHAKESPEARE, William, *Œuvres complètes*, vol 2/5, Nouvelle-Calédonie, Humanis, 2012.

TCHERNYCHEVSKI, Nicolaï, *Chto delat' ?*, Moskva, Litres, 2010.

TOLSTOÏ, Léon, *Confession. Suivi de Quelle est ma foi ? et de Pensées sur Dieu*, Paris, Pygmalion, 1998.

TOURGUENIEV, Ivan, « Dovol'no », *Polnoe Sobranie Sochinenij*, vol. 7, Moskva, Наука, 1981.

TOURGUENIEV, Ivan, *The Essential Turgenev*, Evanston : Northwestern, 1994.

VOGÜÉ, Eugène-Melchior de, *Le Roman Russe*, Paris, Éditions L'age d'homme, 1971.

WITTGENSTEIN, Ludwig, *Tractatus logico-philosophicus*, trad. G.-G. Granger, Paris, Gallimard, 1993.

WITTGENSTEIN, Ludwig, *Remarques mêlées*, trad. G. Granel, Paris, Flammarion, 2002.

INDEX DES NOMS

RÉSUMÉS

Andrea POTESTÀ, « Avertissement »

L'avertissement fait brièvement référence à la provenance des texte ici réunis et se détient sur le point commun des analyses : la question de l'espérance et de l'attente dans l'action.

François-David SEBBAH, « G. B. Un Bio-philosophème éthico-politique »

Dans ce texte, on tente d'éclairer les uns par les autres quelques « philosophèmes » et quelques « biographèmes » liés à Gérard Bensussan. On aimerait ainsi désigner quelques « pensées-situations » qui font écho à des moments de la vie personnelle traversant les dits événements historiques (la guerre d'Algérie, mai 68, etc.) ; des « pensées-situations » où sont en jeu le philosophique, l'éthique, le et la politique : l'impossible, le messianisme, l'amour.

Andrea POTESTÀ, « Nostalgie saturnienne »

L'article cherche à montrer les traits assez exceptionnels de la notion de « nostalgie » telle qu'elle a été élaborée par Gérard Benssussan dans *Le Temps messianique*, en montrant en particulier ses relations avec la « spectrologie » de Jacques Derrida. Assumée comme « saturnienne », c'est-à-dire comme capable de produire une dislocation dans l'unité de la présence, la nostalgie fait de la temporalité le lieu d'une dépossession et d'un glissement qui montrent le retardement constitutif du temps.

Orietta OMBROSI, « L'impatiente patience du temps. Une adresse à Gérard Bensussan »

Ce texte explore la tension maximale du travail de Gérard Bensussan autour du temps, voire son intention la plus intime : celle de réinventer une pensée de l'événement fondée/bâtie sur un temps interrompu et interrompant. En passant par la pensée de Benjamin et de Rosenzweig, l'article analyse le surgissement de l'inattendu, de l'insaisissable ou de l'événement selon l'intimité entre l'impatience du temps et la patience constitutive de la temporalité du temps lui-même.

Catherine CHALIER, « Penser selon le grec, penser selon l'hébreu »

La philosophie juive se nourrit de la conceptualité grecque et des possibilités significatives de la lettre hébraïque. Les écrits de pensée juive gardent des traces de la philosophie néoplatonicienne. On ne peut donc les opposer strictement. La langue hébraïque nourrit la liturgie et désormais la vie concrète, les mêmes mots reçoivent des sens différents selon les deux domaines. Peuvent-ils se prendre d'amitié ? Dieu est inconnaissable mais Philon évoque son amour comme *éros* et Levinas comme *agapè*.

Alain DAVID, « Gérard Bensussan, l'introduction du judaïsme dans la philosophie »

L'intitulé indique qu'il ne s'est pas simplement agi pour Gérard Bensussan de faire droit à un domaine particulier de l'histoire des cultures ou des religions, mais de reconnaître avec le judaïsme, chez des penseurs juifs ou non-juifs, l'incidence d'une accentuation affectant « l'écriture grecque des philosophes » (Levinas). L'œuvre de Bensussan confère ainsi à la philosophie un supplément de gravité et la confronte à une responsabilité jusqu'à présent inaperçue.

Aïcha Liviana MESSINA, « La vérité de l'amour »

Cet article propose de lire la pensée de Gérard Bensussan à partir de trois axes majeurs : l'éthique, la politique et l'amour. Il montre en particulier que ces trois axes ne forment pas un système mais des ruptures détotalisantes. Par ailleurs, il montre que pour Gérard Bensussan la philosophie n'est pas seulement « amour de la vérité », mais exposée à la vérité de l'amour, qui est précisément sans vérité.

Luc FRAISSE, « Levinas interprète de Proust »

Emmanuel Levinas apprit le français en mémorisant par cœur des textes de Corneille et de Proust, et de fait, le philosophe consacre au romancier de lumineuses pages faisant suite aux notes éparses de ses *Carnets de captivité*. De ces écrits, trois sujets de confrontation se dégagent : quel art du roman met au jour Levinas chez Proust ; plus particulièrement la question de l'ambiguïté romanesque ; et pour finir le point essentiel : l'expérience de l'autre.

Jimmy SUDÁRIO CABRAL, « Dostoïevski, philosophie du nihilisme et messianisme »

L'article analyse la généalogie dostoïevskienne du nihilisme à la lumière du messianisme de son œuvre romanesque. À partir d'une lecture de la réception du concept inaugurée par le roman de Tourgueniev, il étudie la traduction littéraire du scénario philosophico-religieux et esthétique de la modernité russe comme une expérience d'approfondissement du nihilisme. Dans ce contexte, il s'interroge sur le statut du concept chez Dostoïevski et de sa place dans la configuration messianique de son œuvre littéraire.

Masato GODA, « "La tâche du traducteur". Qu'en est-il du "langage éthique" »

La traduction n'est pas simplement une question essentielle de la philosophie, c'est la philosophie comme question. Levinas définit la « tâche de la philosophie » en tant que « traduction/trahison de l'indicible ». L'article cherche à prendre au sérieux la définition de Levinas, en réalisant une lecture de sa philosophie au prisme de la réflexion sur le langage de Adorno, Benjamin, Wittgenstein et Blanchot.

Jean-Luc NANCY, « Savoir nocturne »

L'article analyse les implications de l'expérience dont Gérard Bensussan discute en tant qu'expérience de savoir ne pas savoir.

Gérard BENSUSSAN, « Ne pas savoir qu'on sait. "Le secret du philosophe" »

La maxime de Socrate emporte un primat du savoir sur le non-savoir, une ruse perverse de la philosophie. Ce texte s'efforce de faire valoir une autre tradition dans la tradition, un « contre-socratisme », qui ouvre un filon plus souterrain : on ne sait pas qu'on sait, voire ce que l'on sait. Le sujet sachant serait alors dépossédé de son savoir, débordé par l'énigme de quelque chose qu'il « sait » malgré lui, à l'insu de sa conscience réflexive et du programme auquel elle l'assigne.

Gérard BENSUSSAN, Aïcha Liviana MESSINA, Andrea POTESTÀ, « Ostalgérie. La défaite de la mémoire »

« Ostalgérie » est un nom inexistant, une altération du mot « nostalgie » qui l'associe à deux lieux qui n'ont rien en commun sauf le fait de ne plus exister : l'Algérie coloniale et l'Allemagne de l'Est (*Ost*) avant la réunification. « Ostalgérie » nomme ainsi l'utopie d'un passé sans lieu qui projette une lumière étrange sur le présent.

Gérard BENSUSSAN, Aïcha Liviana MESSINA, Andrea POTESTÀ, « Oubli et politique »

La discussion porte ici sur le poids de la mémoire dans la politique, à partir d'éléments de la biographie de Gérard Bensussan, successivement exilé d'Algérie puis expulsé d'Allemagne de l'Est. Elle convoque les pensées de Nietzsche et de Benjamin.

Gérard BENSUSSAN, Aïcha Liviana MESSINA, Andrea POTESTÀ, « Justice et utopie »

Le retour sur des lieux disparus place devant un *sur-lieu* qui produit une impatience, une exigence immédiate de justice. Le militantisme est indissociable d'un certain refus de temporiser, de tempérer l'histoire. De Marx à Levinas, on retrouve la même exigence du temps.

Gérard BENSUSSAN, Aïcha Liviana MESSINA, Andrea POTESTÀ, « Histoire et nostalgie »

Cette partie de la discussion s'efforce de considérer la spécificité de la nostalgie évoquée par « Ostalgérie » : elle est productive, active, mais, comme chez Benjamin et Pasolini, elle contrevient à tous les progressismes et aux optimismes politiques.

Gérard BENSUSSAN, Aïcha Liviana MESSINA, Andrea POTESTÀ, « Capitalisme, crise et révolution »

« Ostalgérie » est aussi une disposition, face à l'impuissance politique provenant d'une vision globale du capitalisme, et à la recherche de formes d'action qui rejouent les instances révolutionnaires de manière oblique.

Gérard BENSUSSAN, Aïcha Liviana MESSINA, Andrea POTESTÀ, « Politique et traduction »

L'écart entre le désir et la politique, entre la justice et le droit, expose au risque de déserter la politique au nom de la pureté de l'inconditionnel. La mémoire doit alors se penser moins comme le lieu de la purification des souvenirs que comme l'injonction d'une traduction sans fin.

Gérard BENSUSSAN, Aïcha Liviana MESSINA, Andrea POTESTÀ, « Le passé comme enfance »

La discussion s'engage ici vers la considération de ce qui peut être de l'ordre de la joie dans « Ostalgérie » : l'enfance enfouie mais qui ne s'oublie pas et qui est appel à un retour propulsif.

TABLE DES MATIÈRES

DEUXIÈME PARTIE

« OSTALGÉRIE »

MÉMOIRE, HISTOIRE ET POLITIQUE
DES LIEUX DISPARUS

IMPRIM'VERT®

Achevé d'imprimer par Corlet Numéric,
Z.A. Charles Tellier, Condé-en-Normandie (Calvados), en février 2021
N° d'impression : 170536 - dépôt légal : février 2021
Imprimé en France